현대의 문학 이론 44

영향에 대한 불안

The Anxiety of Influence: A Theory of Poetry
Harold Bloom

"The Anxiety of Influence: A Theory of Poetry, Second Edition" was originally published in English in 1997.

Copyright ⓒ 1973, 1997 by Oxford University Press, Inc.
Korean Translation Copyright ⓒ 2012 by Moonji publishing Co., Ltd.
All rights reserved.

This Korean edition was published by arrangement with Oxford Publishing Limited through EYA(Eric Yang Agency).

* 이 책의 한국어판 저작권은 EYA(에릭양 에이전시)를 통해 Oxford Publishing Limited와 독점 계약한 ㈜문학과지성사에 있습니다. 저작권법에 의해 보호받는 저작물이므로 무단 전재 및 복제를 금합니다.

현대의 문학 이론 44

영향에 대한 불안

해럴드 블룸

양석원 옮김

문학과지성사
2012

현대의 문학 이론 44
영향에 대한 불안

제1판 제1쇄 2012년 5월 30일
제1판 제4쇄 2025년 4월 8일

지은이 해럴드 블룸
옮긴이 양석원
펴낸이 이광호
펴낸곳 ㈜문학과지성사
등록번호 제1993-000098호
주소 04034 서울 마포구 잔다리로7길 18(서교동 377-20)
전화 02)338-7224
팩스 02)323-4180(편집) 02)338-7221(영업)
전자우편 moonji@moonji.com
홈페이지 www.moonji.com
ISBN 978-89-320-2308-3

윌리엄 K. 윔서트에게

| 차례 |

서문 9
머리말 61
서론 63

제1장 클리나멘 혹은 시적 오류 79
제2장 테세라 혹은 완성과 대조 117
제3장 케노시스 혹은 반복과 불연속성 151
중간 장 ― 대조비평을 위한 성명 173
제4장 악마화 혹은 반-숭고 177
제5장 아스케시스 혹은 정화와 유아론 197
제6장 아포프라데스 혹은 죽은 자의 귀환 229
맺음말 254

옮긴이 해설 256
출처 290
찾아보기 292

서문
오염의 괴로움

I

『영향에 대한 불안The Anxiety of Influence』의 초고 대부분은 1967년 여름에 집필되었다. 이 작은 책은 이후 5년 동안 수정되어 1973년 1월에 출판되었다. 20년도 더 되는 세월 동안 나는 이 책에 대한 앙기적인 반응에 곤혹스러웠다. 이 새 「서문」은 설명을 시도하기보다는 고급예술, 지적 학문 분야, 공공 영역을 막론한 대부분의 영역에서 여전히 불명확한 문제로 남아 있는 영향의 과정에 대한 내 관점을 명확히 제시하고 확장하고자 한다. 나는 하이데거[1]를 싫어하지만 그가 하나의 생각만을 끝까지 사유하는 것이 필요하다고 말할 때 그는 내게 하나의 모범을 보여준다. 셰익스피어가 두 개의 다르지만 상관된 의미로 사용한 말인 '영향'에는 끝이 없다. 「햄릿Hamlet」 제1장에서 유령이 두번째로 나타나기

---

1) 마르틴 하이데거Martin Heidegger(1889~1976)는 20세기 실존주의를 대표하는 독일의 철학자로서 대표 저서로는 『존재와 시간Sein und Zeit(Being and Time)』(1927)이 있다.

바로 전에 학식가인 호레이쇼는 셰익스피어의「줄리어스 시저 Julius Caesar」의 세계를 환기시키는데, 그 세계에서는

막강한 시저가 쓰러지기 얼마 전에,
무덤들은 텅텅 비고 수의를 입은 시체들은
로마 거리에서 끽끽대고 울며 지껄여댔다지.
별들에게는 불꼬리가 달렸고 핏빛 이슬이 내렸으며
태양의 불길한 징조가 나타났고,
넵튠 제국의 존립에 영향을 미치는 촉촉한 별은
월식으로 종말이 온 것처럼 병들어 있었다네.[2]

셰익스피어는 아마도 2년 전인 1598년「헨리 4세 Henry IV」제2부에서 폴스타프[3]의 최후의 장면을 쓰고 있었을 때를 생각하고 있었을지 모르며, 이때는 암울하게도 한 번의 일식과 두 번의 월식이 나타나 1600년 종말에 대한 예고를 자극해 이로 인해 영국은 크게 혼란스러웠던 시기였다. 셰익스피어가 생각하기에 그해의 특징은 최후의 심판이 아니라 햄릿이었다. 그러나 덴마크인이라기보다는 고대 로마인의 성격을 지닌 호레이쇼는 "태양의 불길한 징조"와 달(촉촉한 별)이 파도로 유입되는 것[4]에 대해 여전히 골똘히 생각하는데, "태양의 불길한 징조"는 불행한[5]

---

2)「햄릿」제1막 제1장 제114~20절. "촉촉한 별"은 달을 의미한다.
3) 폴스타프 Falstaff는 셰익스피어의 2부작「헨리 4세」에서 헬 왕자 Prince Hal의 아버지적인 술친구로 등장하는 인물로서 정치적 상황에 대해 무모하고 해학적인 논평을 가한다.
4) 여기에서 영어 원문 influx는 영향 influence의 의미도 지니지만 1차적으로는 흘러 들어온다 혹은 유입(된다)의 의미를 지닌다. 블룸은 이 두 의미를 모두 사용하고 있으며 옮긴이는 문맥에 따라 이 말을 영향과 유입 두 가지로 번역했다.
5) 여기에서 "불행한"의 원문은 "ill-starred"로서 별자리에 의해 불행한 운명을 타고났다는 의미를 지닌다.

자들에게 미치는 영향에 대한 별자리 이론을 상기시킨다. 별들이 우리의 운명과 성격에 흘러 들어온다는 것은 '영향'이 지니는 가장 중요한 의미이며, 이 의미는 셰익스피어의 인물들 사이에서는 개인에 관한 것이 되었다. 셰익스피어는 또한 소네트와 희곡에서 '영향'이란 말을 '영감'을 의미하는 것으로 사용하기도 한다. 나는 『영향에 대한 불안』과 그 후편인 『오독誤讀의 지도 A Map of Misreading』에서 내게 영향을 미쳤던 소네트를 이 두 책에서 일부러 인용하지 않았다.

잘 가시오, 그대는 내가 소유하기에는 너무나 값지고,
그대도 아마도 그대의 가치를 잘 알 것이오.
그대의 가치를 담은 증서가 그대를 석방하오.
그대와 나의 계약은 모두 끝났소.
왜냐하면 그대의 허락 없이 어찌 내가 그대를 지닐 수 있고
그대의 재산을 가질 자격이 내게 어디 있단 말이오.
그대의 귀한 선물을 받을 자격이 내겐 부족하오
그래서 내 권한은 이제 다시 그대에게로 되돌아가오.
그대가 자신을 준 것은 그대의 가치를 모를 때였소
혹은 그대를 준 나를 몰랐거나, 아니면 달리 오판했었소
그래서 그대의 선물은 오류로 자라난 것이기에
그대가 올바로 판단하게 되어 다시 고향으로 가는 것이오.
나는 꿈이 속이듯이 그렇게 그대를 가졌었소.
잠에서는 왕이었지만 깨어나니 그렇지 않았소.

이 87번 소네트에서 "되돌아가오"와 "오류"는 모두 아이러니한 과대존중 혹은 과대평가로서의 '오류'에 의존한다. 셰익스피어가 연인이나

후견인 혹은 친구로서 사우샘프턴 백작을 상실한 것을 세련된 자제력으로 슬프게 애도하고 있는 것인지는 (다행히도) 확실히 알 수 없는 문제이다. 87번 소네트는 명백하고도 심오하게 성애적인 시이면서도 또한 (의도된 것은 아니지만) 작가가 (혹은 개인이) 특히 자신의 선구자로 여겨지는 인물로 체현된 전통과 맺는 관계의 알레고리로 읽을 수도 있다. 87번 소네트의 화자는 자신이 거절할 수 없는 제안을 받았었다는 것을 알고 있는데, 이는 진정한 전통의 성격에 대한 어두운 통찰력을 보여준다. 셰익스피어에게 '오류'는 '오판'과 반대되는 것으로 단지 오해나 오독을 함축할 뿐 아니라 부당한 투옥을 암시하는 동음이의어적 말장난의 경향도 지닌다.[6] 아마도 셰익스피어에게 '오류'는 경멸적인 과소평가를 의미할 수도 있다. 어떤 경우라도 그는 이 법률 용어를 채택하여 고의적이거나 의도적인 오역의 분위기를 부여한 것이다. 87번 소네트에서 "되돌아가오"는 2차적인 의미에서만 되돌아간다는 뜻이며, 1차적으로는 불행한 자유를 가리킨다.[7]

내가 『영향에 대한 불안』과 곧바로 그 뒤를 이은 저서들에서 셰익스피어를 배제한 것은 셰익스피어와 독창성에 대해 숙고할 준비가 되지 않았기 때문이다. 지난 4세기 동안 가장 영향력 있는 작가를 고려하지 않고 영향의 문제를 충분히 생각할 수는 없다. 나는 가끔 우리가 서로의 말을 듣지 않는 것이 셰익스피어의 친구나 연인들이 상대방이 말하는 것을 귀담아듣지 않기 때문이 아닐까 의심해보는데, 이는 셰익스피어가 상당 부분 우리를 발명했다는 아이러니한 진실의 일부이다. 우리가 아는 바와 같이 인간을 발명하는 것은 문학적인 것을 훨씬 뛰어넘는 영향의 형태이다. 나는 영향에 관한 한 에머슨[8]보다 더 잘 설명할 수 없

---

6) '오류'의 원어는 'misprison'이며 이 말은 '잘못mis 투옥한다prison'의 의미를 지닌다.
7) '되돌아가다'의 원어는 'swerving'이다.

다. 『대표적 인물들 Representative Men』(1850)에 실린 「셰익스피어 혹은 시인Shakespeare; or the Poet」은 그때나 지금이나 이 시인의 중심성에 대한 정확한 평가라는 점에서 독보적인 것으로 남아 있다.

셰익스피어는 대중에게서 벗어나 있는 것과 마찬가지로 저명한 작가들의 범주에서 벗어나 있다. 그는 생각할 수 없을 정도로 지혜롭고, 다른 작가들은 생각할 수 있을 정도로 지혜롭다. 훌륭한 독자는 어느 정도는 플라톤의 두뇌 속으로 들어가 그곳에서 생각할 수 있지만 셰익스피어의 두뇌 속으로 들어갈 수는 없다. 우리는 여전히 문밖에 있다. 수행 능력과 창조 면에서 셰익스피어는 독보적이다. 어느 누구도 창조에 대한 상상을 더 잘할 수 없다. 그는 한 개인의 자아와 양립할 수 있는 한 최대로 정교했고 — 모든 작가 중에서 가장 정교했으며 단지 작가에게 허락된 가능성 내에 있었을 뿐이다. 그는 이런 삶의 지혜와 똑같은 정도의 상상력과 서정시적인 힘도 타고났다. 그는 자신의 전설의 피조물들에게 마치 그들이 자신과 한 지붕 아래 살았던 사람들처럼 형태와 감정의 옷을 입혔고, 그의 허구적 인물들만큼 뚜렷한 성격을 남긴 실제 인물도 드물다. 그리고 그들은 언어를 적절할 만큼 감미롭게 사용했다. 그러나 그는 재능이 뛰어나다고 하여 우쭐대는 유혹에 빠지지도 않았고 같은 것만 되풀이하지도 않았다. 보편적인 인간성이 그의 모든 능력을 통합한다. 재능이 있는 자에게 들려줄 이야기를 주어보라. 그러면 그의 편파성이 곧 나타날 것이다. 그에게는 우연히 두드러지는 어떤 관찰, 의견, 주제가 있을 것이고 그는 과시하기 위해 그 모두를 써버릴 것이다. 그는 어떤 부분은 마구 먹여대고 다른 부분은 굶길 것이며 사물의 적합성이 아니라 자신의 적합성과 힘을 고려

---

8) 랠프 왈도 에머슨Ralph Waldo Emerson(1803~1882)은 19세기 미국의 초절주의의 대표자로서『자연 Nature』(1836) 등의 저서와 수많은 수필과 시를 남겼다.

할 것이다. 그러나 셰익스피어는 특이한 성향이나 고집스런 주제를 갖고 있지 않다. 모든 것이 적절히 주어지고 어떤 유별난 기질도 까다로움도 없다. 그는 소 그리는 자도, 새를 좋아하는 자도, 매너리즘 작가도 아니다. 그에게서는 어떤 이기심도 발견할 수 없다. 그는 큰 것은 크게 말하고 작은 것은 작게 말한다. 그는 강조하거나 단언하지 않으면서 지혜롭다. 자연은 땅을 힘들이지 않고 산비탈로 들어 올리고 동일한 규칙에 따라 공기 중에 기포를 떠 있게 하며 이 두 가지 일을 어느 것이든 즐겨 하는데, 그는 마치 이런 자연이 강한 것처럼 강하다. 이 때문에 소극이나 비극, 이야기 그리고 사랑 노래에서 균등한 힘이 나타나는 것이며, 이는 부단히 나타나는 장점이어서 한 독자는 다른 독자들의 인식을 믿기 어려워한다.

"우리는 여전히 문밖에 있다"는 여기에서 핵심 문장이다. 에머슨은 '외국의'라는 단어의 어원을 은밀히 상기시키는데, 셰익스피어에게 이 단어는 '자신의 집에 속하지 않은,' 그러므로 문밖이라는 것을 의미한다. 나는 요즈음 원한[9]학파 운동 전부가 셰익스피어의 독보성을 없애려 하고 있기 때문에 이런 열악한 시기에 셰익스피어를 이보다 더 잘 파악하는 방법을 알지 못한다. 신新마르크스주의자들, 신新페미니스트들, 신新역사주의자들, 프랑스의 영향을 받은 이론가들 모두는 영국 르네상스의 '사회적 에너지'의 순수한 산물로 환원된 셰익스피어를 우리에게 제시

---

[9] 원한학파 School of Resentment는 블룸이 문학을 정치, 경제, 사회 등 문학 외적인 문맥으로 환원하려는 비평 경향을 통칭하기 위해 사용한 말이다. 블룸은 『서구 정전 The Western Canon』에서 원한학파의 6개 분파로 페미니스트, 마르크스주의자, 라캉 학파, 신역사주의자, 해체론자, 기호론자를 꼽았다. 니체는 『도덕의 계보 Zur Genealogie der Moral(On The Genealogy of Morals)』에서 노예의 도덕성의 기원을 설명하며 노예가 적대적 외부세계, 즉 귀족에 대해 갖는 복수심을 원한 ressentiment이라고 불렀는데, 블룸은 원한 resentment이라는 용어를 니체에게서 빌려온 것으로 보인다. 이 용어는 문맥에 따라 '원한' '적대(적)'로 번역했다.

함으로써 그들의 문화유물론을 증명한다. 이에 대해 나는 나름의 농담을 던지길 좋아하는데, 그것은 라캉[10] 혹은 '프랑스 프로이트' 그리고 데리다[11] 혹은 '프랑스 조이스'라는 말에 소위 '이론'이라는 것의 궁극적인 승리, 즉 푸코[12] 혹은 '프랑스 셰익스피어'라는 말을 추가하는 것이다. 프랑스인들은 독창성을 존중한 적이 없고 낭만주의가 때늦게 프랑스에 도래하기까지 셰익스피어의 희곡들에 관심을 갖지 않았다. 그들은 여전히 인도네시아인들이나 일본인들 혹은 미국인들만큼도 셰익스피어를 존중하지 않는다. 전 세계를 거쳐 참된 다문화주의자들은 셰익스피어를 다른 작가들과 정도가 다르고 그 정도의 차이가 너무 커서 종류조차 다른 없어서는 안 될 유일한 작가로 받아들인다. 내가 다른 곳에서 상세히 주장한 것처럼 셰익스피어는 단순히 서구의 정전이 아니라 세계의 정전이다.[13] 모든 대륙, 인종, (항상 프랑스어는 제외한) 언어의 관객들에게 그가 똑같이 호소력을 지닌다는 사실은 역사와 사회에 의해 문화적으로 구속되어 있는 셰익스피어를 강조하는, 특히 영국과 미국에서

---

10) 자크 라캉Jacques Lacan(1901~1981)은 프랑스 정신분석학자로서 프로이트의 정신분석학을 구조주의 언어학의 관점에서 재해석했고 프로이트 이론에서 자아를 강조한 자아심리학 Ego Psychology을 비판했다. 대표적인 글을 모은 『에크리Écrits』를 남겼고 그가 1953년부터 1980년까지 행한 27권의 강연록seminar은 현재 편집 출판 중에 있다.
11) 자크 데리다Jacques Derrida(1930~2004)는 탈구조주의와 해체론을 주도한 프랑스 철학자로서 『말과 현상La Voix et le phénomène(Speech and Phenomena)』(1967), 『글쓰기와 차이L'Écriture et la différence(Writing and Difference)』(1967), 『문자학에 대하여De la grammatologie(Of Grammatology)』(1967), 『철학의 가장자리Marges de la philosophie (Margins of Philosophy)』(1972) 등의 저서를 남겼다.
12) 미셸 푸코Michel Foucault(1926~1984)는 프랑스 구조주의 철학자로서 『광기와 문명Folie et Déraison(Madness and Civilization)』(1961), 『말과 사물Les Mots et les choses(The Order of Things)』(1966), 『감시와 처벌Surveiller et punir(Discipline and Punish)』(1971), 『성性의 역사Histoire de la sexualité(History of Sexuality)』 3권(1976~1984) 등의 저서를 남겼으며 신新역사주의에 큰 영향을 미쳤다.
13) 블룸은 『서구 정전』 제2장 「셰익스피어, 정전의 중심Shakespeare, Center of the Canon」에서 이렇게 주장했다.

지배적인 현재 유행하는 견해를 절대적으로 반박하는 것으로 보인다. 에머슨이 올바르게 결론을 내렸듯이 어떤 문맥, 심지어는 연극적인 문맥도 셰익스피어를 구속하지 않는다.

일부 유능하고 감식력 있는 비평가들은 극적인 탁월성에만 순수하게 의존하지 않는 셰익스피어 비평이 가치가 없다고 생각하고 셰익스피어를 시인이자 철학자로서 판단하는 것은 오류라고 생각한다. 나는 이 비평가들만큼이나 그의 극적인 탁월성을 높게 생각하지만 여전히 그것은 부차적인 것으로 생각한다. 그는 말하기를 좋아하는 완전한 인간이었고, 그의 두뇌에서 나오는 사상과 이미지들은 출구를 찾다가 바로 가까이에 있는 희곡을 발견했던 것이다. 그가 좀 덜 위대했더라면 우리는 그가 자신의 본분을 얼마나 잘 수행했는지, 그가 얼마나 훌륭한 극작가였는지를 고려했어야 했을 것이다—그리고 그는 세계 최고의 극작가였다. 그러나 실은 그가 말하는 내용이 너무 중요해서 전달 수단에서 일정한 관심을 빼앗을 정도이다. 그는 마치 일대기가 모든 언어로, 시와 산문으로, 노래와 그림으로 옮겨지고, 속담으로도 짧게 표현되는 성인과 같다. 이런 성인의 의미가 보편적으로 적용되는 것과 비교하면 그 의미가 경우에 따라 대화의 형식으로 표현되는지 혹은 기도의 형식이나 법의 규약의 형식으로 표현되는지는 중요하지 않다. 지혜로운 셰익스피어와 그의 생명의 책도 이와 마찬가지이다. 그는 우리의 모든 근대 음악을 위한 아리아를 작곡했다. 그는 근대적 삶의 텍스트를 썼고, 풍속의 텍스트를 썼으며, 영국인과 유럽인을 그리고 미국인의 조상을 그렸다. 그는 인간을 그렸고, 그 시대와 그 시대에 이루어진 일을 묘사했다. 그는 남녀의 마음과 그들의 정직함, 그들이 재고再考하는 것, 계략, 순수의 계략, 미덕과 악덕이 서로 정반대로 변모해가는 것을 읽었다. 그는 아이의 얼굴에서 엄마의 부분과 아빠의 부분을 구분했고, 자유와 운명을 정교하게 구별했으며, 자연을 규제하는 억압의 법을 알고 있었다. 인간 운명의 모든 달콤한 것과 두려운 것들은 참되게 그리고 풍경이 눈(目)에 내려앉듯 부드럽게 그의 마음에 내려앉았다. 그리고 이 삶의 지혜의 중요함은 희곡이든 서사시이든 모든 형식을 보이지 않게 침잠시킨다. 그것은 마치 왕의 메시지를 쓰는 종이에 관한 질문을 하는 것과 같다.

"그는 근대적 삶의 텍스트를 썼"다는 말은 이 문제의 핵심이다. 셰익스피어는 우리를 발명했고 계속 우리를 구속하고 있다. 우리는 지금 모든 상상문학을 평가절하하고 특히 셰익스피어를 낮추고 깎아내리는, 소위 '문화비평'의 시대에 살고 있다. 문학연구의 정치화는 문학연구를 이미 파괴했으며 학문 그 자체를 파괴할 수도 있다. 셰익스피어는 세상이 애초에 그에게 영향을 미친 것보다 훨씬 더 큰 영향을 세상에 미쳤다. 원한학파 비평가들이 공통적으로 가정하는 것은 국가권력이 전부이고 개인 주체성은 아무것도 아니라는 점이다. 그 주체성이 윌리엄 셰익스피어의 것이라도 말이다. 이런 설명에 따르면 영국 르네상스 시대의 극작가들은 비합리적 사회질서가 두려워 시류에 편승하는 자들 혹은 전복가들, 아니면 이 둘을 혼합한 자들이 되었는데, 이들은 자신들의 텍스트 상의 전복조차도 국가권력, 놀랍게도 연극성에 의존하는 것으로 여겨지는 권력을 향상시키는 데 일조했다는 아이러니에 사로잡혀 있었다. 나는 이런 모든 권력을 팔아먹는 자들에 대한 일종의 해독제를 위해 에머슨에게로 돌아간다. 누가 근대적 삶의 텍스트를 썼는가? 셰익스피어인가, 아니면 엘리자베스와 제임스 1세 시대의 정치제도인가? 우리가 아는 바의 인간을 누가 발명했는가? 셰익스피어인가, 아니면 궁정과 궁정의 대신들인가? 셰익스피어의 텍스트에 누가 더 많은 영향을 미쳤는가? 여왕 폐하의 제1장관이었던 벌리 경인 윌리엄 세실인가, 아니면 크리스토퍼 말로[14]인가? 우리가 한때 '상상문학'이라고 불렀던 것은 문학적 영향으로부터 분리될 수 없고, 국가권력과는 부차적인 관계만을 지닐 뿐이다. 작금의 문화환원론을 견뎌낼 판단의 기준이 존재하려면, 우리는 고급문학이 바로 미학적 성취이며 국가 선전이 아니라고 다시 선언할 필요가 있다. 비록 문학이 국가나 사회계급, 종교의 이익, 혹은 여성에 반대하는 남성, 흑인에 반대하는 백인, 동양인에 반대하는 서구인의 이익을 위해 이용될 수 있고 이용되어왔으며 틀림없이 앞으로도 이용될지라도 말이다. 나는 영국에서든 미국에서든, 셰익스피어의 미적 우수성을 부정하거나 아니면 어떤 종류의 미적 탁월함도 자본주의적 신비화에 불과할 뿐이라고 주장함으로써 모욕과 상처를 받은 세상 사람들을 대변한다고 스스로 설득하는 우리 학계의 혁명가연하는 자들보다 더 꼴불견인 현대 희극을 알지 못한다. 그들은 우리의 트린큘로나 스테파노가 캘리번을 프로스페로에 대한 예속으로부터 해방시키기 위해 나타났다고 말한다.[15] 여기에서도 셰익스피어는 그들을 이미 예견했고, 원한학파 비평가들이 진정으로 분개하는 것이 국가권력이 아니라 셰익스피어의 힘, 발명의 힘임을 우리에게 가르쳐준다. 자신들을 모두 시대에 뒤진 자로 만든 니체[16]가 될 능력이 없기 때문에 우리의 원한학파 비평

---

14) 크리스토퍼 말로Christopher Marlowe(1564~1593)는 16세기 엘리자베스 시대의 영국 시인이자 셰익스피어에게 가장 중요했던 극작가로서 「탬벌레인 대왕Tamburlaine the Great」(1590), 「파우스투스 박사Doctor Faustus」(1604), 「에드워드 2세Edward II」(1594), 「파리의 대학살The Massacre at Paris」(1594), 「몰타의 유대인The Jew of Malta」(1633) 그리고 미완성 시 『히어로와 리앤더 Hero and Leander』를 남겼다.
15) 셰익스피어의 희곡 「태풍The Tempest」에서 밀라노의 공작인 프로스페로는 형 안토니오의 음모로 쫓겨나 어린 딸 미란다와 함께 표류하다 외딴 섬에 정착하여 12년을 보낸다. 그 섬에서 프로스페로가 도착하기 전 그곳으로 추방되었던 마녀 시코락스의 아들이자 괴물인 캘리번은 미란다를 범하려고 했던 죄로 프로스페로의 노예가 된다. 트린큘로와 스테파노는 술주정뱅이로서 마법사 프로스페로에 반역을 꾀하다 실패한다.

가들은 신의 죽음을 재선언하기를 바랄 수 없게 되고 대신 셰익스피어의 죽음이라고 부를 수 있는 것을 선언하게 되는 것이다.

콜리지[17]는 영원히 살아 있는 남성과 여성들, 즉 정전의 작가들에 대해서 말했는데, 이는 학생들이 죽은 백인 유럽 남성들 혹은 가장 단순하게 윌리엄 셰익스피어를 경멸하라고 배우는 현 시대에서는 아주 고색창연한 말일 것이다. 문학적 영향의 가장 큰 진리는 그것이 불가항력적인 불안이라는 점이다. 예를 들면 셰익스피어는 매장하거나 피하거나 대치하는 것을 허락하지 않는다. 우리들 대부분은 셰익스피어의 희곡들의 공연을 관람하거나 읽지 않고서도 그 희곡들의 힘을 철저히 내재화했다. 독일 시인 슈테판 게오르크 Stefan George가 『신곡』[18]을 "모든 시대의 책이자 학교"라고 불렀을 때 그는 위대한 시인들의 교육에 대해서만 말한 것이었다. 우리 모두는 셰익스피어의 희곡들이 모든 시대의 책이자 학교가 된다는 것을 어쩔 수 없이 배우게 된다. 나는 본질주의적 인본주의자로서 말하는 것이 아니며, 본질주의적 인본주의자로 자처하지도 않는다. 나는 또한 비평이론가도 아니어서 비평이론가로서 말하는 것도 아니다. 나는 시적 영향의 이론가로서, 우리들 모두가 불가피하게 떠맡은 역할, 즉 셰익스피어가 우리 마음과 정신을 창조한 것을 뒤늦게 따라 하는, 셰익스피어의 불안한 동참자이다. 문학, 다시 말하면 셰익스피어는, 마치 그가 사용한 모든 은유가 지식에만 속한 것처럼, 지식

---

16) 프리드리히 니체 Friedrich Nietzsche(1844~1900)는 현대철학에 막대한 영향을 미친 독일 철학자로서 『비극의 탄생 Die Geburt der Tragödie(The Birth of Tragedy)』과 『도덕의 계보』 등의 저서를 남겼다.
17) 새뮤얼 테일러 콜리지 Samuel Taylor Coleridge(1772~1834)는 19세기 영국 낭만주의 시인이자 비평가로서 「노수부의 노래 The Rime of the Ancient Mariner」「쿠블라 칸 Kubla Khan」 등의 대표작을 남겼다.
18) 중세 이탈리아 시인 단테 Dante(1265~1321)가 쓴 걸작 장편 서사시로서 원어는 La Commedia이고, 후에 La Divina Commedia(The Divine Comedy)로 불렸다.

의 관점에서만 생각할 수 없다. 셰익스피어의 지배적인 용어들은 의지의 은유이기 때문에 거짓말의 영역에 들어선다. 우리가 의지에 대해 이해하는 바의 대부분은 말하자면 셰익스피어[19]가 이해했던 대로이다. 왜냐하면 프로이트가 사랑욕동과 죽음욕동이라고 일컬은 의지의 은유들의 영역을 셰익스피어가 발명했기 때문이다.[20]

 우리가 셰익스피어와 맺는 참된 관계는 그를 역사화하거나 정치화하는 것이 부질없다는 뜻인데 이는 우리가 그에게 압도적으로 영향을 받기 때문이다. 셰익스피어 이후의 어떤 강한 작가도 그의 영향을 피할 수 없다. 내가 '프랑스판 셰익스피어'라고 부른 위축된 혹은 난쟁이 극작가조차도 받아들이려고 하지 않을 고집 센 프랑스인들을 제외하고는 말이다. 프랭크 커모드Frank Kermode는 셰익스피어의 비극이 탐구한 "환상적인 가능성의 영역"에 대해서 말한 적이 있는데 이는 내가 보기에 정확히 맞는 것 같다. 문학적 가능성을 조금이라도 갖고 있는 자아를 지닌 자라면, 한 개인이 포괄하기를 바라는 것보다 넓은 정말로 환상적인 가능성의 영역으로부터 어떻게 자신을 방어할 수 있단 말인가. 정전문학에 대해 적대적인 원한학파 비평가들은 셰익스피어를 부정하는 자 그 이상도 이하도 아니다. 그들은 사회 혁명가가 아니며, 심지어 문화적 반항아도 되지 못한다. 그들은 셰익스피어의 영향에 대한 불안으

---

19) 여기에서 블룸은 셰익스피어의 이름인 William의 약자로 표기하여 영어로 의지를 뜻하는 will과 동음이의어가 되게 만든다.
20) 정신분석의 창시자 지크문트 프로이트Sigmund Freud(1856~1939)는 인간의 본능을 자아본능Ego instinct과 성본능Sexual instinct으로 분류했다가 『쾌락원칙을 넘어서Jenseits des Lustprinzips(Beyond the Pleasure Principle)』에서부터는 이 두 본능을 사랑본능, 즉 에로스로 통합하고, 이와 반대되는 죽음본능인 타나토스를 가정했다. 자크 라캉이 지적했듯이 독일어로 Trieb를 영역본에는 본능instinct으로 번역했는데, 이 말은 사실상 욕동drive으로 번역하는 것이 옳다. 이 책의 원문도 love drive, death drive로 되어 있다. 이 책의 다른 부분에서 블룸은 death instinct라고 사용하기도 하는데, 이 경우는 죽음본능으로 번역했다.

로 고통받는 자들일 뿐이다.

II

오스카 와일드[21]는 "모든 나쁜 시는 진지하다"고 숭고한 발언을 한 적이 있다. 모든 위대한 시가 진지하지 않다고 말하는 것은 의심의 여지 없이 잘못된 말이다. 그러나 위대한 시의 거의 대부분은 반드시 거짓을, 즉 문학예술에 필수적인 허구를 말한다. 진정한 고급문학은 비유에, 즉 본래의 뜻에서뿐 아니라 이전의 비유에서부터도 벗어나는 것에 의존한다. 문학의 일부가 아니라면 아무것도 아닌 비평과 마찬가지로, 위대한 글은 항상 앞선 글을 강하게 (혹은 약하게) 오독하는 작업을 하고 있다. 은유적 작품에 대해 취하는 입장은 그 자체로 은유적일 것이다. 내가 빛나는 지성인 폴 드 만[22]과 가진 (내게는) 유용했던 수십 년간의 비평적 논쟁의 핵심은 결국 앞의 문장에서 진술된 주장에 관한 것이었다. 그는 문학작품에 대한 인식론적 입장이 비유적 미로에서 벗어나는 유일한 길이라고 주장했고, 나는 그런 입장은 다른 무엇보다도 은유에 지나지 않는다고 대답했다. 하나를 말하면서 다른 것을 암시한다는 알레고리의

---

21) 오스카 와일드 Oscar Wilde(1854~1900)는 아일랜드 시인이자 극작가 겸 소설가로서 희극 「윈더미어 부인의 부채 Lady Windermere's Fan」(1892)와 「어네스트여야 하는 중요성 The Importance of Being Ernest」(1895)으로 유명하며, 예술을 위한 예술을 주창한 영국의 유미주의의 대변자였다. 그는 또한 유일한 소설 『도리언 그레이의 초상 The Picture of Dorian Gray』(1891)을 남겼다.
22) 폴 드 만 Paul de Man(1919~1983)은 해체론의 대표적인 문학비평가로서 『맹목과 통찰 Blindness and Insight』(1971), 『독서의 알레고리 Allegories of Reading』(1979) 등의 비평서를 남겼다. 그는 해럴드 블룸, 제프리 하트만, 제임스 힐리스 밀러와 같이 예일 대학교에서 가르쳤고, 이들과 자크 데리다의 공저 『이론에 대한 저항 The Resistance to Theory』(1986)을 남겼다.

1차적 의미에서의 아이러니는 인식론적인 비유 중의 비유이며, 이는 폴 드 만에게 문학언어 자체의 조건을 구성하고, 해체론자들이 연구한 "의미의 영원한 패러베이시스"[23]를 생산한다.

셰익스피어가 언제 진지한가? 이 터무니없는 질문으로 인해 우리는 셰익스피어와 자연은 어디에서도 동일하다는 신기한 가설로 되돌아오게 된다. 내가 이 책에서 셰익스피어가 그의 최고의 선구자이자 경쟁자였고, 셰익스피어보다 두 달 정도밖에 먼저 태어나지 않았지만 1593년에 스물아홉 살의 나이로 변사당할 때까지 1587년부터 런던의 지배적인 극작가였던, 오비디우스[24]풍의 작가 크리스토퍼 말로에게 항상 영향에 관한 불안감을 경험했다는 것을 부정했을 때 나도 이런 가설의 희생자였다. 1587년에 셰익스피어는 스트랫퍼드에서 런던으로 갔고, 아마 인쇄업자의 도제 생활을 시작했을 것이다. 이는 아마도 그가 교정쇄를 읽는 것을 싫어하게 만들었을지도 모른다. (어렸을 적 그런 직업을 가졌던 나는 결국 내 자신의 교정쇄를 읽는 것을 끔찍이도 싫어하게 되었다.) 셰익스피어는 분명 후견인이었던 (혹자는 그의 연인이기도 했다고 생각하는) 사우샘프턴 백작에게 헌정한 「비너스와 아도니스Venus and Adonis」와 「루크리스의 겁탈The Rape of Lucrece」을 제외하고는 심지어 '검정된' 4절 판본을 위한 교정쇄도 결코 읽지 않았던 것으로 보인다. 인쇄업자의 악동이 된 이후 셰익스피어는 극장에서 흥행주의 조수로 일하기 시작했을 것이고, 무대 극본을 쓰기 전에 배우가 되었을 것이다. 말로는 셰익스피어와 마찬가지로 숙련공의 아들이었지만 대학교육을 받았고 당

---

23) 패러베이시스parabasis는 고대 그리스 희극에서 극 마지막에 극의 내용과 무관하게 코러스가 부르는 노래로서 주로 작가의 견해를 표현했다.
24) 오비디우스Publius Ovidius Naso(영어명 Ovid, B.C. 43~A.D. 17)는 『사랑의 기술Ars Amatoria(The Art of Love)』과 『변신 이야기Metamorphoses』로 유명한 로마 시인이다.

시에 사회적으로 모호한 직업이었던 연기를 분명히 경멸했을 것이다. 말로와 셰익스피어 시대의 또 다른 위대한 극작가였던 벤 존슨[25]은 자리를 잡은 후에 연기를 그만두었지만, 셰익스피어는 확실히 그렇게 하지 않았다. 우리가 그의 배우 경력에 대해 제한된 정보만 가지고 있지만 말이다. 셰익스피어는 광대나, 영웅, 악당의 역할을 맡지 않았고, 요즘 말로 '성격 배우'로 존경을 받았던 것 같다. 우리는 그가 「햄릿」에서 유령 역을 맡았고 「뜻대로 하세요 As You Like It」에서는 늙은 아담 역할을, 그리고 몇몇 왕 역할도 했음을 알고 있으며, 그가 「햄릿」에서 자연스런 이중 역할인 극중 왕을 연기했다고 짐작한다. 셰익스피어는 아마도 「자에는 자로 Measure for Measure」와 「오셀로 Othello」를 집필했을 무렵인 마흔 살 때 연기를 그만두었을 것이다. 메리디스 앤 스쿠라 Meredith Anne Skura의 탁월한 저서 『배우 셰익스피어와 연기의 목적 Shakespeare the Actor and the purpose of playing』(1993)은 전적으로 셰익스피어가 가졌다고 볼 수 없을지라도 그의 예술에 핵심적이었던 것으로 보이는 명백한 나르시시적 양가감정, 즉 배우가 됨으로써 갖는 자부심과 비하 인식이 그의 극에 나타난다는 점에 초점을 맞춘다. 「헨리 6세 Henry VI」 3부작과 「리처드 3세 Richard III」로 이루어진 제1 4부작(1589~1593)에서부터 「타이터스 앤드로니커스 Titus Andronicus」(1594)를 거쳐, 소위 정보요원으로 봉사했던 말로가 아마도 정부의 명령으로 선술집의 난투극에서 살해된 지 2년 후에 「리처드 2세 Richard II」(1595)에서 말로의 「에드워드 2세 Edward II」를 넘어섰을 때까지 말로는 셰익스피어의 예술에 확실히 중요했다.

말로와 셰익스피어가 런던 무대를 위한 극작 활동을 하는 4년 동안

---

25) 벤 존슨 Ben Jonson(1572~1637)은 영국 시인이자 극작가로서 「볼포네 Volpone」 「연금술사 The Alchemist」 등의 작품을 남겼다.

경쟁 관계에 있었기 때문에 그들이 개인적으로 서로 알지 못했다는 것은 거의 불가능하다. 초기 역사극이나 비극보다 초기 희극에서 훨씬 더 인상적이었던 셰익스피어는 탬벌레인이나 「몰타의 유대인」의 악당 주인공 바라바스Barabas같이 말로의 뛰어난 희화적 인물들에 전혀 빚지지 않은 위대한 배역들을 창조하기 시작했을 때 말로를 숭고하게 넘어선 미적 영역 속으로 들어섰다. 리처드 3세와 「타이터스 앤드로니커스」에 등장하는 무어인 아론Aron은 전적으로 말로적인 인물들이다. '리처드 2세'는 말로의 에드워드 2세와 '햄릿'의 중간쯤에 있다. 그러나 줄리엣Juliet과 머큐시오Mercutio, 바텀Bottom과 퍽Puck, 샤일록Shylock과 폴스타프는 말로를 미숙하게 보이게 만들기 시작했다. 성숙기의 셰익스피어와 비교했을 때 말로는 여전히 뛰어난 시인이지만 극작가는 전혀 아니다. 그러나 내가 이 책에서 말한 바대로 고래가 피라미를 삼키듯 셰익스피어가 말로를 삼켰다고 하는 것은 말로가 모든 극작가 중 모비딕 같은 거장에게도 소화불량을 일으켰다는 놀라운 사건을 무시하는 발언이었다.[26] 말로는 결코 발전하지 않았고 그가 서른 살까지 생존했다고 하더라도 결코 발전하지 않았을 것이다. 셰익스피어는 끝까지 실험하는 엄청나게 발전적인 인물이었다. 『성서』와 초서[27]는 셰익스피어에게 인간존재의 재현에 대한 몇 가지 비밀을 가르쳐준 반면, 말로는 존슨 박사[28]가 "일반 자연의 올바른 재현"이라고 말했던 것에 거의 관심이 없었

---

26) 모비딕은 19세기 미국의 소설가 허먼 멜빌Herman Melville의 소설 『모비딕 혹은 고래Moby-Dick or the Whale』에 등장하는 거대한 흰 고래의 이름이다. 여기에서 블룸은 모든 극작가 중에서도 가장 위대한 거장인 셰익스피어를 모비딕에 비유하고 있다.
27) 제프리 초서Geoffrey Chaucer(1342~1400)는 중세시대 셰익스피어 이전의 영국 최고 시인으로서 걸작 『캔터베리 이야기The Canterbury Tales』를 남겼다.
28) 새뮤얼 존슨Samuel Johnson(1709~1784)은 18세기 영국 시인이자 비평가로서 존슨 박사라고도 불린다. 1755년에는 『영어 사전A Dictionary of English Language』을 편찬했는데 이 사전에는 4만 개 이상의 용례가 수록되었고, 이는 『옥스퍼드 영어사전Oxford English

다. 그러나 말로는 셰익스피어를 늘 따라다녔고, 셰익스피어는 「몰타의 유대인」의 작가가 근본적으로 실제 삶에서든 예술 속에서든 자신이 가야 할 길이 아니라고 결심하면서도 자신의 선구자를 방어적으로 패러디 했다. 그러나 그는 말로가 공공연한 도덕성이나 도덕적 가르침으로부터 연극을 해방시켰으며 연극 관람을 통해서 더 훌륭해지거나 현명해지려고 하지 않았던 수많은 관객을 즐겁게 하는 길을 열었다는 사실을 틀림없이 알았을 것이다. 러셀 프레이저Russell Fraser는 『청년 셰익스피어Young Shakespeare』에서 말로와 더불어 "셰익스피어의 이야기는 시작된다"고 올바르게 지적하고 있으며, 셰익스피어의 「존 왕King John」은 말로에게 너무 큰 상처를 받아 성공작이 될 수 없다고 덧붙여 말하는데, 아마도 맞는 말일 것이다. 나는 「타이터스 앤드로니커스」를 말로의 친구인 토머스 키드[29]와 말로 둘 다를 의도적으로 흉내 낸 것으로만 읽을 수 있지만, 대부분의 셰익스피어 학자는 다르게 주장한다. 그러나 무어인 아론이 말로의 바라바스가 괴상하게 폭발한 것이 아니라면 무엇이란 말인가? 셰익스피어의 애매모호한 반유대주의에도 불구하고, 심지어 샤일록도 말로의 만화적 인물인 몰타의 유대인에 대한 반동 형성[30]이며, 샤일록이 "나는 때로 돌아다니면서 우물에 독을 넣지"라고 크게 소리 지르지 않는 것처럼 몰타의 유대인도 "당신들이 우리를 찌르면 우리는 피가 나지 않는단 말이오?"라고 말하지 않을 것이다.

나는 이 책에서 한두 번 화려한 수사법을 사용하긴 했지만 '영향에 대한 불안'이란 말로 프로이트의 오이디푸스적 경쟁심을 의미한 것이 아

Dictionary』 이전까지 최고의 영어사전이었다.
29) 토머스 키드Thomas Kyd(1558~1594)는 영국 극작가로서 「스페인 비극The Spanish Tragedy」의 작가이며 셰익스피어 이전에 햄릿에 대한 희곡을 쓴 것으로 알려져 있다.
30) 반동 형성reaction formation은 억압된 무의식적 소망에 대한 반응으로 이 소망과 반대되는 태도나 증상이 형성되는 것을 의미하는 정신분석 용어이다.

니다. 내가 셰익스피어나 다른 인물에 대한 프로이트적 해석보다 더 선호하는 프로이트에 대한 셰익스피어의 해석에 따르면, 프로이트는 (오이디푸스 콤플렉스의 진짜 이름인) 햄릿 콤플렉스 혹은 셰익스피어의 영향에 대한 불안으로 고생했다. 내가 최근작(『서구 정전』, 1994)에서 이 문제를 상세히 논했기 때문에『영향에 대한 불안』이 얼마나 약하게 오독되어왔고, 계속 오독되고 있는가를 다시 언급하는 것 이외에 여기에서 이 문제에 대해서 거의 말할 필요가 없다. 이 책을 읽는 합당한 독자, 즉 좌파든 우파든 인민위원이나 이념가가 아니라 어느 정도 문학적 감수성을 지닌 자라면 누구든 영향에 대한 불안이 선구자에 대한 것이라기보다는 이야기, 소설, 희곡, 시 혹은 에세이에서 성취되는 불안이라는 점을 알 것이다. 불안은 기질이나 환경에 따라 후대 작가들에 의해 내재화될 수도 내재화되지 않을 수도 있지만, 이는 거의 문제가 되지 않는다. 예를 들면 강한 시는 성취된 불안이다. '불안'은──이미지적·시간적·정신적·심리적──관계들의 모체를 함축하는 은유이며, 이 모든 관계는 궁극적으로 방어적인 성격을 지닌다. (이 책의 핵심 논점이기도 하며) 가장 중요한 것은 영향에 대한 불안이 강력한 오독이라는 복잡한 행위, 내가 '시적 오류'라고 부르는 창조적 해석에서 나온다는 점이다. 작가들이 불안으로 경험할 수 있는 것 그리고 그들의 작품이 표현하도록 강요받는 것은 시적 오류의 원인이라기보다는 그 결과이다. 강한 오독이 먼저 존재한다. 이를테면 문학작품과 일종의 사랑에 빠지는 심오한 해석이 있어야 하는 것이다. 이 해석은 독특한 것일 가능성이 크고 거의 확실히 양가적이다. 이 양가성이 베일에 은폐되어 있긴 해도 말이다. 키츠[31]가 셰익스피어, 밀턴,[32] 워즈워스[33]를 읽지 않았다면 우

---

31) 존 키츠John Keats(1795~1821)는 영국의 대표적인 낭만주의 시인으로서 서정시「가을에 To Autumn」를 썼고, 미완성 서사시『히페리온 Hyperion』(1820)과 역시 미완성인 사후에 출

리에게 키츠의 송시나 소네트 그리고 그의 『히페리온』 2부작은 없었을 것이다. 테니슨[34]이 키츠를 읽지 않았다면 테니슨의 시는 거의 전무했을 것이다. 앞선 시인들을 읽은 것에 무언가를 빚졌다는 모든 암시에 대해 적대적이었던 월리스 스티븐스[35]도 그가 때로 경멸하고, 거의 공공연히 모방한 적이 없으나 오싹하게 부활시켰던 월트 휘트먼[36]이 없었다면 우리에게 가치 있는 시를 남기지 못했을 것이다.

나를 위해 한숨지어라, 밤바람이여, 참나무의 소란스런 잎들 속에서
나는 곤하구나. 나를 위해 잠을 자다오, 언덕 위의 하늘이여.
그대가 일어날 때 나를 위해 크게크게 외쳐다오, 즐거운 태양이여.[37]

판된 『히페리온의 몰락The Fall of Hyperion』(1856)을 남겼다. 『히페리온』 2부작은 이 두 작품을 의미한다

32) 존 밀턴John Milton(1608~1674)은 17세기 영국의 대표 시인으로서 대표작으로 『실낙원 Paradise Lost』이 있다.
33) 윌리엄 워즈워스William Wordsworth(1770~1850)는 영국 낭만주의를 대표하는 시인으로서 『서정 민요집Lyrical Ballads』(1798)과 『서곡The Prelude』(1805) 등의 대표작을 남겼다.
34) 알프레드 테니슨Alfred Tennyson(1809~1892)은 19세기 빅토리아 시대의 영국 계관시인으로서 친구 아서 헬런Arthur Hallan의 죽음을 애도하며 쓴 애가 「인 메모리엄In Memoriam」(1850)으로 유명하다.
35) 월리스 스티븐스Wallace Stevens(1879~1955)는 미국의 대표적인 모더니즘 시인으로서 객관적 현실보다 현실을 바라보는 시인의 주관적 의식의 창조성을 더 중요하게 여겼다. 대표 시집으로 『하모니엄Harmonium』(1923), 『질서의 관념Ideas of Order』(1935) 등이 있다.
36) 월트 휘트먼Walt Whitman(1819~1892)은 19세기 미국의 대표적 시인으로 주제와 형식 면에서 전통에서 벗어난 파격적인 시를 썼다. 대표 시집으로 『풀잎Leaves of Grass』이 있다.
37) 월리스 스티븐스Wallace Stevens(1879~1955)의 시 「어느 검둥이 묘지의 장식처럼Like Decorations in a Nigger Cemetery」의 2연이다. 이 시의 1연은 가을에 시인이 월트 휘트먼처럼 해안가를 거니는 것으로 시작한다. 휘트먼도 「내가 생명의 바다와 함께 썰물처럼 빠져나갈 때As I ebb'd with the Ocean of Life」와 같이 해안가를 거닐면서 사색하는 시를 썼다.

III

강한 시들은 비공식적 방식으로 항상 부활의 징조이다. 죽은 자들은 돌아올 수도 있고 그렇지 않을 수도 있지만, 그들의 목소리는 역설적이게도 결코 단순한 모방을 통해서가 아니라 가장 재능 있는 후계자들이 강한 선구자들에 대해 수행하는 논쟁적 오류 속에서 살아난다. 입센[38]은 아마도 다른 누구보다 더, 괴테[39]보다도 훨씬 더 영향을 혐오했는데, 이는 특히 그의 진정한 선구자가 셰익스피어였기 때문일 것이다. 셰익스피어에게 오염되는 것에 대한 이런 두려움은 다행히도 이 노르웨이 극작가가 셰익스피어를 피하기 위해 발견했던 다양한 방식 속에서 가장 입센다운 방식으로 표현되었다.「유령」에 등장하는 올빙 부인은 처음에는 셰익스피어적인 면모가 전혀 없는 것처럼 보이지만, 스스로 변화를 꾀하는 그녀의 비범한 능력은, 셰익스피어적인 그리고 매우 정교한 형태의 강조에 의존하기 때문에, 셰익스피어적인 것이 아닐 수 없다. 헤다 가블러는 도스토예프스키의 스비드리가일로프와 스타브로긴[40]만큼이나, 선구적인 허무주의자들인 이아고[41]와「리어 왕King Lear」의 에드

---

38) 헨리크 입센Henrik Ibsen(1828~1906)은 노르웨이 극작가이며 대표작으로는「인형의 집Et Dukkehjem(A Doll's House)」(1879),「유령Gengangere(Ghosts)」(1881),「헤다 가블러 Hedda Gabler」(1890) 등이 있다.
39) 요한 볼프강 폰 괴테Johann Wolfgang von Goethe(1749~1832)는 독일 낭만주의의 대표적 시인, 소설가이자 극작가로서『젊은 베르테르의 슬픔Die Leiden des jungen Werthers(The Sorrows of Young Werther)』『빌헬름 마이스터의 수업시대Wilhelm Meisters Lehrjahre (Wilhelm Meister's Apprenticeship)』제1, 2부로 구성된「파우스트Faust」등의 걸작을 남겼다.
40) 스비드리가일로프Svidrigailov는 도스토예프스키의『죄와 벌』에서 주인공 라스콜리니코프와 그 여동생 듀냐를 괴롭히는 악당으로 후에 자살한다. 스타브로긴Starvrogin은『악령』의 주인공이다.
41) 셰익스피어의 비극「오셀로Othello」에 등장하는 악당으로서 오셀로가 아내 데스데모나를 의심하도록 음모를 꾸민다.

먼드를 조상으로 삼고 있다. 『영향에 대한 불안』을 썼을 때 나는 전성기 낭만주의 시인들에 도취되어 있었기 때문에 창조적 오류 현상을 계몽주의 이후의 작가들에게만 한정시키려고 애썼는데, 『오독의 지도』와 이후의 저서에서는 이런 편중을 바로잡았다. 한 시대의 아이러니는 다른 시대의 아이러니가 될 수 없지만 영향에 대한 불안은 모든 상상적 문학의 논쟁적인 토대에 담겨 있다. 투쟁 혹은 미적 우수성을 위한 경쟁은 고대 그리스 문학에서 아주 뚜렷했지만, 이는 상이한 문화들 사이에 존재하는 종류의 차이라기보다는 정도의 차이였다. 플라톤과 호메로스의 경쟁은 서구문학에서 핵심 논쟁이지만, 헤밍웨이와 그의 선구자들 사이의 그리고 헤밍웨이의 추종자들과 그들의 스승 사이의 패러디 경기에 이르기까지 많은 경쟁적 투쟁이 존재한다.

주요 작가들은 문화적으로 뒤늦다는 것을 받아들일 수 없어 한다. 비록 보르헤스[42]는 자신이 원조가 아닌 이류라는 점을 사용해서 출세하긴 했지만 말이다. 뒤늦음이란 결코 역사적 조건이 아니라 문학적 상황 자체에 속하는 것으로 보인다. 마르크스, 푸코, 정치적 페미니즘에서 유래한, 몇몇 종류의 원한학과 역사주의자들은 이제 문학을 본질적으로 주변적인 사회사社會史로 연구한다. 이렇게 해서 버려진 것은 독자의 고독, 즉 '아무런 사회적 존재'도 소유하고 있지 못하기 때문에 거부된 주체성이다. 「아메리카의 천사들」의 극작가 토니 쿠슈너[43]는 너그럽게도 작가로서의 근원을 다른 사람들 덕으로 돌리는데, 이는 브레히트[44]가

---

42) 호르헤 루이스 보르헤스Jorge Luis Borges(1899~1986)는 아르헨티나의 시인 겸 수필가로서 마술적 리얼리즘에 공헌하는 등 라틴아메리카에서 반사실주의적 모더니즘의 혁명을 일으킨 작가이다.
43) 토니 쿠슈너Tony Robert Kushner(1956~)는 현대 미국 극작가 겸 작가로「아메리카의 천사들Angels in America」로 퓰리처상을 받았다.
44) 베르톨트 브레히트Bertolt Brecht(1898~1956)는 현대 독일 극작가로 아리스토텔레스의 사실모방적인 연극 개념을 배격하고 연극의 허구성을 부각시키는 '서사극epic theatre'을 주장

지녔던 표절의 자세를 기묘하게도 문자 그대로 실천한 것이다. 독특하게 보일지 모르지만 이는 지금 영미학계의 폐허화된 파편더미를 지배하고 있는 '프랑스식 셰익스피어'에 비교하면 아주 명료한 것이다. 셰익스피어의 고독은 사라졌고, 계급에 기초했든 아니면 성性에 기초했든 간에 르네상스 세계의 권력 체계를 전복하는 것으로 여겨지는 작품을 쓴 극작가에 의해 대체되었다. 셰익스피어에 대한 이 독특하고도 좀 필사적인 견해는 혁명적이 되고자 하지만 실제로는 셰익스피어의 실제 텍스트를 고도로 선택적인 문맥으로 대치하는 결과가 되고 만다. 우리는 셰익스피어의 정치나 종교 혹은 사회적 전망에 대한 진리를 전혀 알지 못하며, 외적인 문맥을 쌓아올리는 행위로 인해 가뜩이나 적대적인 비평가들의 적대적 원한은 더 커졌을 뿐이다. 우리는 셰익스피어보다 400년 후에 존재한다는 역사적 세월의 짐이 의미하는 것보다 분명 더 많이 셰익스피어에 뒤져 있다.

영향에 대한 불안을 인식하는 것—셰익스피어의 영향에 대한 불안에 대해 우리가 인식하는 것—은 부분적으로는 학자로서의 뒤늦음에 대한 우리의 원한을 정화시킬지도 모른다. 셰익스피어를 역사화하고 정치화하고, 심지어는 여성화하는 것은 모두 중복되는 작업이다. 예를 들면 셰익스피어는 항상 우리보다 앞서 존재했었다. 그는 (우리가 아는) 그 어느 누구도 당대의 권력 구조로부터 해방시키지 못했고, 현재 우리를 불결한 상태로 가두는 어떤 사회적 구속으로부터도 우리를 해방시킬 수 없다. 만일 궁극적인 것을 얻고자 셰익스피어를 파고든다면, 아무것도 알아내지 못하게 되며, 실제로 그가 창조한 최고의 허무주의자들과 그

했다. 대표작으로 「서 푼짜리 오페라*Die Dreigroschenoper(The Threepenny Opera)*」(1928)와 「억척어멈과 그 자식들 Mutter Courage und ihre Kinder(Mother Courage and Her Children)」(1941) 등이 있다.

를 동일시하게 되는 위험에 빠지게 된다. 그의 힘은 무엇인가? 그와 말로의 관계는 미적 경쟁의 관계를 넘어서 어떤 식으로든 그들이 공유한 시대의 사회적 힘의 일부였는가? 나는 소크라테스 이전 시대의 현인들 이래로 어떤 다른 작가보다도 훨씬 더 셰익스피어의 힘이 수사학, 심리학, 우주론을 너무 잘 혼합한 나머지 그의 위대한 희곡들 속에서 그것들을 서로 구분할 수 없다고 감히 주장한다. 엠페도클레스[45]와 엠페도클레스를 추종한 소피스트들에게 그랬던 것처럼 이들은 셰익스피어에게도 하나였다. 순전히 수사학적인 비평, 심리학적 환원론, 우주론적 관점—이 중 어느 하나의 관점으로도 셰익스피어나 그의 탁월함에 근접하는 다른 어떤 작가를 이해할 수 없다. 순전히 세속적인 어떤 작가보다도 더 셰익스피어는 역사가 그를 만든 것보다 훨씬 더 역사를 만든다. 셰익스피어를 역사로 되돌리는 것은 실망스런 노력이며 매우 비역사적인 모험이다. 그 문제에 관해 문학사 혹은 사회사는 무엇이란 말인가? 삶을 위해 역사를 이용하거나 오용하는 것에 대한 에세이[46]—이는 『영향에 대한 불안』의 출발점 중 하나였다—에서 니체가 웅변적으로 지적한 바와 같이 온갖 함정을 지닌 관점주의가 '역사'를 지배한다.

그의 『에세이 첫번째 시리즈 Essays: First Series』의 첫 에세이로 「역사History」를 선택했던 에머슨은 전기(傳記)가 항상 우선적인 형태라는 점을 잊을 수 없는 방식으로 조언했다.

---

45) 엠페도클레스Empedocles(B.C. 490?~430)는 기원전 5세기 그리스의 철학가 겸 시인, 정치가, 과학자였다. 그는 신이라고 자칭했고 자신을 따르는 자들에게 신임을 증명하기 위해 화산의 분화구에 몸을 던져 죽은 것으로 알려진다. 그는 모든 물질이 불, 공기, 물, 흙이라는 네 가지 원소의 합성으로 만들어지며 이 원소들의 비율에 따라 형태가 달라질 뿐 어떤 사물도 새로 생성되거나 소멸하지 않는다고 보았다.
46) 니체의 에세이 「삶에 대한 역사의 공과 Vom Nutzen und Nachtheil der Historie für das Leben(Of the Advantage and Disadvantage of History for Life)」를 말한다.

우리는 항상 역사의 중요한 사실들을 우리의 사적인 경험 속으로 가지고 와서 확인한다. 모든 역사는 주관적이 된다. 다시 말해서 정확히 역사는 없고 전기만 있을 뿐이다. 누구나 스스로 모든 교훈을 알아야 하고 모든 분야를 살펴야 한다. 자신이 목격하지 않고 살아보지 않은 것을 알 수는 없다. 전前 시대가 편하게 다루기 위한 공식이나 규칙으로 집약한 것은 그 규칙의 벽으로 인해 스스로 확인하는 이로움을 상실할 것이다. 그것은 어디에선가 언젠가 스스로 작업을 함으로써 그 손실에 대한 보상을 요구하고 찾게 될 것이다.

오래전에 유행이 지난 전기비평은 셰익스피어에 대해 알기에는 별 효과가 없다. 우리는 그에 대해서 단지 외적인 것만 알 뿐이다. 형식적인 것과 그렇지 않은 것을 확실히 알 수 없는 소네트를 제외하고 말이다. 그러나 러셀 프레이저의 전기처럼 훌륭한 셰익스피어 전기는 적어도 우리가 학문적 종파나 집단의 선전을 듣지 않고 셰익스피어와 프레이저 둘과만 관계하기 때문에 어떤 역사주의보다도 선호할 만하다. 이보다 더 좋은 것은 셰익스피어에 관한 유일하게 훌륭한 소설인 앤터니 버제스의 조이스적인 『태양 같은 것은 없다』[47]인데, 이 소설에서 우리는 셰익스피어와 햄릿의 관계에 대한 풍부한 사색과 함께 『율리시스』의 도서관 장면으로 돌아가게 된다. 조이스,[48] 버제스, 그리고 프레이저는 각자 다른 방식으로 셰익스피어가 우리에게 부과하는 조건을 인정하는데, 바

---

47) 앤터니 버제스Anthony Burgess(1917~)는 영국의 소설가, 극작가, 비평가, 작곡가였으며, 1964년에 출판한 『태양 같은 것은 없다Nothing Like the Sun』는 '셰익스피어의 연애 이야기'라는 부제가 말해주듯이 셰익스피어의 사랑에 초점을 맞춘 전기이다.
48) 제임스 조이스James Joyce(1882~1941)는 현대 모더니즘 소설을 대변하는 아일랜드계 영국 소설가로 『더블린 사람들Dubliners』 『젊은 예술가의 초상A Portrait of the Artist as a Young Man』 『율리시스Ulysses』 『피네간의 경야Finnegans Wake』 등의 대표작을 남겼다.

로 우리가 그의 영향을 너무 크게 받아 그에게서 벗어날 수 없다는 것이다. 우리가 셰익스피어의 울타리 속에 남아 있다는 사실을 보지 못하는 독선적 망상에 빠질 때 비평은 반드시 실패한다. 셰익스피어를 싫어했던 비트겐슈타인[49]은 셰익스피어가 작가라기보다는 "언어의 창조자"였다고 주장함으로써 우리가 알 수 있는 최고의 지성으로부터 철학을 방어하고자 했다. 폴스타프, 햄릿, 그리고 이아고가 언어의 창조자였고, 셰익스피어는 이 인물들을 통해서 우리를 창조했다고 말하는 편이 진실에 더 가까울 것이다. 하이데거와 그의 프랑스 추종자들에도 불구하고 언어는 셰익스피어를 위해 생각을 해주지 않는다. 셰익스피어는 다른 어떤 작가 혹은 우리가 아는 다른 어떤 사람보다도 스스로 모든 것을 다시 생각했다. 셰익스피어는 하나만 생각한 것이 아니라 충격적일 만큼 우리 모두를 위해서 모든 것을 다 생각했다. 우리가 그의 사후 4세기 동안 셰익스피어의 영향을 평가하려고 할 때 새로운 셰익스피어 숭배는 문제가 되지 않으며, 과장도 가능하지 않다. 의심의 여지없이 마음속으로는 항상 연기자였던 셰익스피어는 그가 창조한 모든 배역을 특정 배우를 위한 배역으로 생각했지만, 지금 그들을 배역으로만 긴주하는 것은 도피에 지나지 않는다. 왜냐하면 그것들은 우리가 연기자이든 아니든 우리를 위한 배역이 되었기 때문이다. 우리가 태어날 때 우리는 이 넓은 바보들의 무대에 나왔다고 울부짖는 것이다.[50] 리어는 「지혜서」의 말씀을 되풀이하고 있지만,[51] 이런 발언이 성서적 권위를 갖는 것은 성경

---

49) 루트비히 비트겐슈타인Ludwig Wittgenstein(1889~1951)은 오스트리아 태생의 영국의 논리철학자로서 대표작 『논리-철학 논고Tractatus Logico-Philosophicus』(1921)를 남겼다.
50) 셰익스피어의 「리어 왕」 제4막 제6장에서 리어의 대사이다.
51) 『구약성서』, 「지혜서Wisdom of Solomon」의 제7장 제3절은 다음과 같다. "나도 태어나서는 남이 마시는 같은 공기를 마셨으며 모든 사람이 사는 땅에 떨어졌고, 모든 갓난아기와 마찬가지로 울음으로 첫소리를 내었다."

때문이 아니라 셰익스피어 때문이다. 우리는 천국으로 돌아가는 하느님의 자녀라기보다는 알지 못하는 나라로 향하는 시간의 바보들이다. 문제는 믿음이 아니라, 셰익스피어가 너무 강렬히 만든 나머지 재발명하게 된 우리 인간 본성이다. 만일 우리가 그의 언어 속에서, 약 2만 2천 개의 낱말로 이루어진 그의 놀라운 어휘 속에서 우리의 기원과 지평을 가늠하는 셰익스피어의 자손이라면 어떻게 우리가 셰익스피어를 역사화 할 수 있단 말인가?

IV

셰익스피어와 시적 영향이 거의 동일하다고 말하는 것은 셰익스피어가 서구문학의 정전이라고 발언하는 것과 크게 다르지 않다. 어떤 이들은 '미적 가치'는 칸트[52]가 발명한 것이라고 주장하겠지만, 실제로 문학적 가치에 대한 우리의 판단을 중층결정하는 것은 셰익스피어의 미적 우수성이다. 해즐릿[53]의 탁월한 에세이 「시 일반에 관하여 On Poetry in General」에는 셰익스피어의 인용문이 스무 개 정도 있지만 해즐릿도 자신의 인식이 얼마나 셰익스피어적인 것이 되었는가를 아마 알지 못했을

---

52) 이마누엘 칸트 Immanuel Kant(1724~1804)는 데카르트의 합리주의와 프란시스 베이컨의 경험주의를 종합한 근대 최고의 독일 철학자로서 『순수이성비판 Kritik der reinen Vernunft (Critique of Pure Reason)』『실천이성비판 Kritik der praktischen Vernunft (Critique of Practical Reason)』『판단력비판 Kritik der Urteilskraft (Critique of Judgement)』 등의 걸작을 남겼다.
53) 윌리엄 해즐릿 William Hazlitt(1778~1830)은 영국의 수필가로서 『셰익스피어 희곡의 인물들 Characters of Shakespeare's Plays』(1817), 『영국 시인에 대하여 On the English Poets』 (1818), 『영국 희극 작가들에 관하여 On the English Comic Writers』(1819) 등의 저서를 남겼다.

것이다.

우리는 스스로 사물을 보고 그 사물이 존재한다고 우리가 느끼는 방식대로 그리고 어쩔 수 없이 우리가 그 사물에 대해 생각하게 되는대로 그 사물을 타자에게 보여준다. 이렇게 상상력은 불명확하고 끈질긴 의지의 갈망들을 체현하여 모양을 갖추게 함으로써 이 갈망들을 명백히 해소시킨다. ―우리는 사물이 그렇게 되기를 바라지는 않지만 사물이 그렇게 보이기를 바란다. 왜냐하면 지식은 의식의 힘이며, 이 경우에 마음은 악덕이나 어리석음의 희생자가 될지는 몰라도 더 이상 바보는 아니기 때문이다.

「시 일반에 관하여」는 「맥베스Macbeth」를 두 번 인용하지만 이 에세이에서 「맥베스」가 해즐릿이 특별히 다루는 주제는 분명 아니다. 그럼에도 이 구절은 상상력 일반에 대한 것이 아니라 환각적이고 맥베스의 의식을 지배하는 맥베스의 위험할 정도로 예언적인 상상력에 관한 것이다. 해즐릿은 자신을 오염시키기도 하고 치유하기도 하는 셰익스피어의 예술을 사용해 맥베스의 의지로부터 자신을 정최힌다. 존슨 박사 이후에 해즐릿보다 더 뛰어난 언어비평가가 없었지만, 그럼에도 해즐릿은 셰익스피어의 영향에 굴복한다. 자신이 굴복했다는 사실조차 모르면서 말이다.

셰익스피어 동시대 관객들의 판단과 심지어는 취향도 우리와 거의 다르지 않다. 햄릿과 폴스타프는 지금처럼 당시에도 셰익스피어의 가장 성공적인 인물들이었다. 벤 존슨과 1590년부터 1630년까지의 거의 모든 다른 극작가는 관객들에 대해서 통렬한 불만을 표시했지만, 우리는 그의 배우들이 그의 작품을 어떻게 연기했는가에 대해서와는 반대로 셰익스피어가 자신의 작품 수용에 대해 불평하는 것을 보지 못한다. 우리가 갖고 있는 모든 증거로 볼 때 셰익스피어의 영향은 거의 즉각적으로 시작되었고 그가 죽은 후 4세기 동안 지배해왔다. 만일 보편적인 문학예술이 있었다면 그것은 그의 동시대인들에게 자연으로 보였고 우리에게도 자연이 되어버린 셰익스피어의 예술이다. 셰익스피어에 대해 불가사의한 점이 있다면 그것은 그가 '자연'을, 그리고 자신의 목적에 유용하게 보이는 전 시대의 모든 문학예술을 폭넓게 찬탈했다는 점이다. 그의 동시대인들이 분명 이해한 바와 같이 오비디우스와 초서 그리고 말로는 셰익스피어의 복합적 선구자로 통합되었다. 그들은 또한 셰익스피어가 새로운 재현의 규범을 만들었다는 것도 이해한 것처럼 보인다. 분리된 사람이나 사물이라는 의미를 지니는 명사로서의 '구별'이라는 말은 매우 드물고 아마도 셰익스피어가 그의 비가「불사조와 산비둘기The Phoenix and Turtle」에서 발명했을 것이다.

> 그렇게 그들은 둘이 사랑하듯 사랑했으나
> 오로지 하나의 본질만을 가졌도다
> 둘로 구별된 존재였지만 구분은 없었도다
> 사랑 속에서 숫자는 살해되었으므로

「트로일러스와 크레시다Troilus and Cressida」(1679)의 수정본「서문」에서 드라이든[54]은 셰익스피어가 "자신의 인물들을 구별되게 만들도록" 해야 한다고 말하는데, 존슨 박사는 셰익스피어 판본(1765)「서문」에서 이런 정확한 인식을 이어받았다. 존슨은 드라이든의 인식을 발전시킨다. 예를 들면 "그렇게 많고 일반적인 인물들은 쉽게 구별되거나 유지

---

54) 존 드라이든John Dryden(1631~1700)은 17세기 영국 시인 겸 비평가로서 영웅 시체heroic couplet라는 영시의 중요한 시 형식을 만든 것으로 유명하다.

되지 않지만, 아마 어떤 시인도 자신의 인물들을 서로 간에 더 구별되게 만들지 않았다." 여기에서 "구별"은 칭찬의 핵심이며, 이후의 모든 재현에 영향을 미치는 셰익스피어의 무한한 힘을 표시한다. 그 이전과 이후의 어느 누구도 자기 안과 밖을 더 예민하게 들을 수 있는 귀를 갖지 못했고 인물들의 목소리를 그렇게 다양하게 만들어 시종일관 구별되게 하지는 못했다. 우리는 다시 한 번 셰익스피어가 자연과 예술 모두를 찬탈한 힘과 마주한다. 셰익스피어가 말로적인 악당 주인공을 말로의 관심과 열망을 압도적으로 넘어서는 어떤 것으로 수정했기 때문에, 비평 개념으로서의 영향에 대한 불안은 셰익스피어의 전적인 재현의 자유보다 더 심각한 테스트와 대면할 수 없다. 나는 셰익스피어와 말로의 대결로 다시 돌아가려고 하는데, 이는 셰익스피어가 이 대결에서 승리한 사실을 통해 그의 '구별적인' 성격 묘사와 시적 영향의 과정을 더 잘 이해할 수 있기 때문이다.

말로는 인간의 성격이나 성품을 재현하는 것과 너무 거리가 먼 나머지 성숙기의 셰익스피어와 비교해서 읽으면 기괴해진다. 내가 말로에 대한 셰익스피어의 최후의 심판으로 여기는 「리어 왕」의 에드먼드처럼, 말로나 그의 주인공들은 우리가 인간적인 감정이라고 여기는 어떤 것도 드러내지 않는다. 시인으로서 말로는 셰익스피어보다 랭보[55]나 하트 크레인[56]과 더 가깝다. 수사력, 혹은 어휘에 대한 의식이 자기의식을 대치하고 정상적인 양식은 탄원이나 주문이 된다. 말로가 셰익스피어에 미친 영향에서 정말 놀라운 것은 그 영향이 그렇게 오래 지속되었다는 점

---

55) 아르튀르 랭보Arthur Rimbaud(1854~1891)는 19세기 프랑스 시인이며, 대표작으로는 산문시집 『지옥에서 보낸 한 철Une Saison en Enfer(A Season in Hell)』(1873)과 『일뤼미나시옹Illuminations』(1874) 등이 있다.
56) 하트 크레인Hart Crane(1899~1932)은 현대 미국 시인이며, 대표 시집으로서 『다리The Bridge』(1930)가 있다.

이다. 그 영향은「존 왕」(아주 늦게 1594년) 속에서까지 존재하지만, 서자 폴컨브리지[57]가 존에 대한 애도를 끝낼 때부터 그 영향은 시들고, 우리는「리처드 2세」(1595)의 세계로 넘어가게 된다.「헨리 6세」제1부를 쓴 후 약 6년 동안 셰익스피어는 말로에 창조적으로 몰두해 있었는데, 이는 우리가 셰익스피어에서 발견할 수 있는 가장 있을 법하지 않은 현실이다. 셰익스피어를 발견할 가능성이 가장 낮은 선구자와의 관계에서 셰익스피어를 매료시켰던 것은 무엇이었고, 말로의 어떤 오류 때문에 말로가 그렇게 오랫동안 셰익스피어 속에서 살아 있었던 것일까? 엘리자베스 시대의 희곡에서 형식적으로 위대한 혁신을 이룬 자로서 말로가 압도적으로 중요하다는 점은 의심의 여지가 없다. 그의 '강렬한 시행,' 그의 고양된 수사력으로 표현된 '용감한 지상의 사물들,' 그가 연극을 신학적·도덕적 전통에서 해방시킨 점 모두 벤 존슨에게도 영향을 미친 것처럼 셰익스피어에게 영향을 미치게 되어 있었다. 그러나 존슨은 말로의 영향에 시달리지 않았고, 셰익스피어는 적어도 6년 동안 시달리다가 말로가 살해된 지 6년 후에 집필된, 가장 말로적이지 않은 희곡인「뜻대로 하세요」(1599)에서 말로에게 마지막 경의를 표한다. 이미「리어 왕」에서 셰익스피어가 셰익스피어적 악당 중에서도 가장 교묘하고 냉혹한 에드먼드를 통해서 은밀하게 마지막으로 말로를 뒤돌아본다고 암시한 적이 있다. 말로의 망령을 내쫓은 뒤에도 오랫동안 셰익스피어는 악당 주인공의 원천을 보존했는데,「리처드 3세」에서 악당 주인공은 투박한 형태로 말로적이었지만「맥베스」에서는 전혀 말로적이 아니다. 의심의 여지없이『성서』와 오비디우스, 초서는 성격 묘사의 대가인 셰익스피어에게 더 심층적이고 풍부한 영향을 주었지만, 말로만이 그에게 양

---

[57] 필립 폴컨브리지 Philip Faulconbridge는 셰익스피어의「존 왕」에서 로버트 폴컨브리지 경의 사생아이다.

가감정과 불안을 불러일으켰다. 셰익스피어와 말로가, 특히 「탬벌레인」 「몰타의 유대인」 「에드워드 2세」가 모두 말로적 작품들인 「헨리 6세」 「타이터스 앤드로니커스」, 그리고 「리처드 3세」와 경쟁적으로 공연되던 1590년부터 (말로가 살해된) 1593년 5월까지, 개인적으로 서로에 대해 알지 못했다는 것은 불가능하다. 우리는 이 두 사람을 연결시키는 일화를 알지 못하므로, 아마도 그들은 셰익스피어와 벤 존슨이 그랬던 것처럼 가까운 친구였거나, 셰익스피어와 조지 채프먼[58]이 아마도 그랬던 것처럼 좋은 지인이지는 않았을 것이다. 그러나 말로의 문학적 동인들 — 채프먼, 키드, 내시[59] — 은 모두 셰익스피어가 아는 사람들이었고 1590년대 초에 극단에 작품을 공급하는 극작가는 24명밖에 없었다. 앤터니 버제스는 『태양 같은 것은 없다』에서 셰익스피어를 소설적 인물로 만들어낸 것처럼, 사후에 출판된 『데트퍼드에서 죽은 자 A Dead Man in Deptford』에서 말로에게도 같은 시도를 했지만, 불행하게도 셰익스피어와 말로가 「헨리 6세」 제1부에 공동 작업을 하는 있을 법하지 않은 일에 관해 두 사람이 대화하는 장면 하나만을 창조할 뿐이다. 이런 창작 작업을 덧보태는 것은 내 역량을 벗어나는 일이지만, 나는 할 수 있는 만큼 그런 대화의 시적 형태에 근접하기 위해 상호텍스트적인 증거를 사용하려고 한다. 말로는 공격적이긴 하지만 정교한 극작가는 아니다. 그의 동시대인들이 정의한 그의 '무신론'이나 '쾌락주의'는 신념인지 불신인지 모호한 방식으로 탬벌레인과 바라바스에게서 표현된다. 그러나 말로가 온전한 추동력을 가졌다는 것은 명백하다. 「탬벌레인」의 첫 부분과 「몰타의 유대인」은 관객이 (혹은 야망 있는 극작가가) 저항할 수 없

---

58) 조지 채프먼 George Chapman(1559~1634)은 호메로스의 작품을 영역한 것으로 유명하다.
59) 토머스 내시 Thomas Nashe(1567~1601)는 영국의 극작가 겸 시인이고, 말로와 『디도, 카르타고의 여왕 Dido, Queen of Carthage』을 공동집필한 것으로 알려져 있다.

을 정도의 무자비한 에너지를 가지고 움직인다. 셰익스피어는 조만간 어떻게 더 무서운 추동력을 가지고 희곡을 만드는지를 배우게 된다. 「맥베스」는 『파우스투스 박사』보다도 엄청난 속도로 추진된다. 과장법과 동의어로 여겨지는 말로와 달리 우리는 셰익스피어를 어느 특별한 수사적 비유법과 연관시키지 않는다. 셰익스피어는 과욕을 부리는 인물들을 아이러니하게 제시하고 제한하며, 그의 가공할 만한 언어의 숙달과 모차르트같이 쉽게 작품을 쓰는 비범함으로 볼 때 그가 말로의 언어에만 사로잡혀 있었을 가능성은 낮다. 셰익스피어가 아주 초기에 말로주의에 빠져 있을 때조차도 예리한 양가감정의 징후가 있긴 하지만, 아무리 빨라도 1593년 이전에는 말로적인 어떤 것이 셰익스피어를 놓아주지 않는다.

말로가 창조한 주인공들의 말은 너무 빨라서 우리는 그들이 (그리고 말로가) 어느 지점에 도달하기 위해서가 아니라 자신들의 수사력으로 우리를 지배하기 위해 크게 서두르고 있다고 느낀다. 이는 오스트레일리아 시인 A. D. 호프Hope가 탬벌레인을 따라 "무기의 논쟁"이라고 부른 것인데, 그 의미는 최고 권력을 위한 투쟁이 시와 전쟁에 모두 중요하다는 것이다. 말로의 과장법은 펜과 칼을 혼합하는데, 이 둘을 결합하는 것은 우리가 요즘 생각하는 것처럼 남근적인 비유 관계는 아니다. 말로가 즐겨 보여주는 주마등 같은 권력은 성적 소유와는 거의 관계가 없지만 그 대신 끝없는 의지, 제왕보다 더 큰 의지가 갖는 속성들의 무한한 목록을 보여준다. 그런 목록은 존슨의 볼포네와 에피큐어 마몬 경[60]이 모방하는 유혹의 형태로 온갖 방식의 쾌락을 쌓아 올리지만, 여성을 포함하여 그렇게 쌓아 올린 상품들은 지배의 전리품으로 존재한다. 말

---

60) 볼포네는 벤 존슨의 1656년 희곡 「볼포네」의 주인공이며, 에피큐어 마몬 경Sir Epicure Mammon은 벤 존슨의 1610년 희곡 「연금술사」에 등장하는 인물이다.

로에게 수사학적 동력은 전쟁의 공격성과 동일하지만, 이런 말은 가장 과장적인 시인이자 극작가에 관한 것으로서는 절제된 표현인 것처럼 보인다. 이는 말로를 셰익스피어의 에드거의 적이자 동생인 에드먼드적인 인물로 만든다.[61] 만일 말로가 셰익스피어의 작품에서 그렇게 오랫동안 존재한 이유를 설명한다면 우리는 그것을 대조의 영역에서만 찾을 수 있다.

말로는 배우이자 극작가였던 셰익스피어와 존슨보다 사회적으로 우월했던 '대학 재사파'(릴리, 필, 그린, 로지, 내시)[62]의 스타였다. 만일 말로가 희극을 제외한 모든 장르에서 셰익스피어보다 먼저 작품을 썼다는 점을 덧붙인다면, 말로는 실습생이었던 셰익스피어에게 자극적인 부담이 되었을 가능성이 매우 높다. 현대 학자들이 말로의 희곡을 기독교화하려는 특이한 경향에도 불구하고, 셰익스피어는 말로의 희곡에서 개신교와 쉽게 화해할 수 없는 독특한 '자연 종교'(이렇게 부른다면)를 분명 들었을 것이다. 신의 응징을 받는 탬벌레인은 모든 도시와 도시인들이 불타는 거대한 제물을 즐기는 것 같은 준_準몰록 신[63]을 위해 임무를 수행한다. 셰익스피어의 38편의 희곡에 기초해서 볼 때 그의 종교적 입장이 경건한지 회의적인지 아니면 허무주의적인지를 단언하는 것은 터무

---

61) 에드거Edgar는 셰익스피어의 「리어 왕」에 등장하는 글로스터 백작의 적자이고, 에드먼드는 글로스터 백작의 서자로서 형 에드거가 아버지의 지위를 찬탈하려는 음모를 꾸민다는 편지를 위조해 글로스터가 에드거의 상속을 박탈하게 만드는 악당이다. 후에 에드먼드는 에드거와의 결투에서 죽임을 당한다. 블룸은 여기에서 셰익스피어를 에드거에, 말로를 에드먼드에 비유하면서 이 두 인물이 유사하다는 것보다 대조적이라는 점을 강조한다.
62) 대학 재사파University Wits는 영국 엘리자베스 시대의 극작가들로 케임브리지 대학교 출신 크리스토퍼 말로, 로버트 그린Robert Greene, 토머스 내시, 옥스퍼드 대학교 출신의 조지 필 George Peele, 토머스 로지Thomas Lodge, 존 릴리John Lyly, 그리고 대학 교육을 받지 못한 토머스 키드를 일컫는다. 이들은 16세기 말에 극작 활동을 하면서 셰익스피어의 극작의 길을 닦는 역할을 했다.
63) 몰록Moloch은 셈족의 신으로서 『구약성서』의 바알Baal 신의 또 다른 이름이다.

니없는 일이다. 그러나 셰익스피어가 말로를 그린 초상화인 「리어 왕」의 에드먼드가 자연을 자신의 여신으로 부르고 신들이 서자들을 옹호해 줄 것을 호소할 때 셰익스피어는 말로의 종교에 대해 명확한 개념을 갖고 있는 것으로 보인다. 에드먼드가 속이는 자들—하나의 형태로는 에드거와 글로스터, 그리고 다른 형태로는 리건과 고너릴[64]—에 대해 갖고 있는 힘은 탬벌레인이 자신의 지지자들과 적들, 그가 사랑하는 지노크레이트Zenocrate[65]뿐 아니라 말로의 많은 매료된 관중에게도 행사하는 놀라운 "비애적 설득"의 힘을 연상시킨다. 의심의 여지없이 셰익스피어는 말로가 연기하는 것을 봤고, 배우 앨레인[66]이 말로의 과장법을 과장되게 열변하는 것에 의해 3천 명의 관중이 감정적으로 사로잡히는 전적으로 새로운 현상에 놀라워했다. 예상하지 못한 어떤 것이 영국 무대의 역사로 들어왔고, 셰익스피어는 말로와 키드의 생생한 만화 같은 극들이 다른 종류의 연기를 향한 첫걸음이었다는 점을 이해했을 것이다. 강한 작가들에게 기원은 특히 중요하다. 어느 위대한 시인도 셰익스피어만큼 자신의 기원에서 그렇게 멀리 여행한 자는 없었고, 에드거가 에드먼드를 살해한 후에(이것을 셰익스피어가 말로를 마침내 종식시킨 아이러니로 읽을까?) 말로를 뒤돌아보는 시선은 없으며, 우리는 최후의 비극과 로맨스들로 나아간다.

셰익스피어에게 말로는 무엇보다도 극작가가 관객에게 행사하는 힘, 즉 전통적 도덕, 사회적 구속 혹은 정통 신앙과는 불안하게만 연관되어 있는 힘을 나타내는 개인적인 이미지였다. 자유, 즉 말로에게는 부적절

---

64) 고너릴Goneril과 리건Regan은 리어 왕의 장녀와 차녀로서 선한 막내 딸 코딜리아Cordelia와 달리 위선적 아첨으로 아버지의 유산을 받은 후 아버지를 배반한다.
65) 탬벌레인의 아내.
66) 에드워드 앨레인Edward Alleyn(1566~1626)은 말로의 탬벌레인과 파우스투스 박사 등을 연기한 영국 배우이다.

한 기대로 여겨졌던 것으로부터 시인이자 극작가가 벗어나는 자유는 셰익스피어의 선구자가 그에게 남겨준 최대의 유산이었다. 말로의 자유는 파국적인 결말을 지닌 그의 희곡들의 언어만큼이나 그의 개성에 의해서도 표현되었다. 셰익스피어는 겉으로는 가장 화려하지 않은 개성을 지닌 것 같지만, 실은 그의 희곡의 언어뿐 아니라 희곡의 사상, 등장인물들의 사상과 감정을 통해서도 자신의 자유를 더 정교하게 전달했다. 셰익스피어가 얼마나 많이 말로의 언어에 대한 기억을 통제하고 있었는가라는 다루기 힘든 문제가 남아 있다. 「헨리 6세」이후부터 말로를 연상시키는 것들은 거의 항상 아이러니한 굴곡의 제약을 받지만, 이들 중 상당수는 말로를 인유하는 것이라기보다는 다른 어떤 것, 즉 아마도 더 세련된 음조로 말로를 반복하는 것이다. 말로에 대한 매료는 남아 있었고 이것을 말로에 의한 유혹이라고 부를 수도 있을 것이다. 셰익스피어의 자유는 다원적으로 드러났고 폴스타프, 햄릿, 이아고의 심오하게 복잡한 승리를 만들어내었으며, 이들의 승리는 각각 탬벌레인, 파우스투스, 바라바스를 희화적 인물로 폭로하는 체계였다. 그러나 인간을 발명하는 데 셰익스피어가 단순한 만화가로서 말로의 삼성석 힘보다 어떤 더 큰 자극을 받았겠는가? 셰익스피어「헨리 6세」의 탈봇Talbot은 무어인 아론이나 리처드 3세처럼 단순히 만화에 불과하지만, 희화적 인물로서 그들은 말로와 같은 종류의 성공을 거두었다. 괴물 같은 인물들과 꼭두각시 같은 인물들이 고양되고 오만한 언어를 부여받으면 말로만큼 관객을 감동시키기에 충분했다. 셰익스피어는 관객을 더 감동시키고 싶었을 뿐 아니라 그들을 자신의 내면으로 끌어들이고 싶어 했다. 우리를 부단히 괴롭히는, 성장하는 내적 자아는 루터나 칼뱅[67]이 발명한 것이

---

67) 마르틴 루터Martin Luther(1483~1546)와 장 칼뱅Jean Calvin(1509~1564)은 각각 독일과 프랑스의 프로테스탄트 종교개혁가였다.

라기보다는 셰익스피어가 발명한 것이다. 여기에서 몽테뉴[68]는 셰익스피어와 탐험의 특권을 공유하지만, 아마도 존 플로리오[69]가 그를 꾸준히 번역한 것을 통해서 햄릿의 자아에 기여했을 것이다. 셰익스피어가 자신의 배우들에 대해서는 인내심이 없었던 것과 대조적으로 그의 관객에게는 인내심이 많았다는 논의로 돌아가자. 셰익스피어의 관객은 먼저 말로의 관객이었고 그보다 정도는 덜했지만 키드의 관객이었다. 이들의 관객은 셰익스피어를 자극했고 셰익스피어의 관객을 준비했으며, 셰익스피어 자신도 이를 이해한 것처럼 보인다. 시인이자 극작가의 자유는 어느 정도는 그의 관객에 의해 주어져야 했다.

프란시스 베이컨 경[70]은 '극장의 행위'에 대해 생각하며 우리에게 예리하게 말한다. 예를 들면 "인간의 마음이 혼자 있을 때보다 여럿이 함께 있을 때 감정과 인상에 더 개방적이라는 점은, 자연의 위대한 비밀이지만, 확실한 것이다." 셰익스피어는 자신의 작품을 통해서 이런 깨달음을 활용하며, 의심의 여지없이 관객이 신도집단과 군대 그리고 정치가들이 연설하는 군중과 얼마나 다르고 얼마나 비슷한지에 대해 심사숙고했다. 내가 말했듯이 그가 그렇게 심사숙고하는 것을 배운 학교가 말로의 관객이었다는 것은 거의 확실했고, 따라서 최초의 수업은 청각의 힘을 강조했을 것이다. 전혀 말로적 인물이 아닌 바텀이 등장하는

---

68) 몽테뉴Michel de Montaigne(1533~1592)는 16세기 프랑스의 사상가요 문필가로 그의 『수상록Essais(Essays)』은 새로운 문학적 형식을 만들어내었다.
69) 존 플로리오John Florio(1553~1625)는 제임스 1세 때 궁정의 언어 교사로서 몽테뉴의 저서를 영어로 번역했다.
70) 프란시스 베이컨 경Sir Francis Bacon(1561~1626)은 영국의 철학자요 문필가로서 과학을 재건하는 데 평생을 바쳤다. 그의 방법론적인 연구는 라틴어로 쓴 『신 오르가논Novum Organum』(1620)에 집대성되었는데 새로운 기구라는 이 책 제목은 아리스토텔레스의 『오르가논Organon』을 염두에 둔 것이다. 그는 이 책에서 귀납적 방법을 수립함으로써 영국 경험론의 초석을 놓았다. 그는 또한 『수상록Essays』(1597)으로 영국 산문의 대가가 되었다.

「한여름 밤의 꿈A Midsummer Night's Dream」은 말로적인 요소가 거의 없다. 셰익스피어가 비범한 능력으로 이「태풍」만큼이나 몽상적인 연극에서 청각적 차원이 시각적 차원을 지배하게 만들었다는 점을 제외하면 말이다. 그러나「겨울 이야기The Winter's Tale」처럼「태풍」은 관객들이 듣는 것만큼 그들이 보거나 보지 못하는 것도 이용한다. 셰익스피어의 후기작에서 우리는 말로부터 너무 멀리 떨어져 있어서 시인의 자유가 관객의 청각적 몰입에 의존한다는 이 대가의 교훈을 잊으려는 유혹을 받을 수 있다. 셰익스피어는 이를 잊지 않으며, 어떤 섬뜩한 순간을 제외하고 말로적인 음악을 수용해 끊임없이 내면화한다. 우리는 탬벌레인이 관객을 유혹하고, 셰익스피어가 듣고 보고, 또 문맹이든 아니든 모두에게 작용했던 이 유혹의 요소들을 분석했던 원점으로 돌아와 있다. 셰익스피어가 말로를 쫓아내는 것이 왜 그렇게 어려웠는가에 대한 또 다른 단서가 있다고 나는 추정한다. 용맹스럽게 허풍을 떠는 구절들은 문체나 운율 혹은 구문에서 전혀 말로 같지 않을 때조차 말로적으로 들리는 경향이 있다. 말로는 무대에서 시 자체에 대해 논하는 시 혹은 시적인 것을 찬탈했고, 이는 너무 가공할 만한 찬탈이어서 뒤집을 수 없는 것이었다. 셰익스피어는「줄리어스 시저」나「리처드 2세」에서조차 이 문제를 제대로 다루지 못했다.「헨리 4세」제1부에서 핫스퍼[71]가 변론을 할 때 셰익스피어는 우리가 말로의 말없는 유령, 즉 핼[72]과 폴스타프라는 은혜를 모르는 학생과 사랑에 빠진 스승 사이의 논쟁적 대화에서 추방된 유령에 주목해야 한다고 주의를 준다. 햄릿이 말하기 시작할

---

71) 핫스퍼Hostpur는 14세기 말 영국의 귀족 헨리 퍼시 경Sir Henry Percy이며 해리 핫스퍼 Harry Hotspur로도 불리는데, 이는 그의 다혈질적인 성격을 나타내는 별명이다. 그는 셰익스피어의「헨리 4세」제1부에서 반란을 일으키다 핼 왕자에게 죽임을 당한다.

72) 핼Hal은「헨리 4세」에 등장하는 웨일스 왕자로서 후에 헨리 5세가 된다.

때 말로는 이제 그림자도 되지 못하며 그를 초월한 상속자를 괴롭히기를 멈췄다. 그러나 이는 확실히 긴 죽음의 과정이며, 말로적 인물 에드먼드의 종말은 말로가 셰익스피어의 황혼 속에서도 머물고 있음을 증명해준다.

셰익스피어는 말로가 스스로 정신적으로 공허한 웅변적인 만화적 인물들을 통해서 관객을 지배하는 심리를 갖도록 자신을 변화시킨 아이러니를 인식했을지도 모른다. 더 큰 아이러니는 셰익스피어가 말로를 벗어나는 길이 점진적으로 내면화하는 길이었고 이것이 맥베스의 환각적 상상에서 절정에 이르렀다는 점이다. 이 내면화는 아주 부적절하게도 「리처드 3세」에서 시작하는데, 여기에서 셰익스피어는 독재자가 죽기 전날 저녁에 그에게 비애감을 부여하려는 감상적인 시도를 통해서 극을 망친다. 그러나 나는 셰익스피어의 초기 희곡들을 잠깐 살펴본 후에 몰입하게 만들면서 서툴기도 하며 속내를 드러내기도 하는 리처드 3세의 독백을 살펴보려고 한다.

「헨리 6세」는 3부작 모두 애호가도 드물고 오늘날에는 거의 셰익스피어처럼 들리지도 않는다. 단지 2부의 잭 케이드Jack Cade의 반란만이 준‡ 말로적인 수사법의 사막에 있는 오아시스처럼 생동감 있게 그려진다. 이는 셰익스피어의 출발점이며, 「탬벌레인」과 「몰타의 유대인」은 그의 귓가에 항상 맴도는 것 같다. 셰익스피어가 "우리가 하는 첫번째 일이여, 모든 변호사를 다 죽이자"라는 이미 자신의 것이 된 산문으로 도피할 때를 제외하고는 말이다. 그러나 이 극들은 성공했고, 이는 지금 우리에게 수수께끼 같은 문제이다. 왜냐하면 무엇보다도 모든 등장인물이 말로의 목소리로 말하기 때문이다. 미래의 리처드 3세가 「헨리 6세」 제3부 마지막에 섬뜩한 모습으로 등장할 때 우리는 여전히, 그의 감정과 반대로, 그의 어조를 다른 인물의 어조와 아주 간신히 구별할 수 있을 뿐이다.

「리처드 3세」는 「탬벌레인」류의 희곡들처럼 너무 형식적이고 양식화 되었으며 그 영향력 면에서 경직되게 말로적이라서 상당 부분 인기를 잃었다. 리처드가 패배하여 죽게 되는 보스워스 전투에 임하기 직전 악몽에서 깨어날 때, 셰익스피어는 그 경직성에서 벗어나려고 시도하지만 실패한다. 셰익스피어가 이 독재자를 말로적인 만화에서 심리적 초상화로 바꾸려고 시도할 때 우리는 아무런 경고 없이 리처드의 불안한 내면화의 심연으로 빠져든다.

등불이 푸르게 타오르는군. 지금은 한밤중
내 떨리는 살에는 공포의 식은 땀방울이 맺혀 있군.
내가 뭘 두려워하는 거지? 내 자신을? 나밖에는 아무도 없지.
리처드는 리처드를 사랑하지. 나는 나야.
여기에 살인자라도 있단 말인가? 아니야, 맞아 내가 살인자지.
그러니 도망쳐야지. 뭐 나 자신으로부터? 그래야 하는 중대한 이유—
내가 복수하지 않기 위해서지. 뭐, 내가 나 자신에 대해서 복수한다고?
슬프게도 나는 나를 사랑해. 왜냐고?
내가 나 자신에게 선한 일을 했기 때문에?
아, 아니야! 슬프게도 나는 나 자신을 증오하는 편이지.
내가 저지른 가증스런 짓들 때문에.
나는 악당이지. 하지만 나는 거짓말을 하고 있어. 나는 악당이 아냐.
바보 같으니, 너 스스로에 대해 좋게 말해야지; 바보야 아첨하지는 마:
내 양심은 천 개의 혀를 갖고 있고
그 혀는 각각 여러 이야기를 하지
그리고 그 이야기 모두 나를 악당으로 비난하지,

위증, 위증, 아주 고도의 위증.

살인, 극악무도한 엄중한 살인.

각각 정도에 따라 범해진 온갖 죄가

"유죄요! 유죄요!"를 외치며 법정으로 몰려들지.

나는 절망할 거야; 나를 사랑하는 존재는 하나도 없어

그리고 내가 죽는다면 나를 불쌍히 여길 자는 없겠지

왜 불쌍히 여기겠어, 내가

나 자신을 불쌍히 여기지 못하는데?

내 생각에 내가 죽인 자들의 혼령이 모두

내 군막에 왔어, 그리고 그들 모두 내일

리처드의 머리에 복수를 가할 거라고 위협했어.

위는 이 극에서 단지 가장 서투른 글일 뿐 아니라 아마도 셰익스피어의 모든 작품 중에서도 가장 맥없는 구절이다. 우리는 이 구절을 수용할 수가 없는데 그 이유는 이 탈구된 독백 이전에 리처드 내면의 자아에 대한 조금의 징후도 없었기 때문이다. 셰익스피어는 「헨리 6세」 희곡들을 보충하기 위해 또 다른 말로적인 극을 거의 완성한 후 반란을 시도했으나 실패했다. 그는 아직 내면을 환기시킬 확실한 방법을 갖고 있지 못했고, 여기에서 말로에 대한 그의 오류는 만화적 인물과 심리적으로 반응하는 관객을 혼동하는 것처럼 보인다. 마치 그가 선구자와 경쟁하려다가 관객을 무대로 끌어들임으로써 그를 넘어서려는 것처럼 말이다. 말로와의 이런 대결은 리처드 3세에서보다 무어인 아론에서 훨씬 더 성공을 거두지만, 아론은 「타이터스 앤드로니커스」를 빛내는 유일한 인물이다.

셰익스피어가 아마도 조지 필[73)]의 초기 판본을 수정했을 이 야만극은 진정한 유혈 비극과 말로와 키드를 우스꽝스럽게 모방한 일종의 흉내를 불량하게 혼합한 것이며, 여기에서 무어인 아론은 몰타의 유대인인 바라바스에 대한 악마적 응답이다. 바라바스의 가장 터무니없는 연설을 의도적으로 암시하면서 셰익스피어는 말로적인 요소로써 말로를 넘어서려고 한다.

> **바라바스**: 나 자신으로 말할 것 같으면 나는 밤에 활보하며
> 담벼락 밑에서 신음하는 병자들을 죽이지
> 나는 때로 돌아다니면서 우물에 독을 타고
> 가끔은 기독교인 도둑들을 소중히 여겨
> 내가 가진 은화들을 조금 잃어도 만족하지
> 그래서 내 베란다를 걸으며 그들이
> 내 문가에서 족쇄로 채워지는 것을 볼 수 있게 말이야
> 젊어서 나는 의술을 공부했고
> 이탈리아인들을 처음 진료하기 시작했지
> 거기에서 나는 사제들에게 매장을 의뢰했고
> 교회지기의 팔이 무덤을 파고 조종을 울리는 일로
> 항상 바쁘게 했지
> 그 후 나는 기술자였지
> 그리고 프랑스와 독일 전쟁에서
> 카를 5세를 돕는다는 명목하에
> 계략으로 아군과 적군을 살해했지
> 그런 다음 나는 고리대금업자가 되었어

---

73) 조지 필George Peele(1556~1596)은 옥스퍼드 대학교 출신의 영국 극작가이다.

강탈하고 속여 빼앗고 몰수하고
속여서 소지품을 전당포에 맡기게 하면서
나는 일 년 내에 감옥을 파산자들로 가득 채웠고
병원에는 어린 고아들을 떠맡겼지
그리고 매달 몇몇 사람을 미치게 했고
때로 어떤 자는 내가 어떻게 이자로 그를 괴롭혔는지를 쓴
길고 커다란 두루마리를 가슴에 핀으로 고정한 채
비통한 나머지 스스로 목매달았지.
하지만 내가 그들을 괴롭혀서 얼마나 축복받았는지 보게
나는 도시를 살 수 있을 만큼 많은 돈이 있네.
이제 내게 말해보게나 자네는 어떻게 살아왔는지?[74]

아론: 아, 내가 그런 짓을 천 번이나 더 하지 않은 것을 후회하지.
지금도 나는 세월을 저주하고 있지 ─ 하지만 나는
내 저주의 효력 안에 들어오는 자는 드물다고 생각해 ─
내가 어떤 흉악한 짓을 저지르지 않았던 세월을 말이야;
사람을 죽이거나 아니면 죽일 음모를 꾸미거나
처녀를 능욕하거나 그렇게 하는 방법을 궁리하거나
죄 없는 자를 고발하고 위증하며
두 친구 사이에 치명적인 적의를 심고
가난한 이들의 가축의 목이 부러지게 하고
밤에 헛간과 건초더미에 불 지르고
농장주들이 눈물로 그 불을 끄게 하는 일들 말이야

---

74) 「몰타의 유대인」 제2막 제3장.

> 가끔 나는 무덤에서 죽은 이들을 파헤쳐
> 그들이 슬픔을 거의 잊을 만할 때
> 그들의 친한 친구들의 문 앞에 세워두기도 했지
> 그리고 나무껍질에처럼 그 시체들의 살갗에
> "나는 죽었지만 그대의 슬픔이 죽게 하지 말라"고
> 내 칼로 로마 글자체로 새겨 넣었어
> 그러나 나는 파리 한 마리 죽이듯 기꺼이
> 수없이 많은 무서운 일을 저질렀지.
> 내가 만 번이라도 더 그런 짓을 하지 못한 것이
> 정말 진심으로 서글프네.[75]

가슴에 두루마기를 핀으로 고정시키고 목매달아 죽은 그 사람을 어떻게 능가할 수 있는가? 이는 그들 친구들의 문 앞에서 죽은 이들의 살갗에 즐거운 인사말을 새기는 것으로만 가능하지 않은가! 그러나 셰익스피어의 웃음 짓는 괴물이 말하자면 점수로는 이긴다고 하더라도, 이런 경쟁 자체는 어건히 말로의 것이다. 이 대결은 셰익스피어의 「존 왕」에서 재개되는데, 여기에서 셰익스피어는 자신의 희곡이 상속받은 양식에 대해 느낀 불편한 심기에 대한 불안을 모두 드러낸다. 하나의 예외를 제외하고 모든 인물은 말로적인 열변과 통곡으로 우리를 지루함의 광기로 몰아간다. 특히 범죄적인 인물은 다음과 같이 유명하게 호소하는 무서운 콘스턴스Constance이다.

> 죽음, 죽음이여, 아 상냥하고 사랑스런 죽음이여!

---

[75] 「타이터스 앤드로니커스」 제5막 제1장.

그대 향기로운 악취여! 건전한 부패여!⁷⁶⁾

첫 행은 월트 휘트먼을 예견하여 패러디한 것처럼 읽힌다. 둘째 행은 막스 비어봄⁷⁷⁾이 셰익스피어를 패러디한 것처럼 들린다. 불가능하게 보이지만 놀랍게도 셰익스피어는 이 희곡의 무시무시한 수사법으로부터 자신의 최초의 탁월한 독창적 인물인 서자 폴컨브리지를 이끌어내었는데, 이 인물은 말로적인 마키아벨리를 매우 진지하고도 희극적으로 오독한 것이고 폴스타프를 향해 아주 큰 걸음을 내디딘 것이었다. 셰익스피어의 악마적 언어는 말로의 '정책'을 '상품'으로 치환하는 이 서자의 아름답고 우스운 연설 사이로 솟구친다. 말로로부터의 이탈은 역사에 지독한 희극을 도입하고, 과욕을 부리는 자의 수사법을 장엄한 농담으로 바꾼다. 프랑스 황태자 루이는 스페인의 블랜치와 약혼하자 나르시스적 만족감으로 이 여인을 응시한다.

저는 지금껏 제 자신을 사랑한 적이 없었다고
단언합니다. 그녀의 눈의 잘 비추는 화판畵板에
그려진 내 모습을 볼 때까지 말입니다.⁷⁸⁾

이 말 한마디를 듣고 서자는 한 수 더 떠 이렇게 말한다.

그녀의 눈의 잘 비추는 화판에 끌려들어갔군⁷⁹⁾!

---

76) 「존 왕」 제3막 제4장.
77) 헨리 막스 비어봄 경 Sir Henry Max Beerbohm(1872~1956)은 영국의 비평가, 수필가, 패러디 작가 겸 풍자 만화가였다.
78) 「존 왕」 제2막 제1장.
79) 여기에서 "그려진"과 "끌려들어갔군"의 원어는 모두 "drawn"이다.

그녀의 찌푸린 이마의 주름살 속에 목을 매달렸어!
그리고 그녀의 마음속에서 사지가 찢겼군! 그는
자신이 사랑의 배신자임을 발견하게 되지. 이제 딱하기도 하군
그와 같이 천한 시골뜨기가 그런 사랑에
목 매달리고 끌려 들어가고 사지가 찢겼으니.[80]

　셰익스피어는 말로가 죽은 지 2년 뒤에 말로의 「에드워드 2세」를 정면으로 대하며 쓴 「리처드 2세」에서 「존 왕」을 넘어섰다. 두 희곡 모두 주인공이 왕이고 영웅은 아니지만, 말로의 에드워드가 약간 무미건조한 반면, 셰익스피어의 리처드는 양가적인 면으로 우리들을 괴롭히긴 하더라도 뛰어난 서정 시인이다. 이류 햄릿처럼 리처드 2세는 언어나 자기 자신 혹은 그밖의 다른 어떤 것에 대한 믿음도 없다. 햄릿과 달리 이 나르시스적 군주는 전혀 카리스마가 없고 심각한 피학증에 지배당한다. 하지만 그가 말로의 에드워드 2세에 표면적인 모습을 빚지고 있다고 하더라도, 에드워드가 해리 레빈Harry Levin의 말대로 "배우의 영혼을 지닌 왕"인 반면, 그는 심리적으로 미로처럼 복잡한 인물이며 시인의 영혼을 지닌 왕이다. 평민 신사가 되려고 열심히 일한 셰익스피어는 시인이자 배우였고, 미래의 헨리 4세인 볼링브로크Bolingbroke가 재빨리 변하는 배우의 기술을 취하게 함으로써 이 둘을 엄격히 분리한다. 에드워드 2세의 연극성은 아주 화려하지만, 그의 수사법은 말로의 주요 인물들 중 가장 공허하다. 에드워드가 송장귀신 같은 라이트본Lightborne에게 끔찍하게 살해되는 장면에서뿐 아니라 연극 전체를 통해서 말로가 에드워드에게 가학적이라는 인상을 피하기는 어렵다. 레빈은 셰익스피

---

80) 「존 왕」 제2막 제1장.

어의 리처드 2세가 에드워드 2세보다 훨씬 더 배우답게 폐위 장면을 연기한다고 말하지만, 이는 볼링브로크의 더 주의 깊은 연기를 앞지르고 자신의 절망을 일으키고 재촉하는 리처드의 형이상학적 시를 과소평가하는 것이다. 리처드가 조금 후에 자신이 깰 거울에 비친 모습을 유심히 볼 때 셰익스피어가 파우스투스의 헬렌을 과감히 인유하는 것을 우리는 어떻게 해석해야 하는가.

이 얼굴이 매일
자기 집 지붕 밑에 만 명의 사람을
거느리던 그 얼굴이란 말인가?[81]

1천 척의 배를 진수하고 일리움[82]의 높은 탑들을 불태우는 것보다 리처드의 곤경으로부터 더 멀거나 그가 던지는 수사학적 의문문에 더 적절하지 않은 것은 없다. 말로의 꼬리표는 불필요한 것이고, 우리가 아무리 리처드가 그것을 의도했다고 생각한다 해도 셰익스피어는 그것을 말로에게서 벗어난 새로운 자유의 징표로 과시하는 것이다. 에드워드 2세는 탐미주의자이지만 창조자는 아니다. 리처드 2세는 자신의 비극에서 더 설득력을 가지는데, 이는 자아분열이 그를 파괴했기 때문이다. 에드워드 2세는 쾌락과 개비스턴[83]을 사랑하지만, 이를 제외한다면 아무런 개성도 없는 인물이다. 파괴성으로 인해 파멸에 몰입된 리처드 2세는 성마르며 에드워드 2세보다 더 존경스럽지도 않지만 에드워드와 달리

---

81) 「리처드 2세」 제4막 제1장에서 리처드의 대사.
82) 일리움Ilium은 고대 그리스 도시 트로이Troy를 뜻한다.
83) 피어스 개비스턴Piers Gaveston은 에드워드 2세가 총애하는 인물로 귀족들의 술수로 처형된다.

내적 자아를 갖고 있고 그것을 어떻게 표현해야 할지를 너무 잘 알고 있다.

셰익스피어가 말로의 이미지로부터 해방된 것을 보여주는 주된 징표는 두 유대인 바라바스와 샤일록의 차이이다. 셰익스피어는 자신이 유래한 말로에게서 벗어남으로써 말로의 마키아벨리적 인물들을 서자 폴 컨브리지 같은 희극적 영웅들이나 샤일록 같은 희극적 악당들로 변화시키는 애매모호한 승리를 거둔다. 나는 우리가 샤일록을 그렇게 연기하지 않는다는 것을 알지만, 유감스럽게도 그렇게 연기해야 한다. 르네 지라르René Girard는 조금 이상하게도 『질투의 극장Shakespeare: les feux de l'envie』에서 영국 르네상스 반유대주의가 반영된 것으로 여겨지는 바라바스와 이런 반유대주의 신화에 대한 도전으로 여겨지는 샤일록을 구분한다. 이는 잘못 파악하는 것이다. 가령 바라바스는 말로 자신과 비슷하게 적어도 웅대하게 즐기는 과욕자이며, 반면 이 희곡에 등장하는 모든 기독교인과 이슬람교도는 그와 마찬가지로 사악하지만 그만큼 영리하거나 활기차지 않다. 바라바스가 "때로 나는 돌아다니며 우물에 독을 타지"라고 말할 때, 우리가 반유대주의 신화를 믿게끔 기대를 받는 것은 아니다. 바라바스는 유대인이 아니라 말로적 인물이며 말로는 반反유대적이라기보다 반反기독교적이다. 그러나 셰익스피어는 분명 반유대적 걸작을 썼고, 이 이야기에서 안토니오Antonio의 주장에 따라 샤일록이 강제로 개종하는 것은 전적으로 셰익스피어 자신이 발명한 것이며 살 1파운드의 이야기에 그가 추가한 놀라운 이야기이다. 실제로 나는 셰익스피어가 말로를 수정하면서 거둔 승리는 우리에게 바라바스라는 희화적 인물보다 심리적으로 설득력 있는 악마적 유대인을 제시한 것 같아 두렵다. 셰익스피어는 말로의 평범한 악마보다 훨씬 더 두려운 인물을 창조하면서 의기양양하게 "나는 여러분에게 유대인을 보여주겠소!"라고 넌지시 말하는 것 같다. 그렇게 오랫동안 셰익스피어의 추진력으로 작용했던 말로에 대한 창조적인 시기심은 『베니스의 상인*The Merchant of Venice*』에서 사라졌다. 바라바스는 말로지만, 샤일록은 지금까지 4세기 동안 유대인이었고 여전히 남을 해칠 큰 힘을 지니고 있다.

셰익스피어가 말로를 떨쳐버리는 과정의 결말은 말로적 입장을 멋지게 풍자하는 핫스퍼에 있는 것도, 기수 피스톨[84]이 고함을 치며 탬벌레인을 패러디하는 것에 있는 것도 아니다. 셰익스피어는 뛰어난 아이러니를 사용하면서 그의 극 중에서 가장 말로적이지 않은 「뜻대로 하세요」를 말로에 대한 인유들로 가득 채우는데, 이 인유들은 모두 확실히 문맥에서 벗어난 것이다. 이 인유들은 명시적으로는 말로의 서정시 「열정적인 목동이 그의 사랑에게 The Passionate Shepherd to His Love」 혹은 그의 미완성작인 오비디우스 양식의 짧은 서사시[85] 「히어로와 리앤더」를 가리키고 있다. 그러나 실제로 그 인유들은 말로의 죽음과 관계가 있으며 고약한 광대 터치스턴 Touchstone의 놀라운 문장에 초점이 맞춰져 있다.

자신의 시를 남이 이해하지 못하거나 자신의 재치를 성숙한 아이 같은 이해력으로 받아들이지 않으면 그것은 작은 방에서 비싼 방값을 치르는 것보다 더 큰 상처를 주지.[86]

관객은 여기에서 "작은 방에서의 무한한 부"라는 바라바스의 말을 듣

---

84) 기수 피스톨 Ancient or Ensign Pistol은 「헨리 4세」 제2부, 「윈저의 즐거운 아낙네들 The Merry Wives of Windsor」 「헨리 5세」에 등장하는 평민으로 폴스타프의 추종자이다.
85) 원어는 epyllion이다. 고대 그리스에서 강약약격 6음보로 된 짧은 서사시 형태를 의미한다.
86) 「뜻대로 하세요」 제3막 제2장에 나오는 터치스턴의 대사.

게 되며, "비싼 방값을 치르는 것," 즉 계산서 지불에 대한 말싸움의 결과로 비롯된 것으로 여겨지는, 그러나 셰익스피어가 잘 알고 있었듯이 명백히 왕실 비밀국의 명령으로 이루어진, 데트퍼드 여관에서 말로가 살해된 것을 가리키는 것도 듣게 된다. 『계산하기——크리스토프 말로의 살해The Reckoning. The Murder of Christopher Malowe』에서 찰스 니콜Charles Nicholl은 이렇게 암시한다.

셰익스피어는 말로의 경우처럼 죽은 시인의 평판이 잘못 다루어지고 그의 작품이 오해되는 것이 그 작가의 두번째 죽음과 같다고 말한다.

이 말은 옳은 것 같다. 셰익스피어는 시적 영향과의 싸움이 모두 해결된 후 명성이 훼손된 말로를 은근히 변호하고 어떤 의미에서는 그에 대한 애가를 쓰고 있다. 그러나 결말이 지나면 맺음말의 아이러니가 나타나는데 그것은 「리어 왕」의 에드먼드이다. 데이비드 리그스David Riggs는 『벤 존슨의 생애Ben Jonson: A Life』에서 「십이야十二夜. Twelfth Night」에 등장하는 말볼리오Malvolio가 어느 정도 존슨에 대한 풍자이며, 『파르나소스로부터의 귀환The Return from Parnassus』 제2부에서 언급되는, 셰익스피어가 존슨에게 가한 '정화淨化'라는 존 홀랜더John Hollander의 직관적 통찰을 확인한다. 에드먼드는 어느 누구에 대한 풍자 이상이다. 그는 이아고를 정교하게 다듬은 인물이고, 이아고보다 더 예리한 지성과 자신의 희생자 모두에 대한 더 차가운 경멸심을 지닌 아마도 더 위대한 악당일 것이다. 그러나 그의 허무주의, 매력, 천재성, '무신론,' 모든 구속으로부터 무서울 정도로 자유로운 점, 수사학적 설득력, 자신의 정부들인 고너릴, 리건과 달리 위선적이기를 거부하는 점은 모두 말로를 암시한다. 어떤 면에서 서자 에드먼드는 서자 폴컨브리지를 어둡게 각색한 인물이지만, 가족적 신의와 애국심은 정반대의 반역적인 것으로 바뀐 상태이다. 말볼리오로서의 벤 존슨과 달리, 에드먼드로서의 말로는 적어도 현재 우리가 아는 상태로는 외적인 증거로 입증할 수는 없다. 그러나 말로의 실제 개성과 성격에 대한 창조적 '오독'이나 오류로서의 「리어 왕」의 에드먼드는 셰익스피어가 자신의 선구자의 마키아벨리적 인물들에 대해 보내는 최후의 모호한 찬사이다.

 우리는 셰익스피어의 핵심으로 직접 통하는 통로가 없는데, 이는 우리가 알 수 있는 다른 어떤 사람보다도 그가 더 넓은 사고와 언어와 감정의 형태를 지녔기 때문이다. 그의 위대한 희곡들이야말로 정말 희곡이라는 뜻이 아니라, 우리가 말로나 벤 존슨의 핵심을 추측하는 데에는 방해를 받지 않는다는 뜻이다. 단테와 밀턴, 워즈워스는 모든 어려움에도 불구하고 우리가 끊임없이 열의를 갖고 읽으면 그들이 지닌 많은 비밀을 우리에게 내어놓는 것 같다. 그러나 셰익스피어는 가능한 모든 층위에서 우리를 즐겁게 하면서도 그의 미지의 자아의 나라로 여행하는 것을 결코 허용하지 않는다. 보르헤스의 경우, 셰익스피어는 자아가 없으므로 모든 사람이라고 생각했다. 우리가 '이론'이라고 주장하는 것은 어느 누구도 자신의 자아를 가졌거나 가질 수 없다고 단정한다. 내가 보기에 이는 불친절한 허구이다. 셰익스피어가 모든 사람이면서 아무도 아니라고 말하는 것이 보르헤스적인 혹은 친절한 허구에 불과한가? 셰익스피어는 친구 벤 존슨을 말볼리오로 풍자하기에 충분할 만큼 존슨에 대해 생각했고, 지인이었던 크리스토퍼 말로를 놀라운 양가감정을 가지고 에드먼드로 그려낼 만큼 충분히 말로에게 시달렸다. 그렇다면 셰익스피어는 자신을 상연하기에 충분할 만큼 자신에 대해 충분한 관심과 존중심을 느끼지 못했던 것일까? 그는 노인이나 왕 혹은 유령 역을 연기했다. 「햄릿」에 등장하는 극중 왕은 셰익스피어를 대변하는가 아니면 햄릿을 대변하는가? 살아남은 에드거는 어떤 의미에서는 살아남은 셰익스피어의 재현이라고 할 수 있는가? 오스카 와일드는 이런 질문들에 관심을 가졌겠지만 생존하는 셰익스피어 비평가 그 누구도 이런 질문을 허용하지 않을 것이다. 제임스 조이스는 그 이전과 이후 일부 다른 이들과 마찬가지로 햄릿을 열한 살에 죽은 이 극작가의 독자 햄닛 셰익스피어 Hamnet Shakespeare와 동일시했다. 셰익스피어의 (혹은 다른 어떤 사람의) 다른 극보다도 더 「햄릿」은 끊임없이 세상을 자극하는데, 이는 세상이 이 희곡 안에서 해결되지 않은 신비를 발견했기 때문이다. 셰익스피어는 우리가 무한히 사색할 수 있는 작가지만 그럼에도 불구하고 이런 사색을 인도하는 데 아무런 관심이 없는 것처럼 보인다. 나는 종잡을 수 없는 셰익스피어에 대한 강력한 단서를 딱 한 가지 알고 있는데 그가 말로의 이미지를 오랫동안 간직했다는 것이다. 오비디우스와 초서는 시간적으로 안전하게 멀리 떨어져 있지만, 선구자인 말로는 셰익스피어보다 불과 두 달 전에 태어났고, 셰익스피어는 말로보다 23년을 더 살았다.

만일 셰익스피어에게 말로가 무엇보다도 시인의 위험한 자유의 이미지, 그리고 관객에 대해 극작가가 갖는 위험한 힘의 이미지였다면, 이 이미지로 충분했을 것이며 셰익스피어는 일단 폴스타프, 햄릿, 로잘린드[87] 같은 인물들을 창조해서 자신을 해방시키고 난 후부터는 자신을 반복하는 일에 만족했을 것이다. 일부 학자들은 셰익스피어가 경쟁 극작가들로부터 받는 상업적 압박 때문에 비극에서 소위 '로맨스'로 옮겨갔다고 주장한다. 셰익스피어는 쌍수를 들고 누구에게서든 어디에서든 수용하려고 하겠지만, 그가 말로에게 승리한 이후에는 그의 마성 혹은 천

---

87) 로잘린드Rosalind는 「뜻대로 하세요」의 여주인공이다.

재성이 그를 몰고 갔다. 변화는 그의 주인공들이 지킨 유일한 법이었고 셰익스피어 내면의 법이기도 했다. 허구의 세계는 차치하고서라도 나는 무한히 성장하는 내면의 자아를 매우 밀접히 알지 못하면서 그런 자아를 재현하는 사람을 알지 못한다. 말로에게는 변화가 거의 없다. 예를 들면 그의 과시적 인물들은 모두 똑같은 과시적 인물이고, 희생자들도 똑같은 희생자이며, 마키아벨리적 인물들도 똑같은 악마적 인물이다. 탬벌레인, 바라바스, 가이즈Guise, 심지어 파우스투스조차도 똑같은 수사법을 공유하고 똑같은 욕망으로 어지러워한다. 셰익스피어는 말로에게서 이탈하면서 구별을 창조했다. 이보다 더 큰 승리를 거둔 시적 영향은 없다.

머 리 말

그들이 아버지를 알지 못하면서 아버지 안에 있었다는 것은 매우 경이로운 일이었다

    그는 충만함 밖과 밑으로 떨어졌다는 것을 알게 된 후에 충만함이 무엇이었는지 기억하려고 애썼다.

    그는 기억했지만 자신이 침묵했음을 발견했고, 다른 사람들에게 말할 수 없었다.

    그는 그들에게 그녀가 그의 포옹에서 떨어져 앞으로 밀려 도약하여 열정 속으로 떨어졌다고 말하고 싶었다.

    그녀는 깊은 고뇌에 빠졌고, 한계에 도달해 멈추지 않았다면 그 달콤함에 의해 삼켜졌을 것이다.

    그러나 열정은 그녀 없이도 계속 나아가 한계를 넘어 지나갔다.

    때로 그는 자신이 말하려고 한다고 생각했지만 침묵은 계속되었다.

    그는 '힘없는 여성적 열매'라고 말하고 싶었다.

     ……좀더 엄격하고,
더 괴롭히는 주인은 시의 이론이 삶의 이론이라는
더 정교하고 더 절박한 증거를 즉석 연설할 것이다,

   ……처럼 복잡한 회피 속에서 그런 것처럼
       — 스티븐스, 「뉴헤이븐에서의 평범한 저녁」

서론
우선권에 대한 명상, 그리고 개요

  이 짧은 책은 시적 영향 혹은 시의 내적 관계에 대한 이야기를 기술하는 방법으로 시의 이론을 제시한다. 이 이론의 한 가지 목적은 교정하려는 것, 어떻게 한 시인이 다른 시인의 형성을 돕는가에 대한 우리의 공인된 설명을 탈이상화하려는 것이다. 또 다른, 역시 교정적인 목적은 좀더 적실한 실제 비평을 육성할 시학을 제공하려는 것이다.
  이 책의 주장에 따르면 시의 역사는 시적 영향과 구분될 수 없는 것으로 여겨진다. 왜냐하면 강한 시인들은 자신들의 상상적 공간을 개척하기 위해 서로를 오독함으로써 이 역사를 만들기 때문이다.
  나는 강한 시인들, 심지어 죽을 때까지 자신들의 강한 선구자들과 끈질기게 씨름한 주요 인물들에게만 관심이 있다. 약한 재능의 소유자들은 이상화하며, 유능한 상상력의 인물들은 자기충족적이다. 그러나 대가 없이 얻어지는 것은 없으며, 자기충족은 빚졌다는 엄청난 불안을 동반한다. 왜냐하면 강한 창조자는 스스로를 창조하는 데 실패했다는 깨달음을 바라지 않을 것이기 때문이다. 자신이 영향에 대한 불안을 극복할 힘이 모자라 시인으로서 실패했다는 것을 안 오스카 와일드는 영향에 대한 어두운 진실도 알고 있었다. 「리딩 감옥의 발라드」[1]는 읽기에 당혹스럽고, 이 시가 보여주는 모든 광채는 「노수부의 노래」[2]에서 나온다는 것을 즉각 알 수 있으며, 와일드의 서정시는 영국 전성기 낭만주의 전체를 모아놓았다. 이 사실을 아는 와일드는 특유의 지성으로 무장한 『W. H. 씨의 초상화 The Portrait of Mr. W. H.』에서 통렬히 말한다. 예를 들면 "영향은 단순히 개성이 전이되는 것이고, 자신에게 가장 소중한 것을 주는 형태이며, 영향을 행사하는 것은 의미 그리고 아마도 상실의 현실을 만들어낼 것이다. 모든 제자는 스승에게서 무언가를 가져간다." 이는 영향을 주는 것에 대한 불안이지만 이 영역에서는 어떤 역전도 참된 역전이 아니다. 2년 후에 와일드는 『도리언 그레이의 초상』에서 헨리 워튼 경의 우아한 발언을 통해 이런 통렬함을 세련되게 표현했는데, 여기에서 워튼 경은 도리언에게 모든 영향은 비도덕적이라고 말한다.

사람에게 영향을 준다는 것은 자신의 영혼을 주는 것이기 때문입니다. 영향을 받은 자는 자신 본래의 생각을 하지 않고 자신 본래의 감정으로 불타지도 않지요. 그의 미덕은 그의 현실이 아니고, 그의 죄가 있다면, 그 죄도 빌린 것이지요. 그는 다른 누군가의 음악의 메아리가 되고, 자신을 위해 쓰이지 않은 역할을 맡은 배우가 되는 겁니다.

---

[1] 「리딩 감옥의 발라드 The Ballad of Reading Gaol」은 오스카 와일드가 영국의 리딩 감옥에서 출옥한 후 프랑스에서 망명생활하면서 쓴 시이다. 리딩 감옥은 영국의 버크셔의 리딩에 있는 남자 수용소이다.
[2] 콜리지의 장시. 「서문」 옮긴이 주 17) 참조.

헨리 경의 통찰력을 와일드에 적용하기 위해 우리는 단지 페이터의 『감상』[3]에 대한 와일드의 서평을 읽기만 하면 되는데, 이 글은 페이터가 "제자들을 회피했다"는 멋지게 자기기만적인 진술로 결론을 맺고 있다. 미학적 의식을 지닌 모든 주요 인물은 배고픈 세대들이 서로를 계속 짓밟을 때 책임을 부정하는 데 특히 더 재능이 있는 것 같다. 심지어 와일드보다 더 페이터의 후계자인 스티븐스가 그의 편지에서 열변을 토하는 부분은 많은 것을 드러내준다.

물론 나는 과거에서 내려오지만, 과거는 나 자신이지, 콜리지, 워즈워스 등의 표시가 있는 어떤 것이 아니다. 나는 내게 특히 중요했던 인물을 알지 못한다. 내 현실-상상력의 복합체는 내가 그것을 다른 사람들 속에서 본다고 하더라도 전적으로 내 것이다.

그는 "특히 내가 그것을 다른 사람들 속에서 보기 때문에"라고 말했을 수도 있지만, 시적 영향은 스티븐스가 통찰력을 집중할 수 있는 주제는 아니다. 끝무문에 가면 그의 무정은 더 강해지고 야릇하게 해학적이 된다. 시인 리처드 에버하트Richard Eberhart에게 보내는 글에서 그는 자기공감적이 되는 것에 대한 공감을 더 강하게 확장한다.

나는 당신이 내게서 영향을 받은 것을 부정하는 것에 공감합니다. 이런 종류의 일은 항상 거슬립니다. 왜냐하면 나 자신의 경우에도 어느 누구에

---

[3] 월터 페이터Walter Horatio Pater(1839~1894)는 19세기 말 영국의 수필가 겸 문예 비평가이다. 그는 '예술을 위한 예술'을 주장하며, 주관적이고 인상주의적인 비평을 강조했다. 『감상 Appreciations, With an Essay on Style』(1889)은 셰익스피어, 워즈워스, 콜리지 등의 영국 작가들에 대한 비평을 담고 있다.

게서 영향을 받았다고 의식하지 않고, 엘리엇[4]이나 파운드[5] 같이 고품격 인물들을 읽는 것을 일부러 자제해서 무의식적으로라도 그들에게서 아무 것도 흡수하지 않으려고 하기 때문입니다. 그러나 자신이 읽는 것을 반향하고, 모방하고, 영향을 받기 위해, 그것을 해부하며 시간을 보내는 사람들이 있습니다. 마치 어느 누구도 단순히 자기 자신이 아니며 항상 수많은 다른 사람으로 합성된 것처럼 말입니다. 윌리엄 블레이크[6]에 대해서 말하자면 나는 이것이 빌헬름 블레이크를 의미한다고 생각합니다.

시적 영향이 거의 존재하지 않는다는 이런 견해는, 맹렬히 활동적인 현학자들을 제외하면, 그 자체로 시적 영향이 다양한 우울증이나 불안 원칙이 되는 방식을 예증하는 것이다. 스티븐스는 자신이 주장한 대로 휘트먼이나 디킨슨 혹은 그와 동시대인들이었던 파운드, 윌리엄스, 무어만큼 미국적인 독창성을 지닌 매우 개성 있는 시인이었다.[7] 그러나 시적 영향은 반드시 시인들을 덜 독창적으로 만들지 않으며, 오히려 종종 더 독창적으로 만든다. 그렇다고 해서 반드시 더 훌륭한 것은 아니

---

4) 토머스 엘리엇Thomas Stearns Eliot(1888~1965)은 모더니즘을 대표하는 현대 미국 시인으로서 대표작으로는 「황무지The Waste Land」(1922), 「4개의 사중주Four Quartets」(1935~1942) 등을 남겼다.
5) 에즈라 파운드Ezra Pound(1885~1972)는 이미지즘Imagism을 주장한 미국 현대 모더니즘 시인으로서 대표 시집 『칸토스The Cantos』를 남겼다.
6) 윌리엄 블레이크William Blake(1757~1827)는 영국의 대표적인 낭만주의 시인이다. 스티븐스의 발언은 윌리엄 블레이크에게서 영향을 받을 것에 대한 의식을 갖지 않기 위해 윌리엄 블레이크를 뜻하는 W. Blake를 보통사람 이름인 빌헬름 블레이크Wilhelm Blake로 생각한다는 의미이다.
7) 에밀리 디킨슨Emily Dickinson(1830~1886)은 19세기 미국의 대표적 여류 시인이며, 휘트먼과는 달리 매우 절제된 언어와 형식의 독창적인 시를 남겼다. 윌리엄 칼로스 윌리엄스William Carlos Williams(1883~1963)는 미국 현대 시인으로서 단순하고 사실적인 문체로 미국의 일상적인 삶을 묘사했으며, 대표적인 시 산문집으로 『봄과 모든 것Spring and All』이 있다. 매리앤 무어Marianne Moore(1887~1972)는 현대 미국의 대표적인 여성 모더니즘 시인으로 1951년에 출판한 『시 전집Collected Poems』으로 퓰리처상을 수상했다.

지만 말이다. 시적 영향의 심오함은 원전 연구, 사상사, 이미지 유형화로 환원될 수 없다. 시적 영향, 혹은 내가 앞으로 더 자주 사용할 용어인, 시적 오류는 필연적으로 시인으로서 시인의 삶의 주기에 관한 연구이다. 이런 연구가 이 삶의 주기가 발생하는 맥락을 고려할 때, 그것은 동시에 시인들 간의 관계를, 프로이트가 가족 로맨스[8]라고 부른 것과 유사한 경우로, 그리고 근대 수정주의 역사—여기에서 '근대'는 계몽주의 이후라는 의미이다—로 검토하게 될 것이다. W. J. 베이트가 『과거의 짐과 영국 시인 The Burden of the Past and the English Poet』에서 보여주듯이, 근대 시인은 고대인들과 르네상스 대가들로부터 이중으로 물려받은 상상적 풍요에 대해 회의적인 계몽주의 정신에서 태어난 우울증의 상속자이다. 이 책에서 나는 베이트가 탁월한 기술로 탐구한 영역을 대부분 다루지 않을 것인데, 이는 가족 로맨스와 유사한 것으로서 시의 내적 관계들에 집중하기 위해서이다. 나는 이런 유사 관계를 이용하긴 하지만 프로이트가 강조한 점들의 일부를 의도적으로 수정하는 입장에서 그렇게 하는 것이다.

나는 니체와 프로이트가 이 책에서 제시된 영향이론에 가장 큰 영향을 미쳤다고 말할 수 있다. 니체는 대조적인 것[9]의 예언자이며, 그의 『도덕의 계보』는 미학적 기질에서의 수정적이고 금욕주의적인 경향들에 대해 내가 얻을 수 있는 가장 심오한 연구이다. 방어기제와 그 양가적 기능에 대한 프로이트의 탐구는 시의 내적 관계를 지배하는 수정률에

---

8) 가족 로맨스(혹은 가족소설, 독일어 Familierroman 영어 family romance)는 자신의 진짜 부모, 특히 아버지가 왕이나 귀족이라는 환상을 갖는다는 프로이트 정신분석 용어이다. 1909년 동명의 논문에서 프로이트는 이런 환상의 동기를 형제가 태어나면서 부모의 애정을 받지 못한 아이가 갖는 질투심과 경쟁심 그리고 부모에 대한 복수심이라고 설명한다.
9) 블룸이 사용한 "대조적인 것"의 영어는 antithetical이다. 니체가 사용한 독일어는 gegenerisch 이고 주로 opposing으로 영역된다. 즉 이 말은 반대, 대항의 의미도 지니지만 본 번역에서는 '대조' '대조적'으로 통일했다. 이 용어에 대한 좀더 상세한 설명은 「옮긴이 해설」 참조.

대해 내가 발견할 수 있었던 가장 명료한 유비를 제공한다. 그러나 여기에서 설명하는 영향이론은 비非니체적인데 이는 의도적으로 문자 그대로의 해석을 따르며, 모든 강한 시인에게는 단순히 후발자로 전락하지 않기 위해서 예언에서 우선권이 중요하다고 비코[10]식으로 주장하기 때문이다. 내 이론은 행복한 대체가 가능하다는 그리고 최초의 애착을 반복적으로 추구하는 것으로부터 우리를 구원해줄 두번째 기회가 있다는 완화된 프로이트적 낙관주의도 거부한다. 시인으로서의 시인들은 대체물을 받아들이지 못하고 자신들의 최초의 기회만을 갖기 위해 끝까지 투쟁한다. 니체와 프로이트 모두 시인들과 시를 과소평가했지만, 환영이 실제로 갖고 있는 것보다 더 큰 힘을 환영에 부여했다. 그들은 또한 도덕적 사실주의에도 불구하고 상상력을 과도하게 이상화했다. 예이츠[11]와 프로이트의 제자인 오토 랑크[12]는 예술가의 예술과의 투쟁 그리고 이런 투쟁이 예술가의 자연과의 투쟁과 갖는 관계에 대해 더 많이 알고 있다는 것을 보여준다.

  프로이트는 승화를 인간 최고의 성취로 인식했는데, 이런 인식으로 인해 그는 플라톤 및 유대교와 기독교의 모든 도덕적 전통과 연결된다. 프로이트적 승화는 더 세련된 형태의 쾌락을 위해서 좀더 원초적인 것을 포기하는 것을 포함하는데, 이는 두번째 기회를 첫번째 기회보다 더 고양시키는 것이다. 이 책의 관점에서 보면 프로이트의 시는 강한 시인

---

10) 잠바티스타 비코Giambattista Vico(1668~1744)는 18세기 이탈리아의 철학자이자 사학자로서 역사철학의 시조로 알려져 있으며, 대표 저서로는 『새로운 학문Scienza Nuova(New Science)』을 남겼다.
11) 윌리엄 예이츠William Butler Yeats(1865~1939)는 아일랜드 출신의 대표적인 현대 시인이자 극작가로서 1923년에 노벨 문학상을 수상했다.
12) 오토 랑크Otto Rank(1884~1939)는 오스트리아 정신분석가로 프로이트의 동료였다. 그는 1924년에 출판한 『탄생의 외상Das Trauma der Geburt(The Trauma of Birth)』에서 프로이트와 달리 오이디푸스 콤플렉스 이전에 분리 불안separation anxiety이 있다고 주장했다.

들의 창조적 삶에 의해 씌어진 치열한 시들과 달리 충분히 치열하지 않다. 감정적 성숙과 수용 가능한 대체물의 발견을 동일시하는 것은 특히 에로스의 영역에서는 실용적인 지혜일 수 있지만, 이는 강한 시인들의 지혜는 아니다. 포기된 꿈은 단순히 끝없는 만족의 환영이 아니라 인간의 가장 위대한 환상인 불멸에 대한 비전이기도 하다. 만일 워즈워스의 「송시: 어린 시절의 회상으로부터 얻은 불멸에 대한 암시Ode: Intimations of Immortality from Recollections of Early Childhood」가 프로이트에게서도 발견되는 지혜만을 담고 있다면, 우리는 그것을 '위대한 송시'라고 부르지 않을 것이다. 워즈워스 역시 반복 혹은 두번째 기회를 발전에 필수적인 것으로 보았고, 그의 송시는 우리가 대치나 승화를 통해 우리 욕구들의 방향을 바꿀 수 있다고 인정한다. 그러나 이 송시는 또한 구슬프게 실패를, 그리고 시간의 독재에 대한 창조적 마음의 저항을 깨닫기도 한다. 워즈워스 비평가는, 제프리 하트만처럼 워즈워스에게 충실한 비평가라고 해도, 자연질서에서 유래한 개념으로서의 **우선권**과 정신질서에서 유래한 **권위**를 명확히 구별할 것을 주장할 수 있겠지만, 워즈워스의 송시는 이런 구별을 거부한다. 하트만은 "예술은 우선권을 극복하려고 하면서 자연의 본거지에서 자연과 싸우지만 반드시 지게 되어 있다"[13]고 현명하게 말한다. 이 책의 논지는 강한 시인들은 바로 이런 지혜를 모르는 운명이라는 것이다. 워즈워스의 위대한 송시는 더 큰 꿈을 간직할 때조차도 자연의 본거지에서 자연과 싸워 큰 패배를 겪는다. 워즈워스의 송시에서 이 꿈은 선구자의 시였던 밀턴의 「리시다스」[14]의 위대함 때문에 영향에 대한 불안의 그림자에 덮여 있는데, 「리시다스」

---

13) 하트만의 『독서의 운명 The Fate of Reading』에서 인용.
14) 「리시다스Lycidas」는 밀턴이 1637년에 익사한 친구 에드워드 킹Edward King의 죽음을 애도하며 쓴 목가적 애가이다.

는 겉으로는 승화에 대한 기독교의 가르침에 굴복하는 것 같지만 더 엄격하게 전적인 승화를 인간적으로 거부한다.

왜냐하면 모든 시인은 (아무리 '무의식적으로'라도) 다른 모든 남녀보다 죽음의 필연성에 대한 의식에 더 강하게 반항함으로써 시작하기 때문이다. 시의 젊은 시민 혹은 아테네가 불렀던 바와 같이 이피브[15]는 이미 반자연적 혹은 반대적 인간이며, 그의 선구자가 그랬던 것처럼, 처음부터 시인으로서 불가능한 대상을 추구한다. 이 추구가 필연적으로 시의 왜소화를 포함한다는 것은 정확한 문학사가 반드시 견지해야 할 불가피한 깨달음으로 보인다. 영국 르네상스의 위대한 시인들은 그들의 계몽주의적 후손들이 결코 필적할 수 없으며, 계몽주의 이후 모든 전통, 즉 낭만주의는 모더니스트 그리고 후기 모더니스트 후예들에게서 더 쇠퇴하는 것을 보여준다. 시의 죽음은 어느 독자가 골똘히 생각한다고 재촉되지 않겠지만, 우리 전통에서 시가 죽을 때 그것은 스스로 살해될 것이라고, 즉 자신의 과거의 힘에 의해 살해될 것이라고 가정하는 것은 정당하게 보인다. 이 책 전체에 함축된 고뇌는 낭만주의가 그 모든 영광에도 불구하고 거대한 예시적 비극이었을 것이라는 점, 즉 프로메테우스의 기획이 아니라, 스핑크스가 자신의 뮤즈[16]라는 것을 알지 못했던 눈먼 오이디푸스의 자기실패적 기획이었을 것이라는 점이다.

눈먼 오이디푸스는 신탁을 주는 신이 되는 길을 갔고, 강한 시인들은 선구자들에 대한 맹목을 자기 작품의 수정인인 통찰로 변모시킴으로써 그를 따랐다. 내가 강한 시인의 삶의 주기에서 추적할 여섯 개의 수정 운동은 더 많을 수도 있고, 내가 사용한 이름과 아주 다른 이름을 취할

---

[15] 이피브ephebe는 그리스어 에페보스éphēbos 그리고 라틴어 에페부스ephēbus에서 유래한 영어로 18~20세 사이의 성년을 앞둔 청년을 의미한다.
[16] 뮤즈Muse는 시와 예술을 관장하는 그리스 여신으로서 시인의 영감의 원천이다.

수도 있다. 나는 이 운동을 여섯 개로 한정했는데 이는 그것들이 최소한이며 어떻게 한 시인이 다른 시인으로부터 이탈하는가를 이해하는 데 필수적인 것으로 보이기 때문이다. 이 이름들은 비록 자의적이긴 하지만 서구의 상상적 삶에서 핵심적이었던 다양한 전통에서 유래한 것으로서 유용하리라고 기대한다.

우리 언어에서 가장 위대한 시인은 몇 가지 이유로 인해 이 책의 논의에서 배제되었다.[17] 한 가지 이유는 필연적으로 역사적인 이유로서, 셰익스피어가 대홍수 이전, 즉 영향에 대한 불안이 시적 의식에 중심적인 것이 되기 이전의 위대한 시대에 속한다는 것이다. 또 다른 이유는 극적 형식과 시적 형식 사이의 대조와 관련된다. 시가 더 주관적이 되어감에 따라 선구자들이 드리우는 그림자는 더 지배적이 되어갔다. 하지만 주요 원인은 셰익스피어의 최고 선구자가 후계자보다 훨씬 왜소한 시인이었던 말로라는 점이다. 많은 강점을 지닌 밀턴도 미묘하고도 중대하게 주요 선구자 스펜서[18]와 투쟁해야 했고, 이 투쟁은 밀턴의 형성 과정에 좋은 영향과 나쁜 영향을 모두 미쳤다. 밀턴의 이피브였고 나중에는 워즈워스의 이피브이기도 했던 콜리지는 쿠퍼[19] (혹은 너 약하게 볼스[20])에서 기꺼이 자신의 말로적 인물을 발견하고 싶었겠지만, 영향은 의지대로 되는 것이 아니다. 셰익스피어는 이 책의 관심 밖에 존재하는 현상, 즉 선구자를 절대적으로 흡수하는 현상의 가장 큰 언어적 예이다.

---

17) 위대한 시인은 셰익스피어를 뜻한다. 그러나 블룸은 이 개정판의 「서문」에서 셰익스피어가 겪은 영향에 대한 불안을 상세히 다루었다. 「서문」 참조.
18) 에드먼드 스펜서 Edmund Spenser(1552~1559)는 영국 르네상스 시대의 시인으로서 알레고리적 장시 『선녀 여왕 The Faerie Queene』을 남겼다.
19) 윌리엄 쿠퍼 William Cowper(1731~1800)는 영국의 전前낭만주의 시인으로서 장시 『과제 The Task』(1785)를 남겼다.
20) 윌리엄 볼스 William Lisle Bowles(1762~1850)는 주로 「14편의 소네트 Fourteen Sonnets」 (1789)로 알려져 있으며, 콜리지가 크게 존경한 영국 시인이었다.

여기에서 내 주제는 오로지 동등하게 강한 자들 간의, 강력한 대항자들로서의 아버지와 아들 간의, 갈림길에서 마주친 라이오스와 오이디푸스 간의 투쟁이다. 앞으로 보듯이 일부 아버지들은 복합적인 인물들이지만 말이다. 심지어 가장 강한 시인들도 시적인 영향에 종속되어 있었다는 사실은 명백해 보이지만, 여전히 내 관심은 오로지 **시인 속의 시인**, 혹은 원초적인 시적 자아이다.

영향의 개념에서 내가 제시하는 것과 같은 변화로 인해 우리는 서로 동시대에 살았던 과거 시인군을 좀더 정확히 읽을 수 있다. 한 가지 예를 들면, 키츠를 자신들의 시에서 오독했던, 키츠의 빅토리아 시대 제자들에는 특히 테니슨, 아널드, 홉킨스, 로세티[21]가 포함된다. 테니슨이 키츠와의 길고도 숨겨진 투쟁에서 승리했는지는 아무도 확실히 단언할 수 없지만, 그가 아널드, 홉킨스, 로세티보다 명확히 뛰어난 것은 이들이 부분적으로 패배한 것과 달리 상대적으로 그가 승리했거나 적어도 자신의 입지를 지켰기 때문이다. 아널드의 애가는 키츠적 양식과 반낭만적 정서를 불안하게 혼합하며, 홉킨스의 부자연스럽게 강하고 복잡한 어투와 로세티의 조밀하게 아로새긴 기교 역시 이들이 자신들의 시적 자아 속에서 덜어내려고 했던 부담과 모순된다. 마찬가지로 우리 시대에 스티븐스가 영국과 미국 낭만주의의 주요 시인들——워즈워스, 키츠,

---

21) 매슈 아널드Matthew Arnold(1832~1904)는 알프레드 테니슨과 더불어 빅토리아 시대 영국을 대표하는 시인이며 비평가이다. 시 「도버 해협Dover Beach」과 『교양과 무질서Culture and Anarchy』 등의 비평서를 남겼다. 제럴드 홉킨스Gerald Manley Hopkins(1844~1889)도 빅토리아 시대 영국 시인이다. 영국 왕립 아카데미 학생이었던 단테 가브리엘 로세티Dante Gabriel Rosetti(1828~1882), 윌리엄 홀먼 헌트William Holman Hunt, 존 에버렛 밀레이John Everett Millais는 왕립 아카데미의 비상상적이고 인위적인 역사화歷史畫에 반발하여 새로운 도덕적 진지함을 작품에서 표현하고자 라파엘전파 협회Pre-Raphaelite Brotherhood를 창단했다. 이 이름은 이탈리아 전성기 르네상스, 특히 라파엘로에서 시작된 매너리즘을 비판하고 그 이전 시대에 직접적이고 단순하게 자연을 묘사한 이탈리아 미술을 찬양하기 위해 붙인 것이다. 이들은 키츠의 영향을 크게 받았다.

셸리,[22] 에머슨, 휘트먼――과 벌였던 길고도 대부분 숨겨진 내전을 보듯이, 파운드가 브라우닝[23]과 벌인 끊임없는 경기를 다시 볼 필요가 있다. 시적 역사에 대해 좀더 정확히 말하면, 빅토리아 시대 키츠주의자들과 마찬가지로 이들도 수많은 예 중 일부일 뿐이다.

이 책의 주요 목적은 현재의 시와 비평의 위기로 매우 민감해진 한 독자가 자기 세대의 비평과 시의 맥락에서, 그리고 자신의 시적 영향의 맥락에서 자신의 비평적 비전을 필히 제시하는 것이다. 나는 A. R. 애먼즈[24]의 「코슨스 후미Corsons Inlet」「특징들Saliences」과 존 애슈베리[25]의 「파편Fragment」「가장 빨리 개선된다」[26]처럼 나를 가장 감동시키는 동시대 시들 속에서 시의 죽음에 맞서 싸우는 힘을 인식할 수 있지만 후발자이기 때문에 갖는 소진 또한 인식할 수 있다. 마찬가지로 나는 내가 회피했던 것들을 명확히 보여주는 동시대 비평에서, 즉 앵거스 플래처Angus Fletcher의 『알레고리Allegory』, 제프리 하트만의 『형식주의를 넘어서Beyond Formalism』, 폴 드 만의 『맹목과 통찰』 같은 책에서 형식주의 비평의 난국, 원형비평이 도달한 삭막한 도덕적 교화, 그리고 어떤 시인의 시를 읽을 때라도 도움이 될 수 있다는 것을 아직 증명해야 할

---

22) 퍼시 비시 셸리Percy Bysshe Shelley(1792~1822)는 영국 낭만주의 시인으로 극시 『프로메테우스의 해방Prometheus Unbound』과 비평적 산문 「시의 옹호A Defense of Poetry」 그리고 「서풍에 대한 송시Ode to the West Wind」 등의 시를 남겼다.
23) 로버트 브라우닝Robert Browning(1812~1889)은 19세기 빅토리아 시대의 대표적인 영국 시인으로서 극적 독백과 심리 묘사로 유명하다. 그의 대표작은 1698년 로마의 살인 사건에 관한 재판 과정을 소재로 삼은 『반지와 책The Ring and the Book』(1868~1869)이다.
24) 아치 랜돌프 애먼즈Archie Randolph Ammons(1926~2001)는 현대 미국 시인으로서 1971년 출간한 시 모음집으로 전미도서상을 수상했다.
25) 존 애슈베리John Ashbery(1927~)는 현대 미국 시인으로서 1975년 시집 『볼록거울 속의 자화상Self-Portrait in a Convex Mirror』으로 퓰리처상을 수상했다.
26) 원제목은 'Soonest Mended'이며 이 말은 세르반테스가 말했다고 전해지는 서양 속담 "Least Said the Soonest Mended"에서 온 것이다. 이 속담의 의미는 의견 차이나 분쟁 등이 있을 때 서로 가장 적게 말하는 것이 상황을 빨리 개선시킨다는 의미로 사용된다. 블룸은 이 책의 마지막 장에서 이 시의 마지막 부분을 인용한다.

유럽 비평의 모든 최근 발전 경향들의 반인본주의적인 뚜렷한 황량함을 극복하려는 지성의 노력에 대해 알게 되었다. 현재의 실제 비평보다 더 대조적인 실제 비평을 제시하는 중간 장章은 현재의 영역에서 내가 제시하는 응답이다.

격언, 경구, 그리고 (철저히 전통적이긴 하지만) 아주 사적인 신화적 패턴에 의지하는 하나의 엄격한 시로서 자신을 제시하는 시의 이론은 여전히 논쟁으로 평가받을 수 있고 평가받기를 요구한다. 이 책을 구성하는 모든 것—우화, 정의, 방어기제로서의 수정률의 작용—은 우선권을 필사적으로 주장하는 창조적 마음의 우울함에 대한 일관된 사색의 일부이다. 모든 창조를 하나의 엄격한 시[27]로 읽은 비코는 오로지 이 엄격함이 시적 지혜를 구성하기 때문에 **시인들에게 자연 질서에서의 우선권과 정신 질서에서의 권위가 동일한 것이었으며 동일한 것으로 남아야** 했다고 이해했다. 비코는 자연적인 우선권과 정신적 권위를 재산으로 환원했는데, 이는 내가 서구의 상상력을 여전히 지배하고 있는 무서운 필연성인 아난케[28]로 인식하는 신비한 환원이다.

2세기 그노시스교 명상가였던 발렌티누스Valentinus는 여러 신, 즉 서른 명의 에온으로 가득 찬 플레로마를 가르치러 알렉산드리아에서 왔다.[29] 예를 들면 "그들이 아버지를 알지 못하면서 아버지 안에 있었다는

---

27) 엄격한 시una severa poesia(severe poetry)는 비코에게서 유래한 말이다. 비코는 『새로운 학문』에서 고대 로마법이 엄숙한 극시dramatic serious poem였고 법학은 엄격한 시였다고 말한다. 비코는 로마법이 원래 우화적인 요소를 지녔고 노래로 불렸으며 법정은 법이 상연되는 무대이기도 했다는 점을 지적하며 법의 허구적 문학적 기원을 설명한다. 그러나 로마는 그리스와 달리 엄격해서 로마법은 단순히 즐겁게 하거나 가르치는 것이 아니라 심각한 행위의 결과를 가져온다는 점에서 엄격한 것이었다.
28) 아난케Ananke는 그리스 신화에서 운명이나 필연성이 의인화되어 나타난 여신이다. 특히 오르페우스교의 신비의식에서 두드러진다.
29) 그노시스교 혹은 영지주의Gnosticism는 2세기경 초기 기독교 시대에 일어났던 철학적 종교적 운동이다. 그리스어의 형용사인 gnostikos는 원래 플라톤이 실용적인 지식과 반대되는 인

것은 매우 경이로운 일이었다." 당신이 이미 어디에 있는가를 찾는 것은 모든 추구 중에서도 가장 어리석고 운명적인 추구이다. 각각의 강한 시인의 뮤즈, 그의 소피아[30]는 추구의 유아론적 열정 속에서 가능한 멀리 그리고 밑으로 뛰어내린다. 발렌티누스는 추구가 끝나는 한계를 설정했지만, 밀턴 이후의 가장 위대한 시인들의 우주와 제약 없는 마음을 배경으로 삼는 추구에는 끝이 없다. 발렌티누스의 소피아는 회복하여, 플레로마 안에서 재혼했으며, 그녀의 열정 혹은 어두운 의도만이 한계를 넘어 우리 세계 속으로 떨어져 나왔다. 이 열정, 즉 발렌티누스가 "힘없는 여성적 열매"라고 불렀던 어두운 의도 속으로 이피브는 추락해야 한다. 만일 그가 아무리 불구가 되고 눈이 멀었다고 해도 그곳에서 나올 수 있다면 그는 강한 시인들에 속할 것이다.

개요—여섯 개의 수정률

1. **클리나맨**Clinamen: 시적 오독 혹은 오류 자체를 뜻한다. 이 말을 루크레티우스[31]에게서 가져왔는데, 이는 우주에서 변화를 가능하게 하기 위해 원자들이 '이탈'하는 것을 의미한다. 시인은 선구자의 시와 관련해서 클리나맨을 수행하기 위해 선구자의 시를 읽음으로써 선구자로부터

식론적 지식을 지칭하기 위해 최초로 사용했고, 2세기에 많은 기독교 집단들이 (영적) 지식을 갖는 자라는 의미로 그리스어 gnostikoi를 차용했다. 플레로마Pleroma는 신적인 힘들의 총체를 가리키는 말로서 충만함Fullness이라는 의미이다. 플레로마는 또한 세상 위에 존재하는 빛을 가리키기도 하는데 이 빛 속에서 살고 있는 영원한 존재가 에온Aeon이다.
30) 소피아Sophia는 그리스어로 지혜를 뜻하며, 그노시스교에서 핵심적인 용어이다.
31) 루크레티우스Titus Lucretius Carus(B.C. 99~55)는 기원전 1세기 로마 시인이자 철학자로서 에피쿠로스의 원자론을 받아들여 신에 의존하지 않고 우주를 과학적으로 설명할 수 있다고 주장했다. 저서로 『사물의 본성 De rerum natura(On the Nature of Things)』을 남겼다.

이탈한다. 이것은 시인 자신의 시에서 교정적인 움직임으로 나타날 수 있는데, 이는 선구자 시가 정확히 어느 지점까지 진행되다가 정확히 새로운 시가 움직이는 방향으로 이탈해야 했다는 것을 함축한다.

2. **테세라**Tessera: 완성과 대조를 뜻한다. 이 말을 (이 말이 여전히 사용되는) 모자이크 제조에서가 아니라 고대 신비 숭배에서 가져왔는데, 거기에서 이 말은 인식의 표시, 즉 다른 파편들과 함께 도자기를 재구성할 수 있는 작은 도기의 파편을 의미했다. 시인은 선친적 시의 용어들을 유지하면서도 마치 선구자가 충분히 나아가는 데 실패했다는 듯이 그 용어들이 다른 의미를 갖도록 그 시를 읽음으로써 선구자를 대조적으로 '완성한다.'

3. **케노시스**Kenosis: 우리의 정신이 반복충동에 맞서기 위해 사용하는 방어기제와 유사한 단절장치이다. 그렇다면 케노시스는 선구자와의 단절을 향한 움직임이다. 나는 이 말을 성 바오로에게서 가져왔는데 이는 예수가 신성한 지위에서 인간적 지위로 떨어지는 것을 받아들일 때 스스로 자신을 낮추거나 비우는 것을 의미한다. 후대 시인은 언뜻 보기에 자신의 영감, 자신의 상상적 신성을 비우면서 마치 더 이상 시인이 아닌 것처럼 자신을 낮추지만, 이런 비움은 선구자의 비움의 시와 관련해서 수행되어 선구자 역시 비워지기 때문에 후대 시는 겉보기처럼 절대적으로 감소되는 것이 아니다.

4. **악마화**Daemonization, 혹은 선구자의 숭고에 대한 반작용으로서 개인화된 반-숭고를 향한 움직임. 나는 이 용어를 일반적인 신플라톤적 용례에서 가져왔는데, 거기에서는 신도 인간도 아닌 중간적 존재가 신

자를 돕기 위해 그의 내부로 들어간다.³²⁾ 후대 시인은 선친적 시 속에 담겨 있지만 선친 자체에게가 아니라 그 선구자를 넘어서는 영역에 속하는 힘이라고 믿는 것을 향해 자신을 개방한다. 그는 앞선 작품의 독특함이 일반화되어 없어지도록 자신의 시를 선친적 시와 적절한 관계를 맺게 함으로써 이 작업을 수행한다.

5. **아스케시스** Askesis, 혹은 고독의 상태에 도달하려고 의도하는 자기정화 움직임. 나는 이 용어가 일반적이긴 하지만 특히 엠페도클레스와 같은 소크라테스 이전 샤먼들의 수행에서 가져왔다. 후대 시인은 케노시스에서처럼 비우는 수정운동이 아니라 축소하는 수정운동을 겪는다. 그는 선구자를 포함한 타자들로부터 자신을 분리하기 위해 자기 자신의 인간적 상상적 재능의 일부를 포기하는데, 선친의 시도 아스케시스를 겪게끔 자신의 시를 선친의 시와 관계를 갖게 함으로써 자신의 시 속에서 이 작업을 수행한다. 선구자의 재능 또한 잘려나간다.

6. **아포프라데스** Apophrades, 혹은 죽은 자의 귀환. 나는 아테네에서 죽은 자들이 살던 집에 다시 거주하기 위해 돌아오는 음울하고 불행한 날에서 이 말을 가져왔다. 자신의 최종단계에서 이미 유아론에 가까운 상상적 고독의 짐에 눌린 후대 시인은 자신의 시를 다시 선구자의 작품에

---

32) 블룸이 제4장에서 더 상세히 밝히듯이 여기에서 디먼 daemon 혹은 다이먼 daimon은 기독교 신학에서 의미하는 사악한 악마가 아니라 고대 그리스 철학과 종교에서 신과 인간의 경계에 있는 영적인 존재를 의미한다. 블룸은 이 용어를 시인이 선배 시인을 능가할 독창성을 부여하는 마성적 힘을 주는 존재의 의미로 사용한다. 이 책에서는 마땅한 용어의 부재로 daemon, daemonic, daemonization을 모두 '악마' '악마적' '악마화'로 통일시켜 번역했다. '신자'의 원어는 adept이고 고대 종교에서 비밀의 영적 지식을 갖는 (신)자를 뜻한다. 블룸은 선배 시인과 경쟁하는 시인이 마성적인 힘을 갖게 되는 과정을 고대 종교에서 악마가 신자에게 들어가 영적 지식을 주는 악마화의 과정으로 본다.

개방시킨다. 그래서 우리는 처음에 운명의 수레바퀴가 한 바퀴를 돌았고 후대 시인의 힘이 수정률 속에서 자신을 수정하기 전에 후대 시인이 영향의 홍수에 빠졌던 도제 시기로 다시 돌아왔다고 믿게 된다. 그러나 이제 그 시는 한때 그것이 개방되었던 선구자에게 개방된 채로 유지되는 것이다. 새로운 시가 그 시를 쓴 것이 선구자인 것처럼 보이게 하는 것이 아니라 마치 후대 시인 자신이 선구자 특유의 작품을 쓴 것처럼 보이게 만드는 성과를 이룬다는 것은 실로 섬뜩한 효과가 아닐 수 없다.

제1장
클리나맨 혹은 시적 오류

······ 당신이,

위장 속으로 도망치거나 어두워지지 않는,

흔들리는 마음의 가장 큰 죄가 되는

이탈 속을 들여다보고, 그 이탈에 관계하는 광채를 생각할 때······

— A. R. 애먼즈[1]

---

1) 애먼즈의 시 「도시의 한계The City Limits」의 일부.

셸리는 모든 시대의 시인들이 영원히 진행 중인 하나의 위대한 시에 기여했다고 생각했다. 만일 T. S. 엘리엇이 주장한 대로 죽은 시인들이 후계자들이 성취하는 특별한 지식의 진전을 구성한다고 해도, 그 지식은 여전히 살아 있는 자들의 필요를 위해 살아 있는 자들이 만든 후계자들이 창조물이다.

그러나 시인들 혹은 적어도 그들 중 가장 강한 자들은 반드시 가장 강한 비평가들이 읽는 것처럼 읽지 않는다. 시인들은 이상적인 독자도 평범한 독자도 아니고 아널드주의자나 존슨주의자도 아니다. 그들은 읽을 때 "X의 시에서 이것은 죽었고 이것은 살아 있다"고 생각하지 않는 경향이 있다. 시인들은 강해졌을 때 X의 시를 읽지 않는데 이는 정말로 강한 시인들은 자신들만을 읽기 때문이다. 그들에게 사리판단을 하는 것은 약한 것을 의미하고, 정확하고 공정하게 비교하는 것은 선택받지 못한 것을 의미한다. 가장 강할 때의 근대 시인의 원형인 밀턴의 사탄은 니파테스 산[2]에서 추론하고 비교할 때 약해지기 시작하는데, 이 쇠

퇴의 과정은 『복낙원 Paradise Regained』에서 절정에 이르러 가장 약할 때의 비평가의 원형이 됨으로써 끝난다.

『실낙원』을 가장 강할 때의 근대 시인의 딜레마에 대한 알레고리로 읽는 (명백히 경솔한) 실험을 시도해보자. 사탄은 그 근대 시인이고, 반면에 신은 죽었지만 여전히 당혹스럽게 강력히 현존하는 그의 조상 혹은 조상 시인이다. 아담은 잠재적으로 강력한 근대 시인이지만, 자기 자신의 목소리를 아직 찾아야 할 가장 약한 순간에 있다. 신에게는 뮤즈가 없고 필요하지도 않은데 이는 신이 죽었고 신의 창조성은 이 시의 과거에서만 드러나기 때문이다. 이 시에서 살아 있는 시인들 중 사탄은 죄를 지녔고, 아담은 이브를 지녔으며, 밀턴은 단지 내면의 정부情婦를 지녔을 뿐인데, 이 정부는 끊임없이 자신의 죄를 슬퍼하는 깊은 내면의 발산으로서, 밀턴은 이 시에서 웅장하게 네 번이나 이 정부에게 호소한다. 밀턴은 여러 다른 명칭으로 그녀에게 호소하면서도 정작 그녀의 이름을 부르지 않지만, 그의 말대로 "내가 부르는 것은 이름이 아니라 의미"[3]이다. 심지어 밀턴보다 더 강한 시인인 사탄은 자신의 뮤즈에게 호소하는 것을 넘어섰다.

왜 사탄을 근대 시인이라고 부르는가? 그것은 그가 밀턴과 포프의 핵심에 있던 문제, 콜린스와 그레이, 스마트와 쿠퍼[4]에서 격리시킴으로써

---

2) 니파테스 산 Mount Niphates은 『실낙원』에서 사탄이 지상에 내려오는 곳으로서 아르메니아의 산맥이다.
3) 『실낙원』 제7권 제5행.
4) 알렉산더 포프 Alexander Pope(1688~1744)는 18세기의 대표적인 영국 시인으로 「머리타래의 겁탈 The Rape of the Lock」 같은 풍자시와 『비평에 관한 에세이 An Essay on Criticism』로 유명하다. 그는 소위 영웅 시격 heroic couplet으로 알려진 18세기에 유행한 전통적 시 형식(운율을 이루는 약강격 5보로 된 2행의 연속으로 이루어진 시)으로 시를 썼다. 윌리엄 콜린스 William Collins(1721~1759), 토머스 그레이 Thomas Gray(1716~1771), 크리스토퍼 스마트 Christopher Smart(1722~1771), 윌리엄 쿠퍼는 18세기에 알렉산더 포프류의 전통시에서 벗어나 낭만주의적인 시를 지향했던 전낭만주의 시대의 시인들이었다. 이들은 영국 시골을 배

정화되며, 근대 시인의 본보기이며 진정한 시인인 워즈워스에게서 완전히 출현해 확연히 드러나는 슬픔을 거대하게 예시하기 때문이다. 신의 아들이 육화되고 사탄이 이 육화를 거부하는 것으로 밀턴의 이야기가 정말 시작할 때 시인의 성격이 사탄에게서 육화되는 것은 시작된다. 근대시는 "우리는 우리가 지금과 같지 않았던 때를 모른다."[5] 그리고 "행하든 고통을 겪든[6] 약한 것은 비참하다"라는 사탄의 두 가지 선언에서 시작한다.

이 시에서 밀턴 자신이 전개한 순서를 취해보자. 시는 타락에 관한 우리의 인식이 아니라 우리가 타락하고 있다는 인식으로 시작한다. 시인은 우리가 선택한 사람이고 선택받았다는 그의 의식은 저주로 다가온다. 그러나 이 저주는 "나는 타락한 인간이다"가 아니라 "나는 인간이고 타락하고 있다" 혹은 "나는 신이었고, 인간이었으며, (왜냐하면 시인에게 이들은 동일하므로) 나는 나 자신으로부터 타락하고 있다"는 것이다. 이런 자아인식이 절대적인 상태로까지 높아지면, 시인은 지옥의 바닥을 치거나 혹은 심연의 바닥으로 떨어지고, 그 영향으로 거기에서 지옥을 창조한다. 그는 "나는 타락하는 것을 멈춘 것 같다. 따라서 지금 나는 **타락했고** 여기 지옥에 있다"고 말한다.

그때 그곳의 나쁜 상황에서 그는 자신의 좋은 점을 발견한다. 그는 지옥에 떨어진 것을 알고 그 안에서 가능한 것의 한계를 탐구하고자 영웅적인 것을 선택한다. 다른 대안은 회개하고, 자아와 전적으로 다르고 가능한 것에 전적으로 외재적인 신을 받아들이는 것이다. 이 신은 문화사文化史이고, 죽은 시인들이며, 너무 풍성해져 더 이상 아무것도 필요

경으로 죽음과 사멸성에 대해 사색하는 시를 써서 묘지파 시인들Graveyard Poets로 불린다.
5) 『실낙원』 제5권 859행.
6) 『실낙원』 제1권 157~58행. "신의 명령을 수행하든 아니면 고통을 견디든"의 의미이다.

없는 전통의 당혹스러운 점들이다. 그러나 강한 시인을 이해하기 위해 우리는 그가 갈 수 있는 것보다 더 나아가 타락에 대한 의식이 생기기 전 평안했던 지점으로 돌아가야 한다.

  사탄 혹은 시인이 자신의 자아가 타락해서 만든 불의 바다에서 주위를 돌아볼 때, 먼저 자신이 간신히 알아볼 수 있는 얼굴, 그의 가장 친한 친구인 베엘즈붑[7] 혹은 결코 성공하지 못했고 지금도 결코 성공하지 못할 재능 있는 시인을 본다. 그리고 사탄은 진정 강한 시인답게 자신의 가장 친한 친구의 얼굴이 자신의 얼굴의 조건을 드러낼 정도로만 그 얼굴에 관심을 갖는다. 그런 한정된 관심은 우리가 아는 시인들이나 진정 영웅적인 사탄을 조롱하지 않는다. 베엘즈붑이 그렇게 흉터투성이고 행복한 빛의 영역에 남겨둔 참된 모습과 다른 모습으로 나타난다면, 사탄 자신은 아름다움을 빼앗긴 끔찍한 모습으로 나타나며, 월터 페이터처럼 본질적인 빈곤, 상상적 필요에 빠진 문학의 캘리번이 될 운명에 처해진다. 한때는 그가 가장 부자였고 거의 아무것도 필요하지 않았지만 말이다. 그러나 시인의 저주받은 힘 속에서 사탄은 이를 심사숙고하기를 거부하고, 그 대신 남은 것을 모두 모으는 자신의 임무에 임한다.

  포괄적이며 매우 상상적이기도 한 이 임무는 엄격한 종교적 목적의 시를 제외한 모든 시를 쓰는 동기로 우리가 여길 수 있는 모든 것을 포함한다. 사람들은 왜 시를 쓰는가? 그것은 남아 있는 모든 것을 모으기 위해서이지, 숭배하거나 제의하기 위해서가 아니다. 밀턴의 시에서 타락 이후 아담이 겪는 그리고 『복낙원』에서 그리스도가 겪는 영웅적 인내는 기독교 시의 주제이긴 하지만 시인들에게는 영웅적 행위가 될 수 없다. 삼손이 "그대의 전위부대를 내보내라/ 내 발꿈치는 족쇄에 채였

---

[7] 베엘즈붑 Beelzebub은 『구약성서』, 「열왕기」 '하'편에서 팔레스타인의 에크론의 신에게 붙여진 이름이며, 밀턴의 『실낙원』에서는 타락한 천사 중 사탄 다음의 제2인자로 등장한다.

으나 내 주먹은 자유롭다"며 하라파를 조롱할 때, 우리는 밀턴이 강한 시인의 타고난 미덕을 찬양하는 것을 다시 듣게 된다.[8] 밀턴에서 시인의 마지막 영웅적 행위는 자기파멸적 발작 행위인데, 이는 적의 사원을 무너뜨리기 때문에 영광스러운 것이다. 사탄은 자신의 혼돈을 조직하고, 아주 어둡지만 규율을 세우고, 수하들에게 자신을 따라 슬퍼하지 말라고 명령하며, 무엇이든 부족할 수밖에 없다는 것을 알면서도 충족한 것을 찾으며 시인으로서의 영웅이 된다.

이는 유아론唯我論 안도 밖도 아닌 정확히 유아론의 경계선에 위치한 영웅적 행위이다. 밀턴 내부의 어리석은 질문자[9]가 준비한 바와 같이 이 시에서 후에 사탄이 몰락하는 것은 영웅이 이 경계선에서 유아론으로 후퇴해 전락하는 것이고, 니파테스 산에서 독백하는 동안 시인이기를 그만두고 "악이여 그대는 나의 선이로다"[10]라는 공식을 읊조리며 단순한 반역자, 관례적 도덕 범주를 유치하게 전복하는 자, 학생답지 않은 학생의 또 다른 지루한 조상인 영원한 신좌파가 되는 것이다. 왜냐하면 근대 시인은 자신의 서글픈 힘에 기뻐하며 유아론에서 막 빠져나왔으면서도 항상 유아론의 더 먼 경계선에 서 있기 때문이다. 워즈워스부터 스티븐스까지 근대 시인이 어렵게 균형을 잡아야 하는 것은 바로 그 지점에서의 입장을 유지하는 것인데, 거기에서 그는 자신의 존재 자체로 "내가 보고 듣는 것은 다름 아닌 나 자신으로부터 나온다"고 말하

---

8) 『구약성서』, 「판관기」에 기초한 밀턴의 비극시 『투사 삼손Samson Agonistes』의 제1234~35행. 머리카락이 잘리고 눈먼 삼손이 감옥에 갇혀 있을 때 그를 조롱하러 찾아온 이방인 거인 하라파Harapha에게 하는 말이다.
9) 윌리엄 블레이크William Blake의 장시 『밀턴』에서 밀턴은 자신의 시가 성령의 영감을 받아 인간적인 것을 제거하고, 자신의 내부에서 끊임없이 질문하는 어리석은 질문자Idiot Questioner를 정화하고자 한다.
10) 『실낙원』 제4권 제110행.

지만 또한 "나는 나 이외에 아무것도 아니고, 나이기 때문에 나다"[11]라고도 말한다. 첫번째 말은 그 자체로 아마도 공공연한 유아론의 훌륭한 반항이며, 이는 "내가 지금의 내가 아니었던 때를 알지 못한다"와 동등한 것으로 되돌아간다. 그러나 두번째 말은 그것을 어리석음이 아닌 시로 만드는 수정이다. 예를 들면 "나의 밖에는 아무런 대상도 없는데 이는 내가 나 자신의 생명과 동일한 그 대상들의 생명을 꿰뚫어보기 때문이며, 그래서 '나는 나'다. 다시 말하면 이는 '나는 어디에서나 언제나 내가 존재하기를 선택하기만 하면 존재할 것이다'를 의미한다. 나는 많이 발전해서 모든 가능한 운동이 실제로 가능하며, 만약 현재 내가 나 자신의 동굴만을 탐구한다고 해도, 적어도 나는 **탐구하고 있다**." 혹은 사탄은 다음과 같이 말했을 수도 있다. "행동하고 고통을 겪으면서도 나는 행복할 터인데 이는 고통 속에서도 내가 강할 것이기 때문이다."

대부분의 현대 비평가가 사탄을 바라보는 것을 보면 슬프다. 왜냐하면 그들이 사탄을 결코 제대로 보지 못하기 때문이다. "밀턴의 바이런적인 곱슬머리 영웅"(이에 대해 좌우를 돌아보며 "누구?"라고 반문하고 싶어진다)을 언급한 엘리엇에서부터 세련된 조롱조로 바그너적인 맥락을 불러일으킨(이에 대해 "자신도 모르게 신과 같은 편이 된 진정한 비평가"[12]라고 애도하고 싶어진다) 노스럽 프라이[13]의 놀라운 퇴보에 이르기까지, 제대로 보지 못하는 경우의 목록은 괄목할 만하다. 다행히 우리에게는 적절히 "셸리로 돌아가자!"는 구호를 외친 엠프슨[14]이 있으니,

---

11) 월리스 스티븐스의 시 「그것은 기쁨을 준다It Must Give Pleasure」에서 인용.
12) 이 말은 윌리엄 블레이크가 『실낙원』을 쓴 존 밀턴에 대해 "자신도 모르게 사탄와 편이었다 of the Devil's party without knowing it"고 한 유명한 말을 블룸이 반대로 바꿔서 적용한 것이다.
13) 노스럽 프라이Northrop Frye(1912~1991)는 캐나다의 문학비평가로서 원형비평의 대가이다. 대표작으로 『비평의 해부Anatomy of Criticism』(1957)가 있다.
14) 윌리엄 엠프슨William Empson(1906~1984)은 '자세히 읽기'를 강조했던 영국의 문학비평

이제 셸리로 가보자.

밀턴이 경쟁 시인이자 어두운 형제인 사탄을 천대한 것을 사색하면서, 셸리는 밀턴의 독자들이 사탄에 대한 신의 악의를 배경으로 사탄의 과오를 평가하고 신이 지나치게 악의적이었기 때문에 사탄을 용서해주고 싶은 유혹에 빠지게 되어 그들 마음속에 "유해한 궤변"[15]이 생길 것이라고 말한다. 셸리의 요지는 C. S. 루이스[16]나 밀턴 비평의 천사학파들에 의해 왜곡되었는데, 이들은 사탄의 과오와 신의 잘못을 평가한 후 사탄에게는 균형이 부족함을 발견한다. (나처럼) 우리가 밀턴의 신이 부족하다고 발견한다고 해도 이 유해한 궤변이 좀 덜 해로워지지는 않을 것이라는 점에 셸리도 동의했을 것이다. 그것은 여전히 궤변일 것이며, 시에 대한 담론으로서 여전히 도덕화하려고 할 것이고, 다시 말해 해로울 것이다.

강한 시인들도 처음에는 약했는데 이는 그들이 뒤를 돌아보는 사탄이 아니라 앞을 내다보는 아담으로 시작했기 때문이다. 블레이크는 어떤 존재의 상태에 아담의 이름을 부여하면서 그것을 '수축의 한계'라고 부르고, 또 다른 상태에 '사탄'의 이름을 부여하면서 '불투명의 한계'라고 부른다. 아담은 주어진 혹은 자연적 인간이며 우리의 상상력은 자연적인 것 이상으로 수축되지 않을 것이다. 사탄은 자연적 인간의 좌절된

가이다. 대표작으로 『일곱 가지 모호성의 유형 Seven Types of Ambiguity』(1930)이 있다.
15) 유해한 궤변 pernicious casuistry은 셸리의 『프로메테우스의 해방』, 「서문」에서 인용된 말이다.
16) 클라이브 루이스 Clive Staples Lewis(1898~1963)는 영국 작가, 비평가 및 중세 르네상스 영문학자였다. 7권으로 구성된 판타지 소설 『나니아 연대기 The Chronicles of Narnia』와 대표적 비평서 『사랑의 알레고리 The Allegory of Love』 등을 저술했다. 그는 밀턴의 『실낙원』에 대한 연구서인 『실낙원 서문 A Preface to Paradise Lost』에서 사탄이 영웅적인 인물이 아니라 자기모순에 빠진 어리석고 우스꽝스런 인물로서 독자의 감탄과 연민을 받지 못한다고 혹평했다. 블룸이 의미하는 천사학파는 사탄의 영웅성에 반대하는 루이스 유의 비평을 통칭한다.

혹은 억제된 욕망이거나 혹은 그 욕망의 그림자나 유령이다. 이 유령의 상태를 넘어서면 우리는 보는 것에 대해 경직된 자세를 갖지는 않겠지만 그 유령이 우리의 억압 속에 쪼그리고 앉아 있어서, 우리는 축소된 것처럼 많이 경직되어 있다. 우리의 삶을 살지 못할 만큼, 그리고 블레이크가 수축되고 경직된 우리 내부의 창조성의 상징으로 여긴 (밀턴, 「에제키엘서」 「창세기」에서 유래한) 보호자 거룹[17]이 무서워 우리의 창조적 잠재력으로부터 내쫓길 만큼 경직되었다고 우리의 영혼은 슬퍼한다. 블레이크는 인간의 이 배신적인 부분을 정확히 이름 지었다. 타락(블레이크에게 이는 '창조'를 의미하며, 이 두 사건은 동일하다) 이전에 보호자 거룹은 분열되지 않은 의식을 향한 통일된 과정인, 목가적 수호신 타르마스[18]였다. 이는 주객이 없는 상태로서, 반성적 사고 이전의 순수한 상태이지만 유아론의 위험이 없었는데 그 이유는 자아의 의식도 결여하고 있었기 때문이다. 보호자 거룹이 실현을 방해하는 힘인 것처럼 타르마스는 시인의 (그리고 모든 사람의) 실현의 힘이다.

어떤 시인도 심지어 밀턴이나 워즈워스처럼 한 가지 목적에 충실했던 시인도 이렇게 늦은 역사의 시점에서 타르마스가 아니며, 어떤 시인도 보호자 거룹은 아니다. 엘리엇이 그랬던 것처럼 콜리지와 홉킨스가 결국 보호자 거룹에 의해 지배되는 것을 허용했지만 말이다. 전통에서 이

---

17) 『구약성서』, 「에제키엘서」 제28장 제16절에 예언자 에제키엘이 티로Tyre의 왕에 대한 야훼 하느님의 심판의 말씀을 전하는 가운데 나온 말로서 영어로는 Covering Cherub이며, 한글 성경은 보호자 거룹으로 번역한다. 한때 티로의 왕을 보호하던 보호자 거룹은 이제 부자가 되어 거만해진 죄를 지은 티로의 왕을 야훼 하느님의 명령에 따라 내쫓는다. 블룸의 이론에서 보호자 거룹은 창조적 상상력을 방해하는 존재이다. 「옮긴이 해설」 참조.
18) 타르마스Tharmas는 윌리엄 블레이크의 신화 체계에서 원초적 인간인 알비온Albion이 만들어낸 네 명의 조아Zoa 중 감각과 육체를 대변한다. 그는 자신에게서 방사되어 나온 성적 욕망을 나타내는 여성신 에니온Enion과의 사이에서 쌍둥이 로스Los와 에니타르몬Enitharmon을 낳는다. 기독교의 삼위일체에서는 아버지 신에 해당한다. 블룸이 그를 목가적이라고 말하는 것은 그가 선한 목자로 나타나기 때문이다.

렇게 뒤늦은 시인들은 아담인 동시에 사탄이다. 그들은 자신들이 더 이상 수축되지 않을 것이라고 단언하면서 자연적인 인간으로 시작했다가 좌절된 욕망으로 끝나는데 이때 그들은 단지 자신들이 계시적으로 강해질 수 없다는 것에 좌절한다. 그러나 그 중간에 그들 중 가장 위대한 자들은 매우 강해서 짧은 전성기의 아담을 특징짓는 자연스런 강화, 그리고 짧지만 자연스러운 것 이상의 영광스러운 시절의 사탄을 특징짓는 영웅적 자기실현을 통과한다. 이런 강화와 자기실현은 모두 언어를 통해서만 성취되며, 아담과 사탄 이후의 어떤 시인도 선구자들의 언어에서 해방된 언어를 말하지 못한다. 촘스키[19]는 인간이 결코 배우지 못했던 많은 것을 언어를 말할 때 알게 된다고 말한다. 비평은 언어를 가르치려고 노력하는 것이다. 왜냐하면 결코 배우지 못했지만 언어의 선물로 다가오는 것은 이미 쓴 시이기 때문이다. 이는 모든 언어가 버려진 순환 시의 유물이라는 셸리의 말에서 내가 배운 지혜이다. 내가 의미하는 바는 비평이 비평의 언어를 가르친다는 것(원형비평가, 구조주의자, 그리고 현상학파들이 여전히 공유하는 형식주의적 견해)이 아니라 이미 시를 쓰는 데 사용한 언어, 영향의 언어, **시인으로서의** 시인늘 간의 관계를 지배하는 변증법의 언어를 가르친다는 것이다. 모든 독자의 내면에 있는 시인은, 모든 독자의 내면에 있는 비평가가 필히 자신이 읽은 것으로부터의 단절을 느끼는 것과 똑같은 경험을 하지 않는다. 독자의 내면에 있는 비평가에게 즐거움을 주는 것은 그의 내면 속 시인에게는 불안을 안겨주는데 이는 우리가 독자로서 스스로 손해가 되고 위험하더라도 무

---

19) 노암 촘스키 Noam Chomsky(1928~)는 현존하는 최고의 미국 언어학자로서 변형생성문법의 창시자이며 언어를 인간의 독특한 인지능력으로 파악해 언어학의 혁명을 가져왔다. 저서로 『통사 구조 Syntatic Structures』(1957), 『통사론의 측면들 Aspects of the Theory of Syntax』(1965), 『언어와 책임 Language and Responsibility』(1979) 등이 있다.

시하라고 배운 불안을 선사해준다. 이 불안, 이 우울함의 형태가 영향에 대한 불안, 즉 우리가 이제 들어설 어두운 악마의 땅이다.

사람들은 어떻게 시인이 되는가, 혹은 오래된 표현을 쓰자면, 어떻게 시적 성격이 육화되는가? 잠재적 시인은 영향의 변증법을 처음 발견할 때 (혹은 이 변증법을 통해 발견될 때), 시가 자신에게 외적이면서도 내적이라는 것을 처음 발견할 때 하나의 과정을 시작하게 되는데, 이 과정은 그가 시를 자신의 밖에서 다시 발견할 힘(혹은 욕망)을 가진 지 오래 후에, 자신 안에 더 이상 시가 없을 때에야 비로소 끝나게 된다. 그런 발견이 자기인식이고, 실제로 '재탄생'이며, 순수히 이론을 위해서는 완벽한 유아론 속에서 이루어져야 한다고 해도 그것은 결코 그 자체로 완전한 행위가 아니다. '시적 영향'은 거의 완벽한 유아론자이며 잠재적으로 강한 시인의 심부에서 느껴지는, 다른 시인들에 대한 놀랍고 괴로우며 즐거운 인식이다. 왜냐하면 시인은 다른 자아들에 대한 인식을 통해서 자신의 가장 심오한 열망을 배우는 운명이기 때문이다. 시인은 그의 안에 있지만, 그는 자신의 밖에 있는 시들——위대한 시들——에 의해 발견되는 수치와 영광을 경험한다. 이 중심에서 자유를 상실하는 것은 결코 용서하지 않는 것이며 위협받은 자율성의 두려움을 영구적으로 배우는 것이다.

말로[20]는 "모든 청년의 마음에는 수많은 죽은 예술가의 이름이 새겨져 있으나 실제로는 몇몇 강하고 흔히 적대적인 유령들이 거주하는 묘지다"라고 말한다. 말로는 "시인은 어떤 목소리에 의해 시달리며 그 목소리와 단어들이 조화를 이루어야 한다"고 덧붙인다. 말로의 주요 관심사가 시각 영역과 서사이기 때문에 그는 '모방에서부터 문체에 이르기

---

20) 앙드레 말로 André Malraux(1901~1976)는 현대 프랑스 작가이자 정치가이며, 대표작으로 소설 『인간의 조건 La Condition Humaine(Man's Fate)』(1933)이 있다.

까지'라는 공식에 도달하는데, 이 공식은 시적 영향에 적절하지 않다. 시적 영역에서 자기실현을 향한 움직임은 "일하려는 의지를 가진 자는 자신의 아버지를 낳는다"는 키르케고르[21]의 격언에 담긴 과격한 정신에 더 가깝다. 우리는 호메로스의 아들들에서부터 벤 존슨의 아들들에 이르기까지 얼마나 많은 세월 동안 시적 영향이 자식의 관계로 묘사되어 왔는지를 기억한다. 그리고 우리는 시적인 **자식 관계**가 아니라 **시적 영향**이 계몽주의의 또 다른 산물이며, 데카르트[22]적 이원론의 또 다른 양상이라는 것을 알게 된다.

'영향'이란 단어는 일찍이 아퀴나스의 스콜라철학적 라틴어에서 "타자에 대해 힘을 갖는다"는 의미를 받았지만, 수세기 동안 '유입'이라는 어원적 의미와 별들로부터 인류에게 발산되는 것 혹은 다가오는 힘이란 근본적인 의미를 잃지 않았다. 처음 사용되었을 때 영향을 받는다는 것은 별들로부터 어떤 사람에게 유입되는 에테르 같은 액체, 그 사람의 성격과 운명에 영향을 미치고 지상의 모든 사물을 변화시킨 액체를 받는 것을 의미했다. 신성하고 도덕적인 힘, 후에는 단순히 비밀스런 힘이 그 사람의 모든 자유의사아 무관히게 행사되있나. 이 말은 우리가 뜻하는 시적 영향이란 의미로는 아주 늦게 사용되었다. 영어에서 이 말은 드라이든의 비평용어가 아니며, 포프도 우리가 사용하는 의미로 이 말을 사용한 적이 없다. 1755년에 새뮤얼 존슨은 영향을 별이나 도덕과

---

21) 쇠렌 키르케고르 Søren Aabye Kierkegaard(1813~1855)는 실존주의를 창시한 덴마크 철학자로서 『공포와 전율 Frygt og baeven(Fear and Trembling)』(1843), 『반복 Gjentagelsen (Repetition)』(1843) 등의 저서를 남겼다.
22) 르네 데카르트 René Descartes(1596~1650)는 근대철학의 아버지로 알려진 프랑스의 철학자 겸 수학자로서 최초로 근대적인 정신/육체의 이원론을 주장했다. 대표 저서로는 『방법서설 Discours de la méthode(Discourse on Method)』(1637), 『성찰 Meditations de prima philosophia(Meditations on First Philosophy)』(1641), 『철학의 원리 Principia philosophiae (Principles of Philosophy)』(1644)가 있다.

관련된 것으로 정의하고, 후자에 대해서는 그것이 "상승하는 힘, 인도하거나 수정하는 힘"이라고 말하지만, 그가 인용하는 용례는 종교적이거나 사적인 것이지 문학적인 것은 아니다. 두 세대 후의 콜리지에게 이 말은 확실히 문학의 맥락에서 우리가 뜻하는 의미를 지닌다.

그러나 불안은 용법을 오래전에 앞서왔다. 벤 존슨과 새뮤얼 존슨 중간 지점에서 시인들 사이에 존재하는 공경심은 프로이트가 재치 있게 처음으로 "가족 로맨스"라고 부른 미로 같은 애정에 자리를 내주게 되었고, 도덕적 힘은 우울의 유산이 되었다. 벤 존슨은 여전히 영향을 건강한 것으로 본다. 그는 **모방**이 "다른 시인의 자산이나 부富를 자신의 용도로 전환할 수 있는 것, 다른 이들보다 뛰어난 사람을 선택하여 자신이 그와 똑같아질 만큼 성장할 때까지 그를 따르는 것 혹은 사본을 원본으로 착각할 정도로 그를 좋아하는 것"을 의미한다고 말한다. 그래서 벤 존슨은 모방에 대해 아무런 불안을 갖고 있지 않은데, 그에게는 (참신하게도) 예술이 **고된 작업**이기 때문이다. 그러나 그림자가 지고, 계몽주의 이후 '천재'와 '숭고'에 대한 열정과 함께 불안도 생겼는데 이는 예술이 고된 작업을 넘어서는 것이었기 때문이다. 에드워드 영[23]은 롱기누스[24]처럼 **천재**를 존경하면서 시적 아버지들의 해로운 미덕에 대해 생각하고, 위대한 선구자들에 대해 다음과 같이 애도할 때 키츠의 서한이나 에머슨의 「자립Self-Reliance」을 예기한다. 예를 들면 "그들은 우리의 관심을 **사로잡아** 우리가 스스로를 정당하게 살펴보는 것을 방해한다. 그들은 우리가 그들의 능력을 호의적으로 판단하도록 **편견**을 갖게 하여 우리 자신에 대한 인식을 축소한다. 그리고 그들은 자신들의 찬란한 명성

---

23) 에드워드 영Edward Young(1683~1765)은 영국 시인이자 극작가였다.
24) 롱기누스Longinus는 『숭고에 대하여Peri Hypsous(On the Sublime)』를 썼다고 알려진 1세기 그리스 비평가에게 붙여진 이름이다.

으로 우리를 위협한다." 새뮤얼 존슨 박사는 더 강인하고 고전에 더 충실했지만 나태, 고독, 독창성, 모방, 발명의 개념들이 아주 이상하게 혼합된 복잡한 비평 모형을 창조했다. 존슨은 다음과 같이 혹평했다. "시적 처벌의 영역에서 탄탈로스의 경우는 조금 측은하다. 왜냐하면 주변에 달려 있던 열매들이 그의 손에서 멀어졌기 때문이다.[25] 하지만 아마 탄탈로스의 고통을 겪더라도 자신들의 고통을 덜기 위해 손을 들어 올리지 않을 자들은 어떤 자비를 요구할 수 있단 말인가?" 우리는 존슨의 혹평에 움찔하게 되고 그가 자신도 의미하고 있다는 것을 알기 때문에 더 움찔하게 된다. 왜냐하면 시인으로서 존슨은 또 하나의 탄탈로스였고, 보호자 거룹의 또 다른 희생자였기 때문이다. 이런 점에서 셰익스피어와 밀턴만이 존슨의 채찍질을 피할 수 있었다. 심지어 베르길리우스[26]조차도 호메로스를 지나치게 모방한 자에 불과했다고 비난받았다. 왜냐하면 가장 위대한 언어비평가였던 새뮤얼 존슨은 시적 영향의 질병에 대한 최초의 위대한 진단자이기도 했기 때문이다. 그러나 진단은 그의 시대에 속하는 것이다. 월러를 존경했던 흄은 월러가 단지 호라티우스와 멀리 떨어져 있었기 때문에 구원될 수 있었다고 생각했다.[27]

---

25) 탄탈로스Tantalos는 그리스 신화에서 리디아Lydia에 있는 시필로스Sipylos나 프리지아Phrygia의 왕이었으며 신들과 가까워 신들의 만찬에 참석할 수 있었다. 그는 신들의 노여움을 사 지하세계에 감금되는데 지옥에서 목까지 차는 물속에 서 있었지만 그가 물을 마시려고 하면 물은 다른 곳으로 흘러갔고, 머리 바로 위에 매달려 있던 과일들을 잡으려고 하면 바람이 불어 잡을 수 없었다.
26) 베르길리우스Publius Vergilius Maro(영어명 Virgil, B.C. 79~19)는 기원전 1세기 로마 시인이다. 국민 서사시 『아이네이스Aeneid』로 유명하며 그밖에 『전원시Eclogae(Eclogues)』 『농경시Georgica(Georgics)』 등의 저서를 남겼다.
27) 에드먼드 월러Edmund Waller(1606~1687)는 영국 시인으로 17세기 말에 규칙적인 시형을 채택해 영웅시체 2행 연구를 지배적인 양식으로 자리 잡게 공헌한 인물이다. 데이비드 흄 David Hume(1711~1776)은 18세기 스코틀랜드의 철학자로서 경험 없이는 어떤 인식도 불가능하다는 경험론을 주장했다. 대표적인 저서로는 『인성론A Treatise of Human Nature』이 있다. 호라티우스Quintus Horatius Flaccus(영어명 Horace, B.C. 65~27)는 아우구스티누스

우리는 더 멀리 떨어져 있고 당시에 호라티우스가 충분히 멀리 떨어져 있지 않았다는 것을 안다. 월러는 죽었고 호라티우스는 살아 있다. 존슨은 "군주가 지는 통치의 짐은 바로 앞에 있었던 전임자들 때문에 늘 어난다"고 말하면서 "유명한 작가의 뒤를 잇는 자도 같은 어려움에 봉착한다"고 덧붙였다.[28] 우리는 이 고약한 유머를 잘 알고 있으며, 『나 자신을 위한 광고』를 읽는 독자라면 누구나 노먼 메일러가 이 작품이 결국 내내 헤밍웨이적이라는 불안을 피하기 위해 애쓰면서 광란의 춤을 추는 것을 즐길 것이다.[29] 혹은 이보다 적게 즐기겠지만 우리는 뢰트커[30]의 『머나먼 들판』이나 베리먼의 『그의 장난감, 그의 꿈, 그의 휴식His Toy, His Dream, His Rest』을 읽으면서 그 들판이 휘트먼, 엘리엇, 스티븐스, 예이츠의 들판과 너무 가까우며, 장난감, 꿈, 진정한 휴식 역시 이 시인들에게 위안이 된 것을 발견한다. 존슨이나 흄에게 그랬던 것처럼 우리에게도 영향은 불안감을 주지만, 이 책에서 품위가 줄어들수록 비애감은 늘어난다.

세월이 흐름에 따라 변색된 시적 영향은 지적 수정주의라는 더 큰 현상의 일부이다. 그리고 정치이론, 심리학, 신학, 법, 시학 어디에서든 간에 우리 시대에 수정주의의 본성은 변했다. 수정주의의 조상은 이단

황제 시절 로마의 서정 시인이자 풍자 작가로 『송시Carmina(Odes)』와 『서간집Epistularum (Epistles)』 등의 저서를 남겼다.
28) 새뮤얼 존슨이 18세기 정기간행물 『램블러The Rambler』에서 쓴 논설에서 인용.
29) 노먼 메일러Norman Mailer(1923~)는 현대 미국 소설가로 1959년에 미완성 소설, 평론, 에세이 등을 모아 『나 자신을 위한 광고Advertisements for Myself』를 출판했다.
30) 시어도어 뢰트커Theodore Roethke(1908~1963)는 현대 미국 시인으로서 자연과 사랑에 대한 시를 많이 남겼다. 그의 최후의 시집 『머나먼 들판The Far Field』은 1964년 그의 사후에 출판되었다. 존 베리먼John Berryman(1914~1972)은 현대 미국 시인으로서 1956년에 17세기 최초의 미국 여류 시인이었던 앤 브래드스트리트Anne Bradstreet에게 경의를 표하는 「브래드스트리트 부인에게 경의를Homage to Mistress Bradstreet」이라는 시와 서정시 연작 「꿈 노래The Dream Songs」로 유명하다.

이지만, 이단은 근대적 수정주의의 특징인 창조적 수정에 의해서가 아니라 균형의 변화를 통해 기존 교리를 바꾸는 경향이 있었다. 이단은 일반적으로 강조의 변화에 기인하지만, 수정주의는 기존 교리를 어느 정도까지 따르다가 어느 시점에 이르러 바로 그 지점에서 방향이 잘못되었다고 주장하면서 방향을 벗어난다. 프로이트는 자신을 수정한 자들을 생각하면서 "여러분은 단지 많은 사람으로 하여금 다른 사람들에게 맞추거나 자신들을 종속시키지 못하게 하는 강한 감정적 요인들을 생각하기만 하면 됩니다"[31]라고 말했지만, 재치 있게 그런 "강한 감정적 요인들"을 분석하지는 않았다. 다행히도 그런 재간이 없었던 블레이크는 계몽주의 이후 등장한 가장 심오하고 독창적인 수정주의 이론가이며 새로운 시적 영향 이론을 발전시키는 데 확실히 기여했다. 블레이크는 어느 선구자의 체계에 예속되는 것은 강박적인 생각 그리고 자신의 작품과 그 선구자의 작품과 비교함으로써 창조력이 억제되는 것이라고 말한다. 따라서 시적 영향은 자기의식의 질병이다. 하지만 블레이크도 이런 불안에서 벗어나지 못했다. 그를 괴롭힌 악의 탄원은 그의 선구자들 중 가장 위대한 자에 대한 그의 비전에서 가장 강하게 그에게 다가왔다.

······ 남성–여성들, 용의 형체들,
전쟁 속에 숨은 종교, 빨간 용과 숨은 창부

이 모든 것은 보호자 거룩인 밀턴의 그림자 속에서

---

[31] 프로이트가 『새로운 정신분석 강의 Neue Folge der Vorlesungen zur Einführung in die Psychoanalyse(New Introductory Lectures on Psycho-Analysis)』 제34강에서 아들러 Alfred Adler의 '개인 심리학 Individual Psychology'처럼 정신분석과 의견이 다른 학파들을 언급하면서 견해를 달리하는 사람들이 자신의 의견을 굽히지 않고 주장하게 만드는 요인이 있다고 설명하는 말이다.

보인다……[32]

　블레이크처럼 우리는 시적 영향이 역사의 미로 속에서 분리될 수 없을 정도로 얽혀 있는 이득과 손실이라는 점을 안다. 여기에서 이득의 속성은 무엇인가? 블레이크는 '상태'와 '개인'[33]을 구별했다. 개인은 '존재의 상태'들을 지나가면서 개인으로 남지만, 상태는 항상 움직이는 과정 속에 있다. 그리고 상태에만 과오가 있을 수 있고 개인에게는 결코 과오가 없다. '시적 영향'은 개인이나 특수자가 상태들을 통과하는 것이다. 모든 수정주의와 마찬가지로, 시적 영향은, 냉정하게 정신의 도착이라고 불릴 만한 것 혹은 블레이크가 더 정확히 상태의 도착이라고 판단한 것을 통해서만 우리에게 다가오는 정신의 선물이다.
　한 시인이 정신의 관대함, 심지어 공유된 관대함을 통해 다른 시인에게 영향을 미치는 일, 좀더 정확히 말하면 한 시인의 시가 다른 시인의 시에 영향을 미치는 일이 발생한다. 그러나 여기에서 우리의 안이한 이상주의는 적절하지 않다. 관대함이 개입될 때 영향을 받는 시인은 2류 시인이거나 약한 시인이다. 관대함이 클수록 그리고 더 상호적일수록 개입된 시인들은 더 빈곤해진다. 그리고 여기에서도 영향은, 비의도적이고 거의 무의식적인 경향이 있긴 하지만, 오해를 통해서 작용한다. 나는 내 주장의 핵심 원칙에 도달하는데, 이는 터무니없어서 오히려 더 진실한 것이 아니라 단순히 진실한 것일 뿐이다.

---

32) 블레이크의 시 『밀턴』에서 인용.
33) 블레이크에게 상태States는 과오의 상태로서 신은 이 상태에 있는 개인Individual이 아니라 이 상태가 비난의 책임을 지게 하기 위해 상태를 창조했다. 인생의 각 시기에는 자체의 과오가 있으며, 각 인간은 한 시기에서 다른 시기로 이동하며 성장하지만, 상태는 영원히 남는다. 블레이크는 「네 개의 조아」에서 처음으로 "사탄으로 불리는 상태"를 언급한다. 개인은 각 인간의 파괴할 수 없는 독특하고 영원한 본질이다. 개인에게는 신성하고 이 세상에서 수행해야 할 의무가 있다.

시적 영향은 — 강하고 진정한 두 시인과 관계할 때— 항상 이전 시인을 오독함으로써 이루어지며 이 오독은 실제로 필연적으로 오역인 창조적 교정의 행위이다. 풍부한 결실을 낳는 시적 영향의 역사, 즉 르네상스 이후 주요 서구 시 전통은 불안과 자기구원적 풍자, 왜곡의 역사이며, 도착적이고 의도적인 수정주의의 역사이며, 이 수정주의 없이는 근대시 자체가 존재할 수 없었을 것이다.

나 자신의 존재의 미로 속에서 행복하게 웅크리고 있던 내 어리석은 질문자는 "그런 원칙이 주장하는 바가 진실이든 아니든 간에 그런 원칙은 무슨 소용이 있단 말인가?"라고 반문한다. 시인들은 보통 독자들이 아니며, 특히 최고의 힘을 갖도록 고양된 보통 독자인 참된 의미의 비평가도 아니라는 말을 듣는 것이 과연 유용한가? 어쨌든 시적 영향이란 무엇이란 말인가? 시적 영향의 연구가 정말 원천을 찾고 인유引喩의 수를 세는 지루한 작업, 학자에게서 컴퓨터로 이전될 때 곧 종말을 맞을 작업 이외에 다른 무엇이 될 수 있는가? 열등한 시인은 영향을 드러내며 목소리를 빌리지만 훌륭한 시인은 훔친다는, 엘리엇이 우리에게 물려준 구호가 있지 않은가? 그리고 "자신을 주장하라. 결코 모방하지 말라" "누구도 결코 자신의 말을 되풀이하지 않을 것이다"[34]와 같은 격언을 말한 에머슨에서부터, 관심의 신화[35]는 시인들이 의무의 불안을 겪

---

34) 에머슨의 에세이 「자립」의 일부.
35) 프라이의 『비평의 길 The Critical Path』에서 관심의 신화myth of concern는 사회 혹은 공동체를 결속시키는 집단적이고 구심적인 신화이다. 여기에서 진리와 현실은 이성적 판단이나 증거와 무관하게 사회적으로 구성되며, 권위에 대한 응답으로 믿고 행동하는 것이 곧 진리이다. 관심의 신화는 처음에는 종교적인 것으로서 구별이 없었지만 점차 여러 다른 사회적·정치적·법적인 분파로 발전한다. 여기에서는 결속, 전통, 연속성이 중요하기 때문에 의심이나 이견은 억압된다. 공동체의 결속에 대한 관심은 공동체의 와해에 대한 불안과 연결된다. 이와 반대로 자유의 신화myth of freedom는 개인이 현실에 부합하는 것으로 판단하는 것을 진

지 않게 해준다고 주장해서 우리 시대의 아널드로 변신한 최근의 노스럽 프라이에 이르기까지, 시적 영향을 부정하는 문학비평의 위대한 이상주의자들이 없단 말인가?

이런 이상주의에 대해 나는 "그래요, 나 역시 위인들을 존경하는 걸 좋아하지만 내가 이해하지 못하는 작품들을 쓴 위인들만 존경하는 걸 좋아하죠"라는 리히텐베르크[36]의 위대한 발언을, 혹은 시적 영향의 현인 중 한 사람인 리히텐베르크의 또 다른 말, "정반대로 하는 것 역시 모방의 형식이며 모방의 정의는 정당하게 둘 다를 포함해야 한다"는 말을 즐겁게 인용한다. 리히텐베르크의 말에는 시적 영향 자체가 모순어법이라는 것이 함축되어 있는데 이는 옳은 말이다. 그러나 낭만적 사랑 역시 모순어법이다. 그리고 낭만적 사랑은 정신의 또 다른 현란한 도착증인 시적 영향의 가장 가까운 유사물이다. 비록 시적 영향은 낭만적 사랑과 정확히 반대방향으로 움직이지만 말이다. 자신의 위대한 독창자와 대면하는 시인은 거의 최고의 상상적 미덕 한복판에서 그곳에 없는 모순을 찾아야 한다. 사랑하는 사람은 상실의 마음으로 현혹되지만, 상호 착각 속에서 그곳에 없는 시를 발견할 때 발견된다. 키르케고르는 "두 사람이 사랑에 빠져 서로를 위해 태어났다고 느끼기 시작할 때가 곧 그들이 헤어질 때이다. 왜냐하면 그들은 계속 사랑함으로써 모든 것을 잃고 아무것도 얻지 못할 것이기 때문이다"라고 말했다. 이피브 혹은 활기찬 시인으로서 청춘의 형상이 자신의 위대한 독창자에 의해 발견되면 그때는 계속 전진해야 할 때이다. 왜냐하면 그는 모든 것을 얻

리라고 보는 개인적이고 원심적인 신화이다. 관심의 신화가 보수적이라면 자유의 신화는 사회비판적이고 진보적이다.

36) 게오르크 크리스토프 리히텐베르크Georg Christoph Lichtenberg(1742~1799)는 18세기 독일의 물리학자 및 풍자작가이며 많은 격언을 남겼다. 그는 1765년부터 죽을 때까지 적은 비망록을 『일기장 Sudelbücher(The Waste Books)』이라고 불렀다.

을 것이고 그의 선구자는 아무것도 잃을 것이 없기 때문이다. 시를 온전히 다 쓴 시인들이 정말로 잃을 게 없다면 말이다.

그러나 사탄으로 불리는 상태가 있고 이 난처한 상태에 있는 시인들은 스스로 충족해야 한다. 왜냐하면 사탄은 불투명과 가까운 연맹을 인정하도록 강요받은 순수한 혹은 절대적인 자기의식이기 때문이다. 사탄의 상태는 따라서 이원론에 대한 의식, 공간(신체)뿐 아니라 시간적으로도 유한성에 사로잡힌 존재에 대한 부단한 의식이다. 순수한 정신이지만 자신 안에서 불투명의 한계를 아는 것, 자신이 창조-타락 이전으로 되돌아간다고 선언하지만, 숫자, 무게, 척도에 굴복하도록 강요받는 것, 이것이 시의 우주, 즉 존재했었고 존재할 언어, 끔찍할 만큼 찬란한 문화유산을 대면할 때 유능한 상상력의 소유자인 강한 시인이 처한 상황이다. 우리 시대에 이 상황은 밀턴에게 시달렸던 18세기나 워즈워스에게 시달렸던 19세기보다 더 가혹해졌고, 현재나 미래의 시인들은 단지 밀턴과 워즈워스 이후에 어떤 확실한 거물도 출현하지 않았다는 것, 예이츠나 스티븐스도 그렇지 못했다는 점만을 위안으로 삼을 뿐이다.

금세기 이전에 시적 영향을 크게 미친 얼두 명 징도의 시인을 검토해 보면 그들 가운데 누가 위대한 억제자로, 즉 강한 상상력의 소유자들마저도 요람에서부터 목 조른 스핑크스 같은 존재로 자리매김되는지 빨리 알 수 있는데, 바로 밀턴이다. 밀턴 이후의 영국시의 표어는 "그에게 생명은 곧 나에게 죽음이다"[37]는 키츠의 말이다. 밀턴의 이런 치명적인 생명력은 밀턴 내면의 사탄의 상태이며, 『실낙원』에 등장하는 사탄보다는 밀턴이 편집자로서 자신의 사탄과의 관계와 18세기의 모든 강한 시인들 그리고 19세기의 대부분의 강한 시인들과 맺는 관계를 통해서 더

---

37) 키츠가 동생 조지 키츠와 조지아나 키츠에게 보낸 편지에서 인용.

잘 알 수 있다.

밀턴은 영시에서의 시적 영향의 이론과 역사에서 핵심 문제이다. 심지어 그는, 키츠보다 우리에게 더 가까웠고 근대시 안에서 다시 말하면 우리 자신 안에서 가장 문제적인 모든 것을 대면하게 만드는, 워즈워스보다도 더 핵심적인 문제이다. 밀턴이 조상이고, 워즈워스가 위대한 수정주의자이며, 누구보다도 키츠와 윌리스 스티븐스가 의존적 상속자였던 이 사색적 계보의 공통점은 실제적인 이원론을 정직하게 받아들이는 것이다. 이는 모든 이원론을 극복하려는 맹렬한 욕망, 스펜서의 상대적으로 부드러운 기질에서부터 블레이크, 셸리, 브라우닝, 휘트먼, 예이츠의 다양한 강렬함에 이르기까지 예시적이고 예언적인 계보를 지배하는 욕망과 반대되는 것이다.

이것은 사색적 계보, 즉 상실에 관한 시의 참된 목소리이며 또한 남은 것을 모으며 자신의 과제를 받아들이는 강한 시인의 목소리이다.

> 기쁨이 영원히 머무는 행복한 들판이여 잘 있거라
> 공포여 환영하노라, 음부여 환영하노라,
> 그대 심오한 지옥이여 그대의 새 주인을 맞으라.
> 장소와 시간에 변치 않을 마음을 지닌 자이니라.
> 마음은 자신의 장소이며 그곳에서는
> 지옥을 천국으로, 천국을 지옥으로 만들 수 있으니,
> 내가 여전히 똑같다면 장소가 문제겠는가……?[38]

이 시행들은 C. S. 루이스나 천사학파에게 도덕적 어리석음을 나타내

---

38) 『실낙원』 제1권 제249~56행으로 신에게 반역한 죄로 지옥으로 쫓겨난 사탄이 지옥에서 하는 연설의 일부.

며, 만일 우리가 잊지 않고 사탄에 대한 증오의 아침인사로 하루를 시작한다면, 이 시행들은 비웃음을 맞게 될 것이다. 하지만 만일 우리가 도덕적으로 그렇게 세련되지 않다면, 우리는 이 시행들에 매우 감동받을 것이다. 사탄에게 과오가 없다는 것이 아니다. 사탄에게는 물론 과오가 있다. "내가 여전히 똑같다면"이라는 사탄의 말에는 가공할 만한 비애감이 있다. 왜냐하면 그는 똑같지 않고 결코 다시는 똑같아지지 않을 것이기 때문이다. 하지만 그는 이 사실을 알고 있다. 그는 즐거움에 의식적으로 작별을 고하면서 영웅적인 이원론, 언어에서 밀턴 이후의 거의 모든 시적 영향의 기초가 되는 이원론을 취하는 것이다.

밀턴에게 모든 타락한 경험은 불가피하게 상실에 기초하고 있으며 낙원은 어느 시인에 의해서도 회복될 수 없고, 단지 한 위대한 인간에 의해서만 회복될 수 있다. 그러나 그가 드라이든에게 고백했듯이 밀턴 자신의 위대한 독창자는 스펜서였고, 스펜서는 『선녀 여왕』 제6권에서 콜린[39]에게 시인의 낙원을 허락한다. 새뮤얼 존슨과 해즐릿이 강조하듯이 밀턴은 자신의 모든 후예와 달리 영향에 대한 불안을 겪을 수 없었다. 존슨은 호메로스의 모방자들 중 밀턴이 가장 적게 모방했다고 말하며 다음과 같이 덧붙인다. "그는 자신의 능력에 자신을 갖고 도움이나 장애물을 경멸하는 타고난 독립사상가였다. 그는 선구자들의 사상과 이미지를 인정하는 것을 거부하지 않았지만 추구하지도 않았다."[40] 후에 키츠의 소극적 수용 능력[41] 개념에 영향을 미친, 키츠가 경청한 강연에서

---

39) 스펜서는 『선녀 여왕』 제6권에서 사랑하는 여인에게 피리를 부는 목동 콜린 클라우트Colin Clout로 자신을 묘사한다.
40) 존슨의 『시인들의 생애 Lives of the English Poets』 중 밀턴에 관한 부분.
41) 소극적 수용능력negative capability은 키츠가 사용한 용어이다. 그는 셰익스피어와 같은 위대한 작가들이 불확실하거나 신비로운 것들을 이성적·사실적 설명에 연연하지 않고 받아들이는 능력이 있으며, 따라서 다른 무엇보다도 미beauty를 중요시한다고 말했다.

해즐릿은 선구자를 소화하는 밀턴의 긍정적 능력에 대해 이렇게 말했다. 예컨대 "그의 작품을 읽으면 우리는 다른 이들에게 근접할수록 그들과 더 구별되는 위대한 지성의 영향을 받는다는 것을 느낀다." 그렇다면 우리는 밀턴이 자신의 위대한 독창자로 스펜서를 지목함으로써 무엇을 의미했는가를 묻게 된다. 적어도 다음과 같이 말할 수 있다. 밀턴은 재탄생하면서 스펜서의 로맨스 세계로 다시 태어났다. 그리고 그가 실제의 이원론을 존재의 고통으로 받아들임으로써 스펜서적인 로맨스의 일원론적 환영으로 여기게 된 것을 대체했을 때, 그는 스펜서의 의미를 타자의 의미로, 모든 시인이 꿈꾸어야 하는 타자성의 꿈으로 간직했다. 청년 시절의 일원론적 열망에서 벗어남으로써 밀턴은 계몽주의 이후 혹은 낭만주의 시의 시조가 되었다고 말할 수 있는데, 이 시는 죽음의 우주를 지배하는 정신의 힘을, 혹은 워즈워스가 말한 대로, 얼마만큼 정신이 주인이고 외적 감각은 정신의 하인이 되는가를 강박적 주제로 삼는다.

자신이 어떤 신념을 표명했던 간에 어느 근대 시인도 일원론적이 아니다. 근대 시인들은 필연적으로 궁핍한 이원론자들인데, 궁핍, 빈곤이 그들 예술의 출발점이기 때문이다. 스티븐스는 "가난한 자와 죽은 자의 심오한 시"[42]에 대한 적절한 발언을 한다. 시는 한 인간 안에서 스스로 구원을 이룰 수도 이루지 못할 수도 있지만, 오직 시를 극히 상상적으로 필요로 하는 자들에게만 온다. 그것이 공포로 다가올지 모르지만 말이다. 그리고 젊은 시인 혹은 이피브는 다른 시인 혹은 타자를 경험함으로써 이런 필요를 최초로 배운다. 블레이크의 경험의 음유시인이 호랑이를 보듯, 혹은 욥이 리바이어던과 베헤못을 보듯, 혹은 애이햅이

---

[42] 스티븐스의 시 「로마의 노老철학자에게 To an Old Philosopher in Rome」 제10연.

흰 고래를 보거나 에제키엘이 보호자 거룹을 보듯이 이피브가 이 타자를 어둠을 배경으로 불타는 빛으로 간주함으로써 이 타자의 해로운 위대함은 더 커진다.[43] 왜냐하면 이들 모두는 사악하고 함정적인 것이 된 창조에 대한 비전, 모든 이피브가 되려고 하는 프로메테우스적인 탐구자를 위협하는 빛의 비전이기 때문이다.

콜린스와 쿠퍼 그리고 감수성 있는 많은 시인에게 밀턴은 호랑이였고, 새로운 목소리가 시인의 낙원에 들어오는 것을 막는 보호자 거룹이었다. 이 논의의 상징은 보호자 거룹이다. 「창세기」에서 보호자 거룹은 신의 천사이고, 「에제키엘서」에서는 티로의 왕이며, 블레이크에게는 타락한 타르마스이고 밀턴의 유령이며, 예이츠에게는 블레이크의 유령이다. 이 논의에서 그는 많은 (강한 시인들만큼이나 많은) 이름을 지닌 불쌍한 악마이지만, 그들의 창조성을 막는 불안을 명명하는 최종적인 이름이 아직 고안되지 않았으므로 나는 우선 그를 이름 없이 소환한다. 그는 사람들을 시인이 아닌 희생자가 되게 하는 요인이고, 산만함과 의심스런 연속성의 악마이며, 글을 성서로 만드는 유사 성서 해석자이다. 그는 상상력의 목을 조를 수 없다. 왜냐하면 그렇게 할 수 있는 것이 아무것도 없기 때문이다. 어쨌든 그는 어떤 것의 목을 조르기에는 너무 약하다. 보호자 거룹은 (밀턴의 유령이 감수성의 악몽에서 위장했듯이) 스핑크스로 위장할 수 있지만 (큰일을 수행하는) 스핑크스는 여성임에 (아니면 적어도 여성적인 남성임에) 틀림없다. 거룹은 남성(혹은 남성적

---

43) 블레이크의 1794년 시집 『경험의 노래 Songs of Experience』에 포함된 시 「호랑이 The Tiger」는 "밤의 숲에서 불타듯 빛난다"고 묘사된다. 베헤못은 『구약성서』, 「욥기」 제40장 제15~24절에서 하느님이 욥에게 길들일 수 있으면 길들여보라고 말한 짐승이다. 옛날 사람들은 하마를 인간이 길들일 수 없을 정도로 거센 힘을 상징하는 동물로 보았다. 에이햅은 19세기 미국 소설가 허먼 멜빌 Herman Melville의 대표작 『모비딕 Moby-Dick』의 주인공으로 자신의 한쪽 다리를 절단한 흰 고래 모비딕을 추격하다 최후를 맞는다.

인 여성)이다. 스핑크스는 수수께끼를 내고 목 졸라 죽이며 마침내 자기파멸을 맞지만, 거룹은 단지 덮어서 가릴 뿐이고 단지 길을 막는 것으로 보이며 기껏해야 숨길 뿐이다. 그러나 스핑크스는 방해가 되며, 따라서 제거되어야 한다. 모든 강한 시인이 추구를 시작할 때에는 수수께끼를 푸는 자의 모습이 있다. 강한 시인들이 위대한 과제를 성취하지만 작은 과제에서 실패한다는 사실은 시적 직업에서 나타나는 큰 아이러니이다. 그들은 스핑크스를 밀어내지만 (그렇지 않으면 그들은 시집 한 권 이상을 쓰는 시인이 될 수 없었을 것이다), 거룹을 거두어낼 수는 없다. 더 평범한 사람들은 (때로는 약한 시인들도) (완벽한 삶을 선택하기 위해서가 아니라) 생존하기에 충분할 만큼 거룹의 보호를 벗길 수 있지만, 목 졸라 죽임을 당할 위험을 감수해야만 스핑크스에 접근한다.

왜냐하면 스핑크스는 자연적이지만 거룹은 인간에 더 가깝기 때문이다. 스핑크스는 성적性的 불안이지만 거룹은 창조적 불안이다. 스핑크스는 기원으로 돌아가는 길에서 마주치지만, 거룹은 완성은 아니더라도 가능성으로 나아가는 길에서 마주친다. 훌륭한 시인들은 되돌아가는 데 강하지만——따라서 그들은 애가哀歌 시인으로서 깊은 즐거움을 누린다——오직 소수만이 눈을 열어 비전을 볼 수 있었다. 거룹의 보호를 벗기는 것은 힘보다는 끈기와 냉혹함 그리고 지속적인 각성을 요구한다. 왜냐하면 창조성을 가로막는 방해자는 스핑크스처럼 "돌 같은 잠"[44]에 즉각 빠져들지는 않기 때문이다. 에머슨은 시인이 자연 속에서 하나의 정체성을 지각함으로써 스핑크스의 수수께끼를 풀었으며, 그렇지 않고 결코 통합시킬 수 없는 다양한 특수성에 매몰되었다면 스핑크스에 굴복했을 것이라고 생각했다. 에머슨이 보기에 스핑크스는 자연이고 또한 우

---

44) 예이츠의 시 「재림The Second Coming」에서 바위처럼 잠든 2천 년을 묘사할 때 쓰인 표현이다.

리가 자연에서 생겨나는 수수께끼이다. 다시 말해서 스핑크스는 정신분석학자들이 말하는 '원초적 장면'[45]이라고 부른 것이다. 그러나 **시인으로서의 시인**에게 원초적 장면은 무엇인가? 그것은 시적 아버지가 뮤즈와 성교를 하는 것이다. 거기에서 그가 태어났단 말인가? 아니 그들은 그를 낳는 데 실패했다. 그는 스스로 태어나야 하고 어머니 뮤즈에게서 스스로를 탄생시켜야 한다. 그러나 뮤즈는 스핑크스나 보호자 거룹만큼 해로우며, 주로 스핑크스와 더 동일시하지만 둘 다와 동일시할 수 있다. 강한 시인은 스스로 태어나는 데 실패하고, 자신이 자신의 시적 아버지를 정의했던 것처럼 자신을 정의할 아들을 기다려야 한다. 여기서 태어나게 한다는 것은 찬탈하는 것을 의미하며 거룹의 변증법적 노동이다. 여기에서 우리는 슬픔의 한복판으로 들어가며 거룹을 똑똑히 바라보아야 한다.

「창세기」와 「에제키엘서」, 블레이크의 시에서 거룹은 무엇을 보호하는가? 「창세기」 제3장 제24절은 다음과 같다— "이렇게 그[아담]를 쫓아내신 다음 하느님은 에덴동산 동쪽에 거룹을 세우시고 돌아가는 불칼을 장치하여 생명나무에 이르는 길목을 지키게 하셨다." 랍비들은 여기에서 거룹이 하느님의 **현존**의 공포를 상징하는 것으로 간주했다. 라시[46]에게 그들은 "파괴의 천사"였다. 「에제키엘서」 제28장 제14절에서 제16절까지는 좀더 무서운 말씀이다.

그대는 넓게 보호하는 [라시에 따르면 **밈샤크**mimshach, 즉 '멀리 미치

---

45) 원초적 장면 Primal Scene은 아이가 목격하거나 환상으로 재구성한 부모의 성관계 장면을 의미한다. 아이는 이 장면을 폭력적인 것으로 해석하지만 그 의미를 파악하지 못한다. 프로이트는 늑대 인간의 사례 연구에서 처음 이 용어를 사용했다.
46) 라시 Rashi Shlomo Yitzhaki (1040~1105)는 유대교의 율법과 전승에 대한 권위 있는 요약집인 『탈무드』에 대한 최초의 논평서를 쓴 중세 프랑스 랍비이다.

는'〕 거룹이었다. 나는 너를 하느님의 산에 두어, 불붙은 돌들 사이를 거닐게 하였다. 너는 생겨나던 날부터 하는 일이 다 완전하였다. 그러나 마침내 너에게서 죄악이 드러났다. 너는 정신없이 무역을 하다가 폭력을 행사했고 죄를 지었다. 그리하여 나는 너를 불경하게 여겨 하느님의 산에서 쫓아내었다. 나는 너 보호자 거룹을 불붙은 돌들 사이에서 파괴하리라.[47]

여기에서 하느님은 티로의 왕을 비난하는데, 티로의 왕이 한때 하느님의 동산인 에덴을 보호했듯이 예배당과 솔로몬의 성전에 있는 거룹이 성궤 위로 날개를 펼쳐 보호했으므로, 티로의 왕은 곧 거룹이다. 블레이크는 보호자 거룹에 반대하는 더 무서운 예언자이다. 블레이크에게 볼테르[48]와 루소[49]는 발라[50]의 보호자 거룹인데, 발라는 자연세계의 환영적인 미인이며 자연주의적 계몽주의 예언자들은 그녀의 하인들이다. 블레이크의 '단편 서사시' 『밀턴』에서 보호자 거룹은 밀턴이자 블레이크이며 로스인 성취된 인간과 방사물 혹은 사랑받는 자 사이에 위치한다.[51] 블레이크의 『예루살렘 Jerusalem』에서 거룹은 블레이크-로스와 예

---

[47] 성서의 인용은 공동번역을 참조하면서 블룸의 영문을 옮긴이가 번역했다. 이 책에서 인용된 모든 성서의 번역은 옮긴이의 수정에 관한 주가 없을 경우 모두 공동번역을 따랐다.
[48] 볼테르 François-Marie Arouet Voltaire(1694~1778)는 프랑스 계몽주의 사상가 및 작가로 소설 『캉디드 Candide』를 남겼다.
[49] 루소 Jean-Jacques Rousseau(1712~1778)는 제네바 출신의 프랑스 낭만주의 사상가 및 작가로서 『인간 불평등 기원론 Discours sur l'origine de l'inegalité(Discourse on the Origin of Inequality)』(1755)과 『사회계약론 Du Contrat social(On the Social Contract)』(1762) 및 소설 『에밀 Émile, ou de l'éducation(Émile: or on Education)』(1762)을 남겼다.
[50] 발라 Vala는 블레이크의 신화에서 자연의 여신이며, 동쪽 조아인 루바 Luvah의 방사물로서 알비온이 타락하는 원인이다. 발라는 「네 개의 조아」에서 처음 등장한다. 이 시의 원제목은 「발라 Vala or the Death and Judgment of the Ancient Man. A Dream of Nine Nights」였다.
[51] 윌리엄 블레이크는 그의 장편시 「네 개의 조아: 고대인 알비온의 죽음과 심판에 나타난 사랑과 질투의 고통 The Four Zoas: The Torments of Love and Jealousy in the Death and Judgment of Albion The Ancient Man」에서 자신의 여러 신화를 하나의 서사로 통합했다. 이 시의 제목은 인류를 상징하는 알비온의 타락과 부활을 주제로 삼지만, 알비온은 깊은 잠에

수 사이에서 방해자로 서 있다. 거룹이 무엇을 보호하는가에 대한 대답은 따라서 다음과 같다. 블레이크에서는 자연 자체가 보호하는 모든 것이고, 「에제키엘서」에서는 지상의 풍요이지만 그런 풍요 같아 보인다는 블레이크적 역설에 따른 것이며, 「창세기」에서는 생명의 나무로 가는 길인 동쪽 문이다.

그렇다면 보호자 거룹은 분리시키는가? 아니다—그에게는 그럴 힘이 없다. 시적 영향은 분리가 아니라 희생화이며, 욕망의 파괴이다. 시적 영향의 상징이 보호자 거룹인 이유는 거룹이 데카르트의 외연外延 범주가 된 것을 상징하기 때문이다. 따라서 그것은 **밈샤크**, 즉 "멀리 미치는"이라고 묘사된다. 데카르트 그리고 그의 동료들과 제자들이 낭만주의 전통에서 시적 비전의 궁극적인 적들인 것은 우연이 아니다. 왜냐하면 데카르트적 **외연**은 우리 자신들과 대상 간의 아찔한 심연이라는 (바오로적 이원론과 반대되는) 근대 이원론의 근본 범주이기 때문이다. 데카르트는 대상들을 국한된 공간으로 보았고, 낭만적 비전의 아이러니는 낭만적 비전이 데카르트에 반역했으나 블레이크를 제외하고는 그 반역

빠지는 수동적 인물이며, 실제 이야기는 네 개의 조아와 이 조아들에게서 방사되어 나온 여성신들 사이의 전쟁을 다룬다. 네 개의 조아는 감각과 육체를 나타내는 타르마스Tharmas, 이성과 전통을 나타내는 유리즌Urizen, 사랑과 열정을 나타내는 루바Luvah, 그리고 영감과 상상력을 나타내는 우르토나Urthona 혹은 로스Los이다. 이 네 개의 남성에서 또한 여성신이 방사되어 나오는데, 타르마스에게서 모성적인 에니온Enion이, 유리즌에게서 천상적인 아하니아Ahania가, 루바에게서 유혹적인 발라Vala가 그리고 로스에게서 음악적인 에니타르몬Enitharmon이 방사되어 나온다. 로스가 이 시의 실제 주인공이며 로스의 적은 유리즌이다. 알비온의 구세주는 예수이고 성인들이 예수를 도우며 예수의 적은 현세의 거짓 교회를 나타내는 레이헙Rahab이다. 성서적으로 네 개의 조아는 신의 네 양상을 보여준다. 타르마스는 성부, 루바는 성자, 우르토나는 성령으로서 삼위일체를 이룬다. 유리즌은 타락했을 때 사탄이 되는 신성을 나타낸다. 이 시는 밀턴의 『실낙원』을 다시 쓴 것이라고 볼 수 있다. 『실낙원』이 인간의 타락과 구원을 주제로 삼는 것처럼 이 시도 인간의 타락, 죽음, 부활, 승천을 다룬다. 유리즌은 밀턴의 사탄과 종종 비교된다. 밀턴의 사탄처럼 블레이크의 유리즌 역시 모든 것을 지배하고자 하며 지옥과 혼돈을 만들어낸다. 그러나 사탄이 끝까지 저주받는 것과 달리 유리즌은 야망을 포기하는 순간 구원받고 원래의 영광을 되찾는다.

이 충분하지 못했다는 점이다. 워즈워스와 프로이트는 똑같이 데카르트적 이원론자들로 남아 있고 이들에게 현재는 촉진된 과거이며 자연은 지역화된 공간의 연속체이다. 시공간에 대한 이런 데카르트적 환원은 불안의 전염병의 유입으로서 문학 영역에서의 **인플루엔자**, 즉 시적 영향의 부정적 측면이 미치는 황폐화를 가져다주었다. 에테르 같은 액체의 방출 대신, 우리는 별들이 인간에게 행사하기보다는 인간이 행사하는 신비로운 힘의 시적 유입을 받아들였는데, 이것은 보이지 않고 느끼지 못하기에 '신비로운' 것이었다. 강도剛度로서의 마음을 외연으로서의 외적 세계에서 잘라내면 마음은——결코 전에 그렇지 못했던 것처럼——자신의 고독을 배울 것이다. 데카르트적 천재에 대한 풍자인 블레이크의 유리즌이 영향에 대한 불안에 시달린 강한 시인의 전형인 것처럼, 외로운 사색가는 자신이 아들이라는 것과 형제라는 것을 부정하려고 한다. 만일 두 개의 분리된 세계——하나는 공간 속에 외연적인 거대한 수학적 기계이고, 다른 하나는 비외연적인 생각하는 정신들로 이루어진 것——가 있다면, 우리는 과거로 펼쳐진 그 연속체를 따라 우리의 불안을 찾기 시작할 것이며, 타자에 대한 우리의 비전은 타자가 과거에 위치할 때 확대될 것이다.

그러면 보호자 거룹은 연속성의 악마이고, 그의 해로운 마력은 현재를 과거 속에 가두며, 차이들의 세계를 회색빛 일원성으로 환원한다. 과거와 현재의 동일성은 모든 대상의 본질적인 동일성과 같다. 이것이 밀턴의 "죽음의 우주"[52]인데, 시는 이 우주와 살 수 없다. 왜냐하면 시는 도약해야 하고 불연속적 우주 속에 있어야 하며, 만일 그 우주를 찾지 못하면 (블레이크가 그랬듯이) 그 우주를 만들어야 하기 때문이다.

---

52) 『실낙원』 제2권 제622행.

불연속성은 자유이다. 예언자들과 진보된 분석가들은 모두 불연속성을 선언한다. 셸리와 현상학자들은 이 점에 동의한다. 예를 들면 "예언하는 것, 실제로 앞을 내다보는 것은, 미래라는 말이 지니는 제한받지 않은 충만한 의미, 즉 과거의 결과라는 의미가 아니라 우리에게 다가오는 것이라는 의미에서, 미래를 소유하는 자의 재능이다." 이는 얀 헨드리크 반 덴 베르크[53]가 『메타블레티카 Metabletica』에서 한 말이다. 예이츠가 언어로 쐬어진 담론 중에서 시에 대한 가장 심오한 담론이라고 옳게 여겼던 셸리의 『시의 변호 A Defence of Poetry』에서 예언적 목소리는 똑같은 자유를 선언한다. "시인은 헤아릴 수 없는 영감을 해설하는 사제이며, 미래가 현재에 드리우는 거대한 그림자의 거울이다."

"그는 신을 철저하게 증거한다"는 말은 사뮈엘 베케트[54]가 데카르트의 극적 독백으로 이루어진 시 「호로스코프 Whoroscope」의 "그래서 나는 내 아들이 아니다"라는 대사에 붙인 주석이다. 데카르트의 승리는 자신의 상상력 이외의 다른 상상력에는 반드시 우호적이지 않은 분명한 비전으로 왔다. 베케트는 자신도 모르게 데카르트를 계속 찬양하면서도 데카르트적 환원성에 대한 항변을 멈추지 않는다. 베케트의 몇몇 훌륭한 영시는 너무 정교해서 명시적으로 항변하지는 않지만, 비연속성에 대한 강한 기도이다.

그러나 데카르트는 시인들에 대해 명시적인 편견을 보이거나, 이 시인들의 권위에 대해 플라톤과 유사하게 논박하지는 않는다. 데카르트는 『사적 사유 Private Thoughts』에서 다음과 같이 쓰기도 했다. "철학자들보

---

53) 얀 헨드리크 반 덴 베르크 Jan Hendrik van den Berg(1914~)는 네덜란드의 정신의학자로 현상학적 정신치료와 메타블레틱스, 즉 '역사적 변화의 심리학'으로 유명하다.
54) 사뮈엘 베케트 Samuel Barclay Beckett(1906~1989)는 아일랜드 출신 영국 극작가로서 대표작 「고도를 기다리며 En attendant Godot(Waiting for Godot)」(1952)를 남겼고 1969년 노벨 문학상을 수상했다.

다 시인들의 저서에서 무게 있는 의견들이 발견되는 것은 이상하게 보일지도 모른다. 그 이유는 시인들이 열의와 상상력을 통해 글을 썼기 때문이다. 부싯돌에 불의 씨앗이 있는 것처럼 우리에게도 지식의 씨앗이 있다. 철학자들은 이성으로 그 씨앗들을 추출하지만 시인들은 상상력으로 그것들을 내리치고 그러면 그것들은 더 밝게 빛난다." 그럼에도 불구하고 의식意識에 대한 데카르트적 신화 혹은 심연은 부싯돌에서 불을 뺏어내고, 시인들을 반-시적인 관념론과 유물론이라는 대안들과 함께 블레이크가 침울하게 "쪼개진 허구"[55]라고 부른 것 속에 빠지게 했다. 철학은 스스로를 정화하면서 이 위대한 이원론을 청소했지만, 밀턴에서부터 예이츠와 스티븐스에 이르기까지의 거대한 계보 전체가 가진 것은 "관념론과 유물론은 부적절한 질문에 대한 대답"[56]이라고 말하는 그들 자신의 전통, 즉 시적 영향뿐이었다. 데카르트(혹은 워즈워스)만큼이나 예이츠와 스티븐스는 신체적인 눈만으로가 아니라 마음으로 보려고 애썼으며, 진정한 반反데카르트주의자인 블레이크는 그런 작업마저도 쪼개진 허구로 보고 자신의 소용돌이로 기계론자의 소용돌이에 맞섬으로써 데카르트적인 굴절광학을 풍자했다.[57] 우리는 이제 기계론이 필사적인 고결함을 지니고 있다는 것을 인정한다. 데카르트는 외연이라

---

55) 16개의 판화로 이루어진 블레이크의 1793년 작품 「아이들에게: 낙원의 문For Children: The Gates of Paradise」에서 인용.
56) 데카르트의 이원론을 비판한 것으로 유명한, 영국 철학자 길버트 라일Gilbert Ryle(1900~1976)의 1949년 저서 『정신의 개념The Concept of Mind』에서 인용.
57) 소용돌이Vortex는 주변을 끌어들여 흡수하는 것이다. 블레이크는 모든 사물이 고유의 소용돌이를 지녔다고 보았다. 여행자가 영원을 통해 이 소용돌이를 지나가면 그가 지나온 길 뒤에는 구체 모양이 형성된다. 즉 인간은 경험을 통해 배우며 그 경험의 인간적 의미는 상상력의 해, 사랑의 달, 이성의 별 그리고 친구의 애정이다. 인간의 우주는 바로 이런 소용돌이이다. 블레이크의 소용돌이는 데카르트의 소용돌이에서 영향을 받은 것으로 보인다. 데카르트는 공간 속의 물질적 입자들이 소용돌이 형태로 움직이면서 별을 만들고 원심적 입자들은 방사되는 빛을 만들어 마침내 천체 우주는 정신의 개입 없이 기계적으로 창조된다고 보았다.

는 그의 신화로 현상을 구하고자 했다. 하나의 신체는 일정한 모양을 취하고 정해진 영역 속에서 움직이며 그 영역 안에서 분화되고, 따라서 엄격히 제한된 생성 속에서 통일성을 유지했다. 이것이 시인에게 주어진 감각의 세계 혹은 다양성을 만들었고, 워즈워스적인 비전은 이 감각적 세계의 구속에서 벗어나 그가 상상력이라고 부른 더 큰 환원의 강요된 황홀로 솟아올랐다. 「틴턴 수도원Tintern Abbey」에서의 다양한 감각은 먼저 더 분리된 후 유동적인 연속체로 용해되고, 사물들의 가장자리, 고정된 것, 그리고 한정된 것은 '더 고차원적인' 포용 속으로 사라져간다. 워즈워스주의에 대한 블레이크의 항의는 그가 워즈워스의 시를 칭찬하기 때문에 더 효과적이며, 블레이크가 이런 강요된 환영을, 즉 환원으로 귀결되는 이런 황홀을 두려워하는 것에 기초한다. 데카르트의 소용돌이 이론에서 모든 운동은 순환적이고 (물질이 움직일 진공은 없으며) 모든 물질은 더 환원될 수 있다. (따라서 원자는 없다.) 블레이크에게 이는 미세 특수자들, 즉 더 이상 분화되지 않을 비전의 원자들을 환원하는 불가능한 임무를 띠고 계속 헛되이 분쇄하는 사탄의 제분기의 원형돌기이다. 데카르트의 소용돌이 이론에서 순환운동은 자기모순이다. 시인이 자신의 소용돌이의 정점에 서 있을 때 데카르트적 뉴턴적 원은 비전의 평지로 용해되고, 특수자들은 다른 것으로가 아니라 각자 그 자체로 서 있다. 왜냐하면 블레이크는 오웬 바필드가 밀턴의 용어를 사용해 추적했던 의미에서 '외양들을 구원'하려고 했던 자들의 장기 기획에 동참하지 않듯이 현상을 구원하지도 않기 때문이다.[58] 블레이크는

---

58) 오웬 바필드Owen Barfield(1898~1997)는 현대 영국 철학자이며 그의 저서 『외양 구원하기: 우상숭배 연구Saving the Appearances: A Study in Idolatry』에서 낭만주의 시와 기독교, 철학의 관계를 연구했다. 그는 이 책에서 사람들이 궁극적인 것으로 여기는 현상은 안에 아무것도 없는 외양, 즉 우상에 불과하며, 따라서 현상은 무엇을 나타내는 재현이 아닌 우상이라고 주장했다.

시적 영향의 구원적 혹은 수정적 측면, 즉 보호자 거룹을 불붙은 돌들 사이로 던지려고 시도하는 충동의 이론가이다.

프랑스 공상가들은 데카르트의 주문呪文과 데카르트적 사이렌[59]에 너무 가까웠기 때문에 다른 정신으로 고차원적이고 진지한 해학을 사용해서 묵시적 아이러니를 만들어내었는데, 이는 자리[60]와 그의 제자들에게서 절정에 이른다. 시적 영향에 대한 연구는 필시 "초형이상학의 한 분야이며 상상적 해결의 과학에 빚지고 있음을 기꺼이 고백한다." 블레이크의 로스는 데카르트주의자적 대가 유리즌의 영향을 받아 창조-타락에서 추락할 때 이탈하는데, 루크레티우스적 클리나맨에 대한 이 패러디, 운명에서 약간의 변덕으로 이렇게 변하는 것은 궁극적으로 아이러니하게도 유리즌적인 창조, 즉 데카르트적 비전 자체의 두드러진 개성이다. 플라톤적 조물주가 저지른 재창조의 불운한 오류들에 대한 유리즌적 등가물인 클리나맨 혹은 이탈은 분명 시적 영향 이론에서 작용하는 핵심개념인데, 이는 각 시인을 그의 시적 아버지로부터 분리하는 (그리고 분리함으로써 구원하는) 것이 창조적 수정주의의 예이기 때문이다. 우리는 클리나맨이 항상 자의성에 대한 초형이상학적 인식에서 유래한다는 것을 이해해야 한다. 시인은 고차원적 강도를 지닌 예시적 대상들이 연속체

---

59) 그리스 신화에서 여성의 머리와 가슴과 팔을 지녔지만 나머지 부분은 새의 형상을 한 바다의 요정으로서 아름다운 노랫소리로 뱃사람들을 유혹하여 파멸시킨다. 호메로스의 『오디세이아 Odyssey』 등에 나타난다.
60) 알프레드 자리 Alfred Jarry(1873~1907)는 부조리극의 아버지로 알려진 프랑스의 극작가 겸 소설가였고, 풍자극 「위뷔 왕Ubu Roi」은 1920년대와 1930년대의 초현실주의 극의 선구자 역할을 했다. 그는 'pataphysics'라는 의사擬似과학을 창시했다. pataphysics는 형이상학 metaphysics 위에 있는 학문이라는 뜻이다. 원래 아리스토텔레스는 형이상학을 물리학 physics을 넘어서 있는 학문이란 뜻으로 사용했다. 따라서 pataphysics는 물리학을 넘어서는 학문 위에 있는 형이상학보다도 높은 학문이라는 뜻이다. 이런 이유로 옮긴이는 이 용어를 초형이상학으로 번역했다. 초형이상학은 규칙보다는 예외를 우선시하고, 모든 규칙이 자의적이고 예외적이며, 모든 사물, 특히 기계의 엄청난 세부 사항을 분석하면 부조리가 드러난다고 주장한다.

속으로 사라지게끔 자신의 선구자를 배치하고 그의 문맥에서 이탈한다. 시인은 선구자의 헤테로코즘[61]과 관련해서 모든 대상의 자의성, 동등성 혹은 동등한 우연성에 대해 전율적인 인식을 갖는다. 이런 인식은 환원적이지 않다. 왜냐하면 이런 인식은 다시 보고 투시적인 것으로 형성한 연속체이자 배치하는 문맥이기 때문이다. 이 인식이 핵심적인 대상들의 강도强度를 대면하게 되면 그 대상들은 워즈워스의 표현대로 "평범한 날의 빛 속으로 사라지는 것"[62]과는 반대되는 방식으로 이 인식 속으로 "사라진다." 초형이상학은 아주 정확한 것으로 밝혀진다. 시인들의 세계에서 모든 규칙성은 사실 '규칙적인 예외들'이다. 보는 것의 반복 자체가 예외들을 관장하는 법이다. 만일 모든 보는 행위가 특수한 법을 결정한다면, 시적 영향의 매우 무서운 역설의 토대는 확실히 세워진다. 새 시인 자신이 선구자의 특수한 법을 결정하는 것이다. 따라서 만일 창조적 해석이 반드시 오역이라면, 우리는 이 명백한 불합리를 받아들여야 한다. 그것은 가장 고차원적인 불합리이며 자리의 묵시적 불합리 혹은 블레이크의 모든 기획의 묵시적 불합리이다.

이제 변증법적 도약을 해보자. 가령 소위 시에 대한 사상 '정확한' 해석들은 실수보다도 더 나쁜 것이다. 아마도 다소간 창조적이거나 흥미로운 오독만이 있을 뿐인지도 모른다. 왜냐하면 모든 독해가 반드시 클리나멘이 아닌가? 따라서 우리는 이런 정신으로 다시 근본적인 것으로 되돌아감으로써 시의 연구를 새롭게 하려는 시도를 해야 하지 않을까? 어떤 시에도 근원이란 없으며 어떤 시도 단순히 다른 시를 인유하지 않

---

61) 헤테로코즘heterocosm은 '다르다' '이질적이다'는 어원의 hetero와 '우주' '세계'를 뜻하는 cosm(os)의 결합어이다.
62) 워즈워스의 「불멸의 암시에 대한 송시Ode to Intimations of Immortality」 제5연에서 인간은 태어나기 전에 볼 수 있었던 천상의 빛을 성장하면서 점차 상실해 마침내 성인이 되면 천상의 빛이 평범한 날의 빛으로 사라진다.

는다. 시는 인간이 쓰는 것이지 익명의 광채가 쓰는 것이 아니다. 강한 사람일수록 그의 원한도 강하고, 그의 **클리나맨**도 더 뻔뻔스럽다. 그러나 우리는 독자들로서 어떤 대가를 치르고 우리 자신의 **클리나맨**을 버리려고 하는가?

나는 새로운 시학이 아니라 전혀 다른 실제 비평을 제시하는 것이다. 하나의 시를 그 자체의 실체로 '이해'하려는 실패한 기획을 포기하자. 그 대신 시를 시인이 **시인으로서** 선배 시 혹은 시 전체를 고의적으로 오독하는 것으로 읽으려는 탐색을 추구해보자. 시를 그 시의 클리나맨을 통해 알게 되면 그 시의 힘을 상실하면서 지식을 구매하지는 않는 방식으로 그 시를 '알게' 될 것이다. 나는 페이터가 콜리지의 유명한 유기적 비유를 거부했던 정신으로 이렇게 말하는 것이다. 페이터는 콜리지가 (아무리 비자발적이었다고 하더라도) 시인이 자신의 시를 성취하면서 겪는 고통과 수난, 영향에 대한 불안에 적어도 부분적으로 의존하는 슬픔 그리고 시의 의미와 무관하지 않은 슬픔을 간과했다고 느꼈다.

보르헤스는 파스칼[63]이 '소름끼치는 구체球體'[64]에 대해 가졌던 숭고하고 두려운 느낌에 대해 말하면서 1584년에 여전히 환희에 젖어 코페르

---

63) 블레즈 파스칼Blaise Pascal(1623~1662)은 프랑스의 수학자, 물리학자 겸 철학자였고 『팡세Pensées』로 유명하다.
64) 보르헤스는 「파스칼의 소름끼치는 구체The Fearful Sphere of Pascal」라는 글에서 기독교가 시작하기 6세기 전부터 서구에 존재했던 우주론 혹은 신에 관한 견해를 소개한다. 신을 인간적인 것으로 보는 관점과 달리 이 견해에 따르면 신은 모든 곳이 중심이고 원주는 없는 구체이다. 보르헤스에 따르면 르네상스 시대에 인간은 청춘을 맞는다. 르네상스의 영향이 존재했던 16세기에 이탈리아 철학자인 브루노는 천체에 대해 환희에 젖어 "우주의 중심은 모든 곳에 있고 원주는 어디에도 없다"고 말했다. 그러나 17세기에 인간은 노쇠해감을 느끼고 아담 이후로 인간이 타락해온 것을 절감한다. 존 돈과 글랜빌은 모두 이런 감정을 공유했다. 모든 곳이 중심이고 원주는 없는 절대공간은 브루노에게는 해방을 의미했지만, 파스칼에게 신이 없는 절대공간으로서의 천체는 두려움과 고독을 느끼게 했다. 보르헤스는 파스칼이 "모든 곳이 중심이고 원주는 없는 두려운 구체"라고 말하며 '소름끼치는'이라는 단어를 쓰기 시작했다. 'fearful'로 영역된 프랑스어는 'effroyable'로서 '소름끼치다'의 의미에 더 가깝다.

니쿠스적 혁명에 반응할 수 있었던 브루노[65]와 파스칼을 대비시킨다. 70년 안에 노쇠가 시작되고—존 돈,[66] 밀턴, 글랜빌[67]이 부패를 보는 데 반해 브루노는 오로지 사상의 진보에서 환희만을 보았다. 보르헤스가 요약하듯이, "그 의기소침한 시대에 루크레티우스의 육보격시에 영감을 준 절대공간, 브루노에게는 자유를 의미했던 절대공간이 파스칼에게는 미로와 심연이 되었다." 보르헤스는 변화를 애도하지 않는데 이는 파스칼 역시 숭고함을 성취하기 때문이다. 하지만 파스칼과 달리 강한 시인들은 슬픔을 받아들이기 위해 존재하지 않으며, 그렇게 높은 대가를 치르고 숭고함을 사는 데 안주하지도 않는다. 루크레티우스 자신처럼, 그들은 자유로서의 클리나맨을 선택한다. 루크레티우스는 다음과 같이 말한다.

원자들은, 자신들의 무게에 의해 빈 공간을 수직으로 낙하할 때, 정해지지 않은 시공간에서 방향의 변화라고 부를 만큼만 그들의 진로에서 아주 적게 이탈한다. 이런 이탈이 없다면 모든 것은 공간의 심연을 통해 마치 빗방울처럼 밑으로 떨어질 것이다. 어떤 충돌도 발생하지 않을 것이고 원자가 다른 원자에 미치는 영향도 만들어지지 않을 것이다. 그렇게 자연은 아무것도 창조하지 않았을 것이다……

그러나 마음 자체는 자신의 모든 행위를 결정하고 무력한 수동성으로

---

[65] 조르다노 브루노Giordano Bruno(1548~1600)는 이탈리아의 사상가요 철학자였다. 그는 도미니쿠스 수도회의 수사였고, 수학자요 천문학자이기도 했으며 태양이 수많은 천체의 일부라고 주장함으로써 코페르니쿠스의 이론을 넘어섰다. 그는 우주를 태양과 같은 속성을 지닌 별들의 무한한 연속체라고 주장했고 가톨릭교회에서 이단으로 몰려 화형당했다.
[66] 존 돈John Donne(1572~1631)은 17세기 영국 시인으로 기발한 착상에 기초한 짧고 풍자적인 시를 쓴 대표적인 형이상학파 시인이다.
[67] 조지프 글랜빌Joseph Glanvill(1636~1680)은 자연철학을 주장한 영국의 작가 겸 철학자이다.

고통을 겪도록 강요하는 아무런 내적인 필연성을 갖고 있지 않다는 사실—이 사실은 정해지지 않은 시공간에 원자들이 조금 이탈하기 때문이다.[68]

루크레티우스의 클리나맨을 생각하면서 우리는 시적 영향의 마지막 아이러니를 알 수 있고 우리가 시작했던 곳으로 한 바퀴 돌아와 끝내게 된다. 강한 시인과 시적 아버지 사이의 이 클리나맨은 후대 시인의 총체적 존재에 의해 만들어지고, 근대시의 참된 역사는 이런 수정적인 이탈들의 정확한 기록일 것이다. 순수한 '초형이상학자'에게 이탈은 놀라 우리만큼 정당한 원인이 없는 것이다. 자리는 결국 열정을 언덕길을 오르는 자전거 경주로 간주할 수 있었다. 시적 영향을 받은 학생은 순수하지 않은 초형이상학자가 되도록 강요받는다. 그는 클리나맨을 항상 의도적이면서 동시에 비자발적인 것처럼 여겨야 하고 각 시인의 정신적 형식이면서 동시에 각 시인이 자신의 추락하는 신체가 심연의 바닥에 부딪힐 때 취하는 불필요한 제스처인 것처럼 여겨야 한다는 것을 이해해야 한다. 블레이크의 언어로 말하면 시적 영향은 개인들이 상태들을 통과하는 것이지만, 이탈하지 않으면 이 통과는 잘못된 것이다. 실제로 강한 시인은 "나는 추락하는 것을 멈춘 것 같다. 이제 나는 **타락했고** 그 결과 '지옥'에 놓여 있다"고 말하지만, 그는 이 말을 할 때 "내가 추락할 때 나는 **이탈했고**, 그 결과 나는 내 스스로의 창조에 의해 개선된 이곳 지옥에 있다"고 생각한다.

---

[68] 루크레티우스의 『사물의 본성』 제2권 제216~24행.

제 2 장
테세라 혹은 완성과 대조

모든 천재의 작품에서 우리는 우리 자신이 거부한 사상을 인식한다 — 이 사상은 어떤 소외된 위엄을 띠고 우리에게 되돌아온다.[1]

— 에머슨

---

[1] 에머슨의 에세이 「자립」의 일부.

나는 예일 대학교 대학원생이었던 1951년 10월에 니체의 「삶에 대한 역사의 공과」라는 에세이를 처음 읽었다. 그때 이 에세이를 읽는 것은 아주 고된 일이었지만, 지금 읽으면 더 고통스럽다.

가장 놀라운 작품들이 칭조될 수 있다. 역사적 숭립의 무리는 긴 망원경으로 작가를 볼 준비를 하고 항상 제자리에 있을 것이다. 반향이 즉시 들리지만, 항상 '비평'의 형식을 통해 들린다. 비평가가 조금 전에 그 작품의 가능성을 전혀 꿈꾸지 않았어도 말이다. 그 작품은 결코 영향을 미치지 못하고 비평을 받을 뿐이다. 그리고 그 비평 역시 아무런 영향을 미치지 못하고 또 다른 비평을 낳을 뿐이다. 그래서 우리는 비평가가 많았다는 사실을 실패의 표징으로 여기게 된다. 실제로는 모든 것이 그런 '영향'이 존재하더라도 과거의 상태에 머문다. 사람들은 잠시 새로운 것에 대해 말하다가 또 다른 새로운 것에 대해 말하지만, 그러는 동안 그들은 자신들이 항상 해왔던 것을 할 뿐이다. 우리 비평가들이 역사적으로 받는 훈련은 그들이 참된 의미의 영향——삶과 행동에 대한 영향——을 미치지 못하게 한다.

비평을 조소하는 데에는 니체가 필요하지 않으며, 이 구절에 나타나는 조소는 내가 이 구절을 처음 읽었을 때나 지금이나 내게 문제가 되지 않았다. 그러나 이 구절에 함축된 비평적 '영향'의 정의는 항상 비평가들의 짐이 되어야 한다. 새뮤얼 존슨이나 콜리지가 영향으로서의 불안을 긍정했던 위인들이었고 (존슨과 콜리지를 따라) 월터 잭슨 베이트가 이를 긍정하는 가장 주목할 만한 최근의 학자인 것과 마찬가지로, 에머슨처럼 니체는 영향으로서의 불안을 부정한 위인들 중 한 명이었다. 그러나 나는 영향에 대한 불안을 이해하는 데 존슨과 콜리지, 그리고 이들을 연구하는 존경스런 학자 베이트보다는 분명히 영향에 대한 불안을 느끼지 못했던 니체와 에머슨에게 더 빚지고 있음을 발견한다. 그가 항상 주장했듯이 니체는 시적인 과거를 근본적으로 새로운 창조에 대한 장애물로 여기기를 이상하리만큼 낙관적으로 거부했다는 점에서 괴테를 이어받았다. 밀턴처럼 괴테도 기꺼이 선구자들을 받아들였고 틀림없이 이 때문에 불안을 막을 수 있었다. 니체는 에머슨이 워즈워스와 콜리지에게 빚진 것만큼 괴테와 쇼펜하우어에게 빚졌지만, 에머슨과 마찬가지로 선구자의 그림자에 가려 어두워지는 냉기를 느끼지 않았다. 니체에게 '영향'은 활력을 의미했다. 그러나 계몽주의부터 지금까지 영향, 좀 더 정확히 시적 영향은 축복이라기보다는 황폐화였다. 영향이 활력을 북돋게 할 때에는 오류로서, 고의적이고 심지어는 도착적인 수정주의로서 기능했다.

니체는 『우상의 황혼 *Die Götzen-Dämmerung(Twilight of the Idols)*』에서 천재에 대한 자신의 생각을 다음과 같이 말했다.

위인들은 위대한 시대처럼 막대한 힘이 저장되어 있는 폭발물이다. 그들의 선조건은 역사적·생리학적으로 항상 오랫동안 많은 것이 모이고 저장되고 쌓여서 그들을 위해 보존되었고 오랫동안 폭발이 없었다는 것이다. 그렇게 쌓여 긴장이 너무 커지면 아주 우연한 자극도 '천재'와 '행위'와 위대한 운명을 이 세상으로 소환하기에 충분하다. 그렇다면 환경이나 '시대' 혹은 '시대정신'이나 '여론'이 무슨 문제가 된단 말인가.

천재는 강하며, 그가 사는 시대는 약하다. 그의 힘은 그 자신보다는 뒤에 오는 자들을 소진시킨다. 그는 **영향**의 홍수로 그들을 압도하는데, 그들은 이에 대한 응답으로 자신들의 은인(니체의 묘사를 따르면 그들의 은인이 아니라 재난이라고 말하고 싶지만)을 오해한다고 니체는 주장한다.

쇼펜하우어가 니체의 아버지였던 것처럼 니체의 할아버지라고 부를 수 있는 괴테는 『색채론 *Farbenlehre(Theory of Color)*』에서 심지어 "완벽한 모델도 우리가 성장할 때 필요한 단계를 건너뛰게 만들어 대부분 목적을 벗어나 무한한 오류를 저지르게 만드는 교란 효과를 지닌다"고 말한다. 그러나 괴테는 다른 곳에서는 모델들이 자아의 거울일 뿐이라는 신념을 피력한다. 가령 "자신의 모습 그대로 사랑받는 것은 아주 큰 예외이다. 대부분의 사람은 다른 사람의 모습 속에서 자신들이 그 사람에게 빌려준 것, 즉 자기 자신들, 자신들이 해석한 그의 모습만 사랑할 뿐이다." 우리는 괴테가 멋진 아이러니로 사춘기의 반복이라고 불렀던 것 혹은 덤덤하게 "개인은 다시 파멸되어야 한다"는 것을 믿었다는 점을 기억해야 할 필요가 있다. 이에 대해 우리는 괴테가 압도될 때마다 영향을 받는다고 주장하는 것에도 난처해하며 때로 "얼마나 자주?"라고 묻고 싶어 한다. "모든 위대한 것은 우리가 그것을 아는 순간부터 우리를 형성한다." 이 공식은 대부분의 시인(그리고 대부분의 사람)에게 무서운 결과를 낳는다. 그러나 괴테는 자서전에서 다음과 같이 말했는데, 이는 계몽주의 이후의 영국인들 중에서는 밀턴만이 그리고 미국인들 중에서는 에머슨만이 승인할 수 있었다. 문자 그대로 창조적 불안을 느낄 수 없다고 스스로 믿었던 시인만이 이렇게 말할 수 있었다.

우리 자신에 대해 그리고 무엇이 우리를 해치고 돕는지에 대해 과도하게 집중하는 것은 분명 지루하고 때로는 우울한 일이다. 그러나 한편으로는 인간본성에 불길한 특이함이 있고 다른 한편으로는 무한히 다양한 형태의 삶과 즐거움이 있다는 것을 생각하면, 인류가 오래전에 자기 파멸을 초래하지 않았다는 것은 기적일 뿐이다. 인간본성은 분명 독특한 끈기와 다재다능함을 지녀서, 접하거나 취하는 모든 것을 극복하거나 아니면 동화되기 거부하는 것은 적어도 무해한 것으로 만들 수 있다.

이는 인간본성보다 괴테의 본성에 더 맞는 말이다. 니체는 "모든 재능은 싸우면서 펼쳐져야 한다"[2)]고 말하며, 따라서 그가 보는 괴테는 심지어 칸트의 공식과도 맞서며 **총체성**을 위해 싸우는 투사이다. 하지만 니체에게 괴테는 단순히 인간적인 것을 극복하는 또 하나의 인물로 귀결된다. 예컨대 "그는 자신을 온전하게 훈련시켰고 자신을 **창조했다**." 이런 말을 어떻게 이해해야 하는가? 우선 이 말은 괴테가 스스로 지녔던 가공할 만한 자신감에 확고히 기초하고 있다. 그가 다음과 같이 말했다고 기록되어 있지 않던가. "한 시인의 선구자와 동시대인들의 모든 업적은 그에게도 정당히 속하는 것이 아닌가? 왜 그는 꽃을 발견할 때

---

2) 니체의 1872년 에세이 「호메로스의 투쟁Homer's Wettkampf(Homer's Contest)」에서 인용.

그 꽃을 줍지 말아야 하는가? 다른 사람들의 부富를 우리 것으로 만듦으로써만 우리는 위대한 것을 탄생시킬 수 있다." 혹은 그는 좀더 강하게 에커만Eckermann에게 다음과 같이 말했다. "독창성에 대한 말들이 이렇게 많지만 그게 다 무슨 뜻인가? 우리가 태어나자마자 세계는 우리에게 영향을 주기 시작하고 이는 우리가 죽을 때까지 계속된다. 그리고 어쨌든 에너지, 힘, 의지를 제외하면 실제로 무엇을 우리 것이라고 말할 수 있단 말인가!" 이 말을 읽으면서 나는 시인에게는 모든 것을 제외하고, 라고 말하고 싶어진다. 왜냐하면 영향에 대한 불안이 에너지, 힘, 의지를 제외한 다른 무엇과 관계가 있단 말인가? 이것들은 자신의 것인가 아니면 타자, 즉 선구자들로부터 방출되어 나온 것인가? 영향에 대한 불안으로 큰 고통을 겪었으며 이 불안의 위대한 이론가들 중 한 사람인 토마스 만[3]은 그가 깨달은 것처럼 괴테가 아무런 고통을 겪지 않았다는 사실로 인해 더 큰 고통을 겪었다. 괴테에게서 그런 불안의 징표를 찾으면서 그는 『서동시집』[4]에 나오는 한 가지 질문을 발견했다. "사람은 다른 사람들이 살아야 사는 것인가?" 이 질문은 괴테보다 토마스 만을 더 괴롭혔다. 『파우스투스 박사』에 등장하는 말 많은 음악 흥행주 사울 피텔베르크Saul Fitelberg가 레버퀸Leverkühn에게 다음과 같이 말할 때 그는 이 소설의 핵심적인 강박관념을 표현한다. "당신은 개별적 경우가 비교할 수 없다는 점을 주장하는군요. 당신은 거만한 개인적 독특성에 찬사를 보내는데, 아마 그렇게 해야 할지도 모르죠. '사람은 다른 사람들이 살아야 사는 건가요?'" 『파우스투스 박사』의 기원에 대한 책

---

3) 토마스 만Thomas Mann(1875~1955)은 독일의 소설가 겸 평론가로서 대표작으로 소설 『마의 산Der Zauberberg(The Magic Mountain)』(1924)과 『파우스투스 박사Doktor Faustus (Doctor Faustus)』(1947)가 있다.
4) 괴테의 『서동시집 Westöstlicher Diwan(West-Eastern Divan)』은 동양과 서양의 교류에 대한 12권으로 된 시집이며 1816년에서 1819년에 걸쳐 집필되었고 1827년에 확대판이 출간되었다.

에서 토마스 만은 자신이 의도한 후기 걸작을 집필하던 중 헤세[5]의 『유리알 유희Das Glasperlenspiel(The Glass Bead Game)』를 받았을 때 겪은 불안을 인정한다. 그는 일기에서 다음과 같이 썼다. "자신이 세상에서 혼자가 아니라는 것을 상기하는 것은 항상 불쾌하다." 그리고 그는 다음과 같이 덧붙였다. "이는 '다른 사람들이 살면 우리도 사는가?'라는 괴테의 질문의 또 다른 판본이다." 독자는 위대함의 허영에 웃으며 아마 "매력 있는 우리들은 서로를 사랑하지 않는다"고 중얼거릴지 모르지만, 토마스 만이 잘 알고 있었듯이 슬프게도 이 문제는 심각하다. 「프로이트와 미래Freud and the Future」라는 강력한 에세이에서 만은 (후에 토마스 만이 『파우스투스 박사』에서 사용하기 위해 다시 읽었던) 역사의 올바른 사용에 대한 니체의 어두운 에세이에 매우 근접한다. 토마스 만은 "고대의 자아와 자의식은 우리 자신의 자아와 달리 덜 배타적이고 덜 확연히 정의되었다"고 말한다. 삶은 신화적 동일시라는 의미의 '모방'이 될 수 있었고, 그렇게 초기 정체성을 재생시키는 데 있어서 '자기인식, 승인, 신성화'를 발견할 수 있었다. 괴테의 모범적 삶을 환기시키고 자신의 괴테 **모방**의 패턴을 암시하면서도 (그가 생각했던 것처럼) 프로이트를 따르면서 만은 니체의 영향에 대한 불안 극복의 20세기 판을 보여준다. 나는 토마스 만의 에세이에서 다음 구절을 모두 인용하는데 이는 영향의 슬픔에 대한 금세기의 태도에서 독특하다고 보이기 때문이다.

유아주의—달리 말하면 유아로의 퇴행—라는 참된 정신분석학적 요인이 우리 모두의 삶에서 얼마나 큰 역할을 하는가! 내가 방금 묘사했던 것처럼 유아주의는 신화적 동일시로, 생존으로, 이미 만들어진 발자국을

---

[5] 헤르만 헤세Hermann Hesse(1877~1962)는 현대 독일 시인이자 소설가로서 1946년 노벨문학상을 수상했다.

밟는 것으로 기능하면서 인간존재의 삶을 형성하는 데 얼마나 큰 부분을 차지하는가! 아버지와의 유대, 아버지의 모방, 아버지 놀이, 더 고차원적이고 발달된 유형의 아버지 대체물 형상形象으로의 전이—이런 유아적 특성들이 개인의 삶을 형성하고 특징짓는 데 얼마나 크게 작용을 하는가! 나는 '형성'이라는 말을 사용하는데, 이는 우리가 교육(성장)이라 일컫는 가장 행복하고 즐거운 요소, 즉 인간존재의 형성이 바로 존경과 사랑의 막강한 영향, 심오한 동질성 때문에 선택한 아버지 형상과의 유아적 동일시라고 내가 진지하게 느끼기 때문이다. 특히 열정적으로 유아적이고 놀이에 몰두하는 존재인 예술가는 그런 유아적 모방이 자신의 삶과 생산적인 경력에 미친 신비로우면서도 결국 명백한 효과에 대해서 우리에게 말해줄 수 있다. 이 경력은 결국 매우 다른 시간적·개인적 조건에서 매우 다르게 유아적이라고 할 만한 수단을 가진 주인공을 재활성화한 것에 지나지 않는다. 『베르테르의 슬픔』과 『빌헬름 마이스터』의 단계 그리고 노년의 『파우스트』와 『서동시집』 단계를 지닌 괴테 모방은 여전히—그의 무의식에서 나오지만 여전히 예술가적 방식으로—유희하는 예술가의 삶을 형성하고, 신비롭게도 그 삶을 미소 짓는 유아석이고 심오한 인식으로 만든다.

가장 중요한 것, 즉 불가피한 우울, 오류를 불가피하게 만드는 불안을 제외하고, 이피브와 선구자 사이의 중요한 관계에 대한 모든 것이 이 구절에 담겨 있다. 토마스 만이 괴테에게서 이탈하는 것은 이탈이 필요하다는 점을 매우 아이러니하게 부정하는 것이다. 그가 괴테를 오독하는 것은 자신의 천재적인 패러디 재능, 자신만의 아이러니에 대한 사랑을 선구자에게로 읽어 들어가는 것이다. 성장을 묘사하려고 매우 노력했던 요셉 전설[6]에서 그는 하나의 관념을 위해 유다를 사랑하고 그

관념을 추구하다가 자신이 낳은 유다의 아들들을 살해하는 다말이라는 잊지 못할 인물을 제시한다. 토마스 만은 "그것은 사랑의 새로운 기초이며, 처음 생겨난 것이었다. 그것은 육체가 아니라 관념에서 나오는 사랑이기에 악마적이라고 부를 만한 것이리라"고 말한다. 다말은 이야기의 후반부에 등장하지만 자신이 이야기에서 중심을 차지하게 될 것이라는 점을 확신한다. 다말은, 토마스 만이 (위대한 아이러니 작가였긴 하지만) 절반 정도만 깨달았듯이, 어떤 의미에서는 토마스 만 자신, 그리고 그에게 모든 우선권을 거부한 시간의 부당함을 강하게 느끼는 모든 예술가를 대변한다.[7] 다른 소설을 기억하지 않고 어떤 소설을 쓸 수 없

---

6) 토마스 만은 제1부 『야곱 이야기』*Die Geschichten Jaakobs(The Tales of Jacob)*』(1933), 제2부 『청년 요셉*Der junge Joseph(Young Joseph)*』(1934), 제3부 『이집트에서의 요셉*Joseph in Ägypten(Joseph in Egypt)*』(1936), 제4부 『먹여 살리는 자 요셉*Joseph der Ernährer(Joseph the Provider)*』(1943)으로 이루어진 『요셉과 그 형제들*Joseph und seine Brüder(Joseph and His Brothers)*』을 집필했다.

7) 다말Tamar의 이야기는 『요셉과 그 형제들』의 제4권인 『먹여 살리는 자 요셉』의 제5장 「다말」에 등장하며 「창세기」 제38장의 내용에 기초한다. 야곱의 아들들은 아버지가 막냇동생 요셉을 편애하는 것을 시샘해서 요셉을 이집트인들에게 팔아넘기고 요셉의 피 묻은 옷을 아버지에게 가져다주며 요셉이 들짐승들에게 죽임을 당했다고 말한다. 「다말」에서 야곱의 넷째 아들인 유다Judah는 이에 대한 죄책감을 갖고 있으며, 그에게는 가나안 사람인 수아Shuah의 딸과 결혼해서 낳은 세 아들 에르Er, 오난Onan, 셀라Shelah가 있다. 다말은 가나안 여인으로서 야곱의 하녀가 되는데, 야곱은 다말에게 아담과 이브, 카인과 아벨, 아브라함, 노아의 홍수 등의 이야기와 앞으로 자신의 이스라엘 가문에서 태어날 위대한 인물 실로Shiloh에 대한 이야기를 해준다. 다말은 야곱의 이야기를 듣고 자신이 이스라엘 가문의 여인으로서 실로의 조상이 될 야망을 갖는다. 다말은 유다와 결혼하기에 너무 늦었으므로 야곱에게 청해서 유다의 맏아들인 에르와 결혼하지만 에르는 곧 사망한다. 다말은 다시 야곱에게 청해서 유다의 둘째 아들인 오난과 결혼하지만 오난도 곧 죽는다. 다말은 유다의 막내아들인 셀라와 결혼할 것을 청하지만 유다는 16세인 셀라가 성장하면 보내줄 터이니 친정집에 가서 죽은 남편들을 애도하고 있으라고 말하라고 한다. 3년 뒤 셀라가 19세가 되자 다말이 유다에게 셀라와 결혼할 것을 청하지만 유다는 이를 거부한다. 다말은 유다 가문의 대를 잇기 위해 홀아비가 된 유다가 지나가는 길목에 창녀로 위장해서 유다와 잠자리를 갖고, 이때 유다가 잠자리의 대가로 보내줄 염소 한 마리의 담보물로 반지와 팔찌와 지팡이를 요구한다. 3개월 후에 다말이 임신했다는 소식이 전해지자 유다는 다말을 화형에 처할 것을 명하나, 다말은 시아버지에게 반지와 팔찌와 지팡이를 증거로 자신의 아이가 유다의 자손임을 증명한다. 다말은 쌍둥이 형제를 낳고 결국 이스라엘의 역사에 자신의 이름을 남긴다. 블룸의 인용문은 「다말」에서 인용한 것이며, 블룸이 다말을 "시

다는 것을 토마스 만이 알고 있듯이, 다말은 한 번의 성관계의 의미는 단지 또 하나의 성관계에 불과하다는 것을 본능적으로 알고 있다. 니체는 "망각은 모든 행동의 특성"이라고 주장한 데 이어서 행동하는 인간은 양심이 없다는 괴테의 말을 인용했다. 그래서 니체는 행동하는 인간, 참된 시인은 "또한 지식이 없고 한 가지 일을 하기 위해 대부분의 일을 망각한다. 그는 배후에 남긴 것에 불공평하며 오로지 한 가지 법—생겨날 법—만을 인식한다"고 덧붙일 수 있었다.[8] 니체의 주장, 즉 아이러니를 매우 두려워하는 시인의 주장보다 더 고결하고 자기기만적으로 거짓된 것은 아무것도 없다고 주장해야겠다. 이 아이러니는 역사에 관한 에세이에 나오는 신랄하고 무서운 구절에서 등장하는데, 여기에서 니체는 헤겔[9] 역사철학을 강하게 비판한다.

자신이 세상에 늦게 나왔다는 믿음은 어쨌든 해롭고 위신을 추락시킨다. 그러나 운명의 역전으로 인해 이 믿음이 후발자를 과거의 모든 창조의 참된 의미이자 대상으로서 신성화할 때 그것은 분명 두렵고 파괴적인 것으로 나타난다. 그리고 그의 의식적인 불행은 세계사의 완성으로 제시된다.[10]

간의 부당함을 강하게 느끼는 예술가"를 대변하는 인물로 여기는 것은 이 소설에서 다말이 유다에게 이미 부인이 있어 유다와 결혼하지 못하는 것에 분노하여 유다의 부인을 시샘하고 그의 아들들과 결혼하지만 결국 세대를 거슬러 올라가 다시 유다에게서 아들들을 낳으며 이로써 시간과 싸워 승리하기 때문이다. 다말이 추구하는 '하나의 관념'은 바로 이스라엘 가문의 여인이 되어 자손을 낳겠다는 집념을 뜻한다.

8) 니체의 「삶에 대한 역사의 공과」에서 인용.
9) 게오르크 빌헬름 프리드리히 헤겔Georg Wilhelm Friedrich Hegel(1770~1831)은 독일의 낭만주의 시대 철학자로서 절대적 관념론을 주장했다. 『정신현상학 Phänomenologie des Geistes(The Phenomenology of Spirit)』(1806~1807), 『대논리학 Wissenschaft der Logik (Logic)』(1812~1816), 『역사철학 Vorlesungen über die Philosophie der Geschichte(The Philosophy of History)』(1817), 『법철학 Grundlinien der Philosophie des Rechts(The Philosophy of Right)』(1821), 『미학 Ästhetik(Aesthetics)』(1820~1829) 등의 저서를 남겼다.

이 아이러니가 헤겔을 겨냥한 것이라는 말에 개의치 말기 바란다. 이 아이러니의 진짜 대상은 니체 자신 내부에 존재하는 영향에 대한 불안이다. 리히텐베르크는 "사람은 다른 사람들 속의 자신을 사랑할 뿐 아니라 그들 속의 자신을 증오하기도 한다고 나는 믿는다"[11]고 지혜롭게 말한다. 영향을 부정하는 위인들——독일의 괴테, 니체, 토마스 만, 미국의 에머슨과 소로,[12] 영국의 블레이크와 로렌스,[13] 프랑스의 파스칼, 루소, 위고[14]——, 이 핵심적인 위인들은, 영국에서 새뮤얼 존슨에서 콜리지와 러스킨에 이르기까지 그리고 지난 4세기 동안 수많은 세대의 강한 시인들을 포함한 영향에 대한 불안을 긍정하는 위인들만큼이나, 영향에 대한 불안의 거대한 영역이다.

몽테뉴는 우리 내부를 탐구해 그곳에서 "우리의 사적인 소망들은 대부분 다른 사람들을 희생한 대가로 생겨나고 자란다"[15]는 것을 배우라고 요청한다. 몽테뉴는 적어도 프로이트 전까지, 새뮤얼 존슨보다도 더 위대한, 영향에 대한 불안의 현실주의자이다. 몽테뉴는 (아리스토텔레스를 따라) 호메로스가 최초이자 최후의 시인이었다고 말한다. 파스칼

---

10) 니체의 「삶에 대한 역사의 공과」에서 인용.
11) 리히텐베르크의 『일기장』에서 인용.
12) 헨리 데이비드 소로 Henry David Thoreau(1817~1862)는 미국의 수필가 및 시인으로서 정부의 권력에 맞서는 시민의 자유를 옹호한 「시민의 반항Civil Disobedience」(1849)과 월든 호숫가에서 생활하며 기록한 명상적 에세이 모음집인 『월든: 숲속의 생활 Walden: or Life in the Woods』(1854)을 남겼다.
13) 데이비드 허버트 로렌스 David Herbert Lawrence(1885~1930)는 현대 영국 소설가로서 대표 소설로는 『아들과 연인 Sons and Lovers』(1913), 『무지개 The Rainbow』(1915), 『사랑하는 여인들 Women in Love』(1920), 『채털리 부인의 사랑 Lady Chatterley's Lover』(1928)을, 그리고 비평서 『미국고전문학 연구 Studies in Classic American Literature』(1923)를 남겼다.
14) 빅토르 위고 Victor Hugo(1802~1885)는 프랑스의 시인, 극작가, 소설가로서 대표작 『레 미제라블 Les Misérables』(1862)을 남겼다.
15) 몽테뉴의 『수상록』 제22장에서 인용.

을 읽으면 때로 그가 몽테뉴를 최초이자 최후의 참된 도덕가가 아닐까 염려했다고 느낀다. 파스칼은 "나는 몽테뉴 속에서 보는 모든 것을 몽테뉴가 아닌 내 자신 안에서 발견한다"16)고 거만하게 말하는데, 파스칼 저서의 좋은 판본을 참고해서 그가 스캔들이 될 만큼 많이 빚지고 있다는 것을 증명해주는 수많은 '병행 문구' 목록을 연구하면 이런 단언은 우스워진다. 파스칼이 선구자의 외투를 입은 채 몽테뉴를 거부하려고 시도하는 모습은 매슈 아널드가 키츠의 위대한 송시들로부터 전적으로 (그리고 무의식적으로) 훔친 말과 어투와 감각적 리듬으로 「학자 집시」와 「티르시스」17)를 집필하고 있는 모습과 같다.

키르케고르는 『공포와 전율』에서 위엄 있는, 그러나 터무니없이 묵시적인 자신감을 가지고 "일하기를 원하는 자는 자신의 아버지를 낳는다"고 선언한다. 나는 "훌륭한 아버지가 없으면 만들어내는 것이 필요하다"는 니체의 간략한 말이 더 사실에 가깝다고 생각한다. 나는 시인이건 아니건 우리 모두가 겪는 영향에 대한 불안이 그 기원, 즉 프로이트가 매우 재치 있게 명명한 "가족 로맨스"의 치명적인 늪에서 최초로 발견되어야 하지 않을까 두렵다. 그러나 그 헤로인 마법의 땅에 들어서기 전에 몇몇 필요한 인식을 위해 '불안' 자체를 잠시 짚어보려고 한다.

프로이트는 불안을 정의하면서 "무엇 앞에서의 불안"에 대해 말한다. **무엇 앞에서의 불안**은 분명 욕망과 같이 예상의 형태이다. 우리는 불안과 욕망이 이피브나 초보 시인의 이율배반이라고 말할 수 있다. 영향에

---

16) 파스칼의 『팡세』에서 인용.
17) 「학자 집시The Scholar Gipsy」는 집시 무리에 섞여 살면서 그들의 비밀을 알아내 세상에 알리겠다는 옥스퍼드 대학생에 대한 조지프 글랜빌의 이야기에 기초한 아널드의 시이며, 「티르시스Thyrsis」는 아널드의 친한 친구 아서 휴 클러프Arthur Hugh Clough의 죽음을 애도하는 목가시이다. 「티르시스」는 키츠의 「나이팅게일에 대한 송시Ode to a Nightingale」에서 시 형식을 빌려왔다.

대한 불안은 영향의 **홍수**에 **휩쓸린** 것을 예상하며 불안해하는 것이다. 라캉은 욕망이 환유라고 주장하는데, 욕망의 반대, 즉 예상의 불안 역시 단지 환유에 불과할지도 모른다. 홍수를 두려워하듯이 선구자들을 두려워하는 이피브는 핵심 부분을 전체로 여기는데, 이 전체는 모든 시인에게 유령 같은 방해자인 창조적 불안을 구성하는 모든 것이다. 그러나 이 환유는 거의 피할 수 없다. 모든 훌륭한 독자는 당연히 익사할 것을 **욕망하지만**, 시인이 익사한다면 그는 단지 독자가 될 것이다.

  우리는 점점 더 불안에 대한 엉터리 묘사가 잘 팔리고 즐겁게 소비되는 시대에 살고 있다. 내 판단으로는 불안에 대한 한 가지 분석만이 금세기에 이루어진 고전 도덕가들과 낭만주의 사색가들의 유산에 어떤 가치 있는 것을 보태는데, 그것은 분명 프로이트의 공헌이다. 프로이트는 먼저 불안이 어떤 느낌이지만 슬픔, 비애, 단순한 정신적 긴장과는 다른 불쾌의 상태라는 것을 상기시킨다. 그는 불안이 일정한 경로로 배출 혹은 방출하는 현상에 동반되는 불쾌라고 말한다. 이 방출 현상은 불안 저변에 놓인 '흥분의 증가'를 완화시킨다. 원초적인 흥분의 증가는 탄생 외상trauma이고 이 외상 자체는 최초의 위험 상황에 대한 반응이다. 프로이트는 "위험"이란 말을 사용함으로써 지배에 대한 우리의 보편적인 공포, 일정한 스트레스 상황에서 우리가 인간본성상 감옥으로서의 우리 신체에 갇혀 있다는 것을 상기시킨다. 프로이트는 탄생 외상에 대한 랑크의 설명을 생물학적으로 근거가 없는 것으로 거부했지만, "유아의 불안 성향"이라고 부른 것 때문에 곤혹스러워했다. 엄마로부터의 분리는 후의 거세 불안과 유사하게 "욕구의 불만족에서 발생하는 긴장의 증가"를 가져오는데, 여기에서 '욕구'는 자기보존 경제에 핵심적이다. 분리불안은 따라서 배제불안이며 죽음불안 혹은 초자아에 대한 자아의 공포와 빨리 결합한다. 이렇게 프로이트는 초자아에 대한 공포에 기인하는 강박신경증에 대한 정의의 경계에 도달하고, 우리는 시인들의 우울증에 대한 강박적인 유사물 혹은 영향에 대한 불안을 탐구하도록 고무된다.

시인은 시인으로서의 육화를 경험할 때 시인으로서의 **자신을 종식**시킬지도 모르는 어떤 위험에 대해서 반드시 불안을 경험한다. 영향에 대한 불안이 그토록 무서운 것은 일종의 분리불안이면서 동시에 강박신경증의 시작 혹은 인성화된 초자아인 죽음에 대한 공포이기 때문이다. 비유적으로 생각하면, 시가 영향에 대한 불안의 흥분 증가에 대해 운동에 의한 방출로 응답하는 것이라고 (익살스럽게) 볼 수 있다. 그러나—시의 모든 전통, 특히 낭만주의의 주장에도 불구하고—시는 쾌락에 의해서가 아니라 위험한 상황의 불쾌, 영향에 대한 슬픔이 많은 부분을 차지하는 불안 상황의 불쾌에 의해 주어지는 것이다.

인간의 탄생과 시의 탄생 간의, 생물학적 불안과 창조적 불안 사이의 이런 과격한 비유를 정당화시키는 것은 무엇인가? 정당화하기 위해 우리는 기원에 대해 슬퍼하면서 어둡고 악마적인 땅을 걸을 필요가 있는데, 이는 샤머니즘적 황홀과 사멸성에 대한 우리의 영원한 인간적 두려움의 미참함에서 예술이 발생하는 곳이다. 나는 시를 읽는 더 새롭고 건실한 방법을 찾는 실제 비평가의 관심을 갖고 있기 때문에, 기원으로의 회귀가 역겹긴 하지만 불가피하다고 생각한다. 서로 경쟁하는 시들을 함께 연결시키면서도 분리시키는 것은 1차적으로 시의 원초적 요인에서 발생하는 대조 관계이며, 이 요소는 안타깝게도 자연이나 신, 타자 혹은 실제로 자아 자신 중 어디에서 나오든 간에 자아에게 위험한 것을 예언하는 것 혹은 필사적으로 예언하려고 취하는 것이다. 그리고 덧붙여야 할 것은 **시인 내부의 시인**에게는 이런 위험이 다른 시에서도 온다는 것이다.

시의 기원에 관한 많은 이론이 있다. 이 중에 비코의 이론이 내게는 가장 설득력이 있지만 또한 가장 혐오스럽기도 한데, 이 혐오감은 내가 낭만적이고 예언적인 휴머니즘에 탐닉하기 때문이어서 나는 이것을 제쳐두어야 한다. 하지만 낭만적·예언적 휴머니즘의 위대한 미국적 원천인 에머슨의 시의 기원에 대한 이론도 이상하게 비코적이고 나는 이 사실을 고무적인 것으로 받아들인다. 아우어바흐[18]가 말했듯이 비코에게 창조 없는 지식은 없다. 아우어바흐는 비코의 원시인들을 "신비롭고 또 그렇게 무서운 자연의 혼돈 속에서 무질서하고 난잡하게 사는 원래 고독한 유목민들이다. 그들은 이성적 추론 능력이 없고 단지 매우 강한 감각과 문명인들은 거의 이해할 수 없는 상상력을 지닐 뿐이다"라고 아름답게 묘사했다. 비코의 원시인들은 자신들의 삶을 통제하기 위해서 비코 자신이 "엄격한 시"라고 부른 의례적 마법 체계를 창조해내었다. 상상력의 거장들이었던 이 원시인들은 시인들이었고, 그들의 의례적 지혜는 우리가 여전히 '시적 지혜'로 추구하는 것이었다. 그러나 이 지혜, 이 마법적 형식주의는 필연적으로 잔인하고 이기적이었다. 비코가 이 사실에 개의치 않았지만 말이다. 시를 발명한 거대한 형식들은 인류학적으로 비유하면 생존하면서 타인에게 생존을 가르치는 것을 직업으로 삼는 마법사, 주술사, 샤먼에 해당한다. 비코에게 시적 지혜는 예언에 기초하며, 노래하는 것은 단순히 그리고 어원적으로도 예언하는 것이다. 시적 사고는 예기적이며, 시인이 기억의 이름으로 호소하는 뮤즈는 시인이 미래를 기억하도록 도와달라는 탄원을 받는 것이다. 샤먼들은 신선한 창조를 가능하게 하기 위해 두렵고 총체적인 입문식에서 원초적 혼돈으로 회귀하지만, 더 이상 원시적이지 않은 사회에서 그런 회귀는

---

18) 에리히 아우어바흐Eric Auerbach(1892~1957)는 유대계 독일 문예 비평가이며 서구문학에 나타난 재현의 전통을 탐구한 대표 저서 『미메시스*Mimesis: The Representation of Reality in Western Literature*』(1946)를 남겼다.

드물다. 그리스의 오르페우스적 시인들부터 우리 동시대인들까지 시인들은 비코적인 시적 지혜의 마법적 형식주의가 부득이 받아들여질 수 없는 죄의 문화에 살고 있다. 연대기적으로 볼 때 엠페도클레스는 자신의 예언을 문자 그대로 의미했던 최후의 시인일 것이다. 다시 말해서 그는 예언을 훌륭히 성공적으로 수행함으로써 자신이 신이 되었다고 믿었다. 단테, 밀턴 그리고 괴테 같은 강한 시인들은 주요 낭만주의자들과 현대인들과 비교할 때 영향에 대한 불안으로부터 자유로워 보이지만, 이렇게 노골적인 엠페도클레스와 비교해보면 영향에 대한 불안으로 소진된 것처럼 보인다.

쿠르티우스[19]는 뮤즈에 대한 유명한 설명에서 뮤즈를 연속성의 문제일 뿐 아니라 역사적인 가치 하락 혹은 대치의 문제로 보고 그리스인들에게조차 뮤즈의 중요성은 '애매했다'고 보았다. 그러나 비코는 자신의 시적 인물 개념과 관련해서 뮤즈가 갖는 중요성에 대해 아주 정확했다.

> 시인들은 예언하다 혹은 예견하다는 그리스어 디비나리*divinari*에서 유래한 예언자들이라는 의미에서 신성히디고 적절하게 일컬어셨다. 그들의 학문은 뮤즈라고 불렸고, 호메로스는 이 말을 선과 악의 지식, 즉 예지로 정의했다……뮤즈는 따라서 처음에는 전조를 통해 예견하는 학문이었다…… 우라니아는 하늘, 즉 우라노스*ouranos*에서 이름이 유래했고 점을 치기 위해 '하늘을 관조하는 여인'을 의미한다…… 그녀와 그밖의 뮤즈들은 주피터의 딸들로 여겨졌다. (왜냐하면 종교는 인류의 모든 예술을 낳았기 때문인데, 주로 예언의 신으로 알려진 아폴로가 인류의 모든 예술을

---

19) 에른스트 로베르트 쿠르티우스 Ernst Robert Curtius(1886~1956)는 독일 문헌학자이며 대표 저서로는 『유럽문학과 라틴 중세시대 *Europäische Literatur und lateinisches Mittelalter (European Literature and the Latin Middle Ages)*』(1948)가 있다.

관장하는 신이다.) 그리고 그들은 라틴어 동사 카메레 *camere*와 칸타레 *cantare*가 '예언하다'를 뜻한다는 의미에서 '노래한다.'

나는 (비코의 책에 나오는 여러 구절을 혼합한) 위 문장들이 시인과 시에 관한 연구에서 함축적 의미를 지닌다고 주장한다. 시적 불안은 뮤즈에게 예언을 도와달라고 호소하는데, 이 예언은 시인으로서 그리고 (아마도 부차적으로는) 인간으로서 시인 자신의 죽음을 예견하고 가능한 오랫동안 연기하는 것을 의미한다. 죄의 문화에 속한 시인은 신선한 혼돈으로 입문할 수 없다. 그는 창작할 때 우선권을 결여한다는 사실을 받아들이도록 강요받는데, 이는 곧 그가 최종적이고 총체적인 소멸을 예언하는 많은 작은 죽음 중 첫번째 죽음으로서의 예언의 실패 또한 받아들여야 한다는 것을 의미한다. 그의 말은 단지 자신의 말에 불과한 것이 아니며, 그의 뮤즈는 그 이전에 많은 자와 잡다한 성관계를 맺었다. 그는 이야기의 나중에 등장하지만 뮤즈는 항상 그 이야기에서 핵심적이었다. 그가 자신의 임박한 파멸이 뮤즈의 슬픔의 연도連禱 중 또 하나에 불과할 것이 아닐까 두려워하는 것은 정당하다. 뮤즈에게 시인의 진지함은 무엇인가? 뮤즈와 오래 살수록 그는 마치 소진됨으로써만 남자임을 증명한 것처럼 더 작아진다. 시인은 자신이 실현을 위해 충분한 시간을 보장해줄 예언을 동경하기 때문에 뮤즈를 사랑한다고 생각하지만, 실은 자신의 정신만큼 큰 집에 대한 향수를 동경할 뿐이므로 뮤즈를 조금도 사랑하지 않는다. 블레이크의 「정신의 여행자 The Mental Traveller」는 시인과 뮤즈가 서로 사랑하는 것이 무엇인지 보여준다. 그러나 시인의 향수에는 어떤 타당한 것이 담겨 있단 말인가? 시인은 이마고[20]들을

---

20) 이마고 imago는 영어 image의 라틴어로서 주로 유아기에 형성된 이상화된 사람의 심상을 지칭한다.

찾는 데에서 과오를 저지른다—뮤즈는 결코 그의 어머니가 아니었고, 선구자 역시 그의 아버지가 아니었다. 그의 어머니는 그가 상상한 정신이거나 자신의 숭고에 대한 관념이고, 그의 아버지는 자신이 자신의 중심적인 이피브를 발견할 때까지 태어나지 않을 것이다. 그의 아버지는 소급적으로 뮤즈에게서 그를 낳을 것이고, 뮤즈는 마침내 그리고 그때 비로소 그의 어머니가 될 것이다. 키츠의 뮤즈 모네타가 그에게 확신시키듯이, 세상은 이 모든 고통, 가족 로맨스가 시 전통에 가하는 고통 없이도 정당화되기 때문에 망상은 거듭되는 것이다. 그러나 여전히 짐은 존재한다. 역사의 남용을 비난하는 것으로 시작했던, 생기론의 예언자 니체는 "내가 그대를 식물이 되라고 명하는가 아니면 유령이 되라고 명하는가?"라고 외치며, 모든 강한 시인은 "그러나 나는 둘 다여야 한다"고 대답한다.

그러면 아마도 우리는 젊은 시인이 뮤즈 속의 자신을 사랑하며 뮤즈가 자신 속의 그녀 자신을 증오하는 것을 두려워한다고 간단히 줄여 말할 수 있다. 이피브는 자신이 데카르트적 외연의 환자, 연속성이라는 자신의 불치병을 발견하는 공포에 젖은 청년이라는 것을 알지 못한다. 그가 강한 시인이 되어 이 딜레마를 배우게 되었을 때, 그는 자신의 선구자를 후대 시인인 자신의 훼손된 판본으로 만듦으로써 자신의 배은망덕이라는 필연적 죄를 떨쳐내려고 한다. 그러나 그것마저 자기기만이고 구태의연한 행위이다. 왜냐하면 강한 시인의 행위는 자신을 자신에 대한 훼손된 판본으로 변모시키고는 그 결과를 선구자의 모습과 혼동하는 것이기 때문이다.

프로이트는 가족 로맨스의 두 후기 단계를 구분하는데, 하나는 아이가 자신이 바꿔친 아이라고 믿는 단계이고, 다른 하나는 어머니에게 아버지 대신 많은 연인이 있었다고 믿는 단계이다. 여기에서 환상들 사이의 이동은 암시적으로 환원적인데, 이는 고귀한 기원과 좌절된 운명이라는 관념이 성애적 타락의 이미지를 낳기 때문이다. 블레이크는 디르사[21] 혹은 필연성이 자신의 사멸적 부분만의 어머니라고 주장함으로써, 가족 로맨스의 관심사로부터 자신을 해방시켰던 구별의 변증법을 (거의 항상) 발견했다. 그러나 대부분의 시인은—대부분의 사람처럼—그들의 선구자 및 뮤즈와 가장 이로운 관계를 정의하려고 애쓸 때 일종의 가족 로맨스로 고생한다. 강한 시인은—헤겔적인 위인처럼—시의 역사의 주인공이면서 동시에 그 희생자이다. 이런 희생은 역사가 진행되면서 늘어났는데 이는 시가 가장 서정적이고, 가장 주관적이며, 성격에서 직접 나올 때 시적 영향에 대한 불안이 가장 강하기 때문이다. 헤겔의 관점에서 시는 종교적 인식의 서론에 불과하며, 진보된 서정시에서 정신은 감각과 너무 분리되어 있어서 예술은 종교로 분해될 지경에 놓인다. 그러나 어떤 강한 시인도 자신의 추구 과정의 전성기에 (시인으로서) 이 헤겔적 견해를 받아들일 수 없다. 그리고 역사는 모든 사람 중에서 특히 그에게는 자신의 희생에 대한 위안이 되지 못한다.

　만일 그 자신이 희생되지 않는다면 강한 시인은 그의 선구자들로부터 사랑스런 뮤즈를 '구원'해야 한다. 물론 그는 뮤즈를 대체할 수 없는 유일무이한 존재로 보기 때문에 뮤즈를 '과대평가'한다. 왜냐하면 자신이 대체할 수 없는 유일무이한 존재인 것을 어떻게 다른 방법으로 확신할 수 있단 말인가? 프로이트는 "어떤 대체할 수 없는 것에 대한 무의식적

---

21) 디르사Tirzah는 히브리어로 '그녀는 나의 즐거움'이란 뜻으로 『구약성서』, 「민수기」 제26장 제33절에서 슬롭핫Zelophehad의 다섯 딸 중 막내이다. 디르사는 블레이크 신화에서 창녀 레이헙Rahab의 딸로 등장하며 성욕을 나타내고, 남성을 타락시키는 거짓 이상이다. 블레이크의 시집 『경험의 노래Song of Experience』 중 「디르사에게To Tirzah」가 있다.

으로 압박하는 욕망은 흔히 현실에서는 끊임없는 시리즈로 해소된다"고 무미건조하게 말하는데, 이는 대부분의 시인 혹은 강한 상상력의 저주를 받은 낭만주의 이후 모든 남녀의 사랑의 삶에서 특히 지배적인 패턴이다. 프로이트는 "의식에서 두 상반된 것으로 나타나는 것은 흔히 무의식에서는 통합체"라고 덧붙이는데, 우리는 대조적 의미의 심연을 탐구할 때 이 발언으로 돌아갈 필요가 있다. 시인의 상상력 전체를 통해서 뮤즈는 어머니이면서 동시에 창녀인데, 이는 우리 대부분이 우리의 필연적으로 이기적인 관심사로부터 엮어내는 가장 큰 환영이 가족 로맨스이기 때문이다. 이 가족 로맨스는 가장 비非시적인 성격의 소유자도 계속 쓰게 되는 유일한 시라고 할 수 있다. 그러나 시인이 선구자 및 뮤즈와 갖는 어려운 관계가 이 평범한 질병의 매우 극단적인 형태라는 것을 이해하기 위해서 우리는 프로이트가 가장 신중할 때 했던 발언을 상기할 필요가 있다.

아이가 부모에게 자신의 생명을 빚졌고 엄마가 자신에게 생명을 주었다는 말을 들을 때 그의 애징은 사라서 독립석이 되려는 동경과 혼합되어 그는 부모에게 동일한 가치가 있는 것으로 그 선물에 보답하려는 소망을 갖는다. 이는 마치 소년이 반항적으로 "나는 아빠에게 아무것도 원하지 않아. 나는 아빠에게 빚진 것을 다 갚을 거야"라고 말하는 것과 같다. 그런 다음 그는 어떤 위험한 상황에서 아버지의 생명을 구하여 그와 대등해지는 환상을 만드는데, 이 환상은 흔히 황제, 왕 혹은 다른 위인에게로 전치되고, 후에 그 환상은 의식으로 들어와 시인이 사용할 수 있게 된다. 이것이 아빠에게 적용되는 한, '구원' 환상에서의 반항적 태도는 그 환상에 담긴 애정을 훨씬 압도하고, 이 애정은 보통 엄마에게로 향한다. 엄마는 아이에게 생명을 주었고 이 유일무이한 선물을 동등한 가치를 지닌 어떤 것으로도 대치하는 것이 쉽지 않다. 무의식에서는 쉽게 이루어지는—의식적 개념들 속에서 서로 의미의 미묘한 차이들이 병합되는 방식과 비교될 수 있는—의미의 사소한 변화에 의해, 엄마를 구원하는 것은 엄마에게 아이를 주거나 엄마를 위해—물론 자신 같은—아이를 만들어주는 의미를 갖게 된다…… 사랑, 감사, 감각, 반항, 자기주장, 독립 등의 모든 본능은 **자기 자신의 아빠**가 되는 소망 속에서 만족된다.[22]

만일 이것이 시인들 사이의 가족 로맨스의 모델로 기능하려면 남근적 부친성을 덜 강조하고 **우선권**을 더 강조하기 위해 변형될 필요가 있다. 왜냐하면 시인들이 다루는 상품, 그들의 권위와 재산은 우선권에 의존하기 때문이다. 그들은 이름을 지을 때 처음으로 되는 존재를 소유하며 또 그런 존재이다. 실제로 그들 모두는 인간은 만들어진 사물을 우주와 시간으로부터 추출해서 침입을 허용하지 않는 자신의 장소로 만든다는 발레리[23]의 주장에 담긴 직관을 따른다. 낭만주의 전체를 망라한 계몽주의 이후의 모든 추구 로맨스는 자기 자신을 다시 낳고 자기 자신의 위대한 독창자가 되려는 추구이다. 우리는 만드는 작업을 통해 우리 자신을 추출해내기 위해 여행한다. 그러나 이미 직물이 짜인 곳에서는 우리는 그것을 풀기 위해 여행한다. 애석하게도 예술에서 이 추구는 삶에서보다 더 환영적이다. 우리 삶에서 정체성은 추구할수록 더 멀어지지만, 정체성을 도달할 수 없는 것이라고 믿지 않는 게 옳다. 제프리 하트만은 추구가 항상 형식적 장치로 작용하기 때문에 시에서 정체성 추구는

---

22) 프로이트의 「남자들의 대상선택의 특수 유형 Über einen Besonderen Typus der Objectwahl beim Manne(A Special Type of Choice of Object Made by Men)」(1910)에서 인용.
23) 폴 발레리 Paul Valéry(1871~1945)는 현대 프랑스 시인이자 수필가로 감각적인 문체의 글을 썼으며, 죽음에 대한 명상을 다룬 시 「해변의 묘지 Le Cimetière marin(The Graveyard by the Sea)」로 유명하다.

항상 속임수와 같은 것이라고 지적한다. 이는 창조자의 고뇌의 일부이고, 왜 영향이 강한 시인에게 그렇게 깊은 불안이며 작품 속에서 불필요했을 경향이나 편견을 갖게 강요하는가에 대한 부분적 이유이다. 누구라도 자신의 내적 고통을 단순히 꾸며낸 것으로 여기는 것을 참지 못하겠지만, 특히 시인은 시를 쓸 때 어쩔 수 없이 영향에 대한 반대 선언이 의례화된 정체성 추구라고 보게 된다. 유혹자가 자신의 뮤즈에게 "부인, 내 예술의 형식적 요구 때문에 속임수를 쓰게 되었습니다"라고 말할 수 있는가?

우리가 독자로서 느끼는 슬픔은 시인들의 당혹감과 동일할 수 없으며 어떤 비평가도 정당하고 품위 있게 우선권을 주장하지 않는다. 나는 비평이 좀더 '대조적'이 될 것을 촉구하면서 비평이 이미 내디딘 길로 좀더 갈 것을 촉구할 뿐이다. 시인들과의 관계에서 우리는 죽은 자와 씨름하는 이피브가 아니라 죽은 자가 노래하는 것을 들으려고 애쓰는 마술사에 더 가깝다. 이 죽은 위인들은 우리의 사이렌이지만 우리를 거세하기 위해 노래하는 것은 아니다. 우리가 들을 때, 우리는 사이렌 자신들의 슬픔과 그 슬픔 속에 깃들어 있는 우리 자신은 아니더라도 타자를 불안하게 만드는 불안을 기억할 필요가 있다.

나는 '대조적'이라는 용어를 균형 잡힌 혹은 병렬 구조, 구절, 단어 속에서 대조적 관념들의 병치라는 수사학적 의미로 사용한다. 예이츠는 니체를 따라 이 말을 자신과 반대되는 것을 추구하는 유형의 인간을 묘사하는 데 사용한다. 프로이트는 이 말을 원초적 말들이 지니는 상반된 의미들을 설명하기 위해 사용했다.

부인否認을 무시하고 동일한 재현 수단으로 상반되는 것들을 표현하려는 꿈 작업[24]의 이상한 성향…… 이런 꿈 작업의 습관은 정확히 우리에게 알려진 가장 오래된 언어의 특이성과 일치한다…… 이 복합어에서 모순되는 개념들은 아주 의도적으로 결합되는데, 이는 두 말을 혼합해서 그 모순어들 중 하나의 의미를 표현하기 위한 것은 아니다. 그 말은 단독으로 동일한 것을 의미했을 것이다…… 꿈 작업의 특이성과 이것이 일치하는 것에서 우리는 꿈속에서 사고-표현은 퇴행적이고 오래된 성격을 지녔다는 우리의 가정을 확인할 수 있다.

우리는 시가 강박신경증이라고 가정할 수 없다. 그러나 이피브가 선구자와 평생 동안 갖는 관계는 강박신경증일 수 있다. 강렬한 양가성은 강박신경증의 특성이고 이 양가성에서 구원적인 보답의 패턴이 생겨나는데, 이 보답은 시적 오류의 과정에서 강한 창조자의 시적 삶의 주기에서의 일련의 단계들을 결정하는 준(準)의례가 된다. 악마적 알레고리주의자인 앵거스 플레처[25]는 시인에게 금기의 언어는 프로이트의 "대조적인 원초적 말들"의 어휘라고 멋지게 지적한 바 있다. 스펜서 연구에서 플레처는 낭만적 추구자의 특징을 "자기 자신의 비전으로 채울 정신적 공간, 지시적 진공"을 요구하는 것으로 정의한다. 모든 공간이 자신의 선구자의 비전으로 가득 찬 것을 발견하는 추구자는 자신을 위한 정신적 공간을 마련하기 위해 금기의 언어에 의존한다. 대조비평을 위한 기초 역할을 해야 하는 것은 이 금기의 언어, 선구자의 원초적 말을 이렇게 대조적으로 사용하는 것이다.

시적 영향을 탐구하는 학생들로서 우리는 이제 좀더 정교하고 다른

---

24) 꿈 작업dream-work은 프로이트가 꿈의 형성 과정을 설명하기 위해 사용하는 용어로서, 무의식적 꿈 사고가 의식의 검열을 피하기 위해 전치displacement, 압축condensation 등의 과정을 거쳐 꿈꾸는 자가 기억하는 외현적 꿈 내용으로 생성되는 것을 뜻한다.
25) 앵거스 플레처Angus Fletcher는 뉴욕시립대학교 교수이며 대표 저서로 『알레고리*Allegory: The Theory of a Symbolic Mode*』(1964)가 있다.

종류의 수정률인 테세라 혹은 연결로 나아가야 한다. 테세라에서 후기 시인은 '절단된' 상태로 남았을 선구자 시와 시인을 완성할 것이라고 상상한 것을 제공하는데, 이런 '완성'은 수정적 이탈만큼이나 오류이다. 나는 테세라라는 용어를 정신분석가 자크 라캉에게서 취하는데, 라캉 자신이 프로이트와 갖는 수정적 관계가 테세라의 예로 제시될 수 있다. 「로마 담론Discours de Rome」(1953)에서 라캉은 "언어의 일상적 사용을 앞뒷면에 닳아빠진 초상밖에 없고 사람들이 '말없이' 손에서 손으로 전하는 동전의 교환에 비교하는"말라르메[26]의 말을 인용한다.[27] 라캉은 환원적이긴 하지만 분석 주체의 담론에 적용하면서 "이 은유는 말이 거의 완전히 닳았을 때라고 하더라도 테세라로서의 가치를 지닌다는 것을 상기시키기에 충분하다"고 말한다. 라캉을 번역한 앤터니 윌든Anthony Wilden은 이 "인유는 인식의 징표 혹은 '암호'로서의 테세라의 기능을 뜻한다. 테세라는 초기 신비 종교에서 초보자가 부서진 도자기의 두 조각을 다시 맞추는 것을 인식 수단으로 사용할 때 쓰였다"고 설명한다. 이렇게 연결을 완성한다는 의미를 지닌 테세라는 선구자의 말이 이피브의 새로 실현되고 확대된 말도 구원되지 않으면 낳아 없어질 것이라고 후기 시인이 자신과 (우리를) 설득하려는 시도를 나타낸다.

스티븐스의 시에는 테세라가 많다. 왜냐하면 대조적인 완성은 그가 미

---

[26] 스테판 말라르메Stéphane Mallarmé(1842~1898)는 상징주의 시운동을 창시하고 주도한 프랑스 시인이다. 극시 「목신의 오후L'Après-midi d'un faune(The Afternoon of a Faun)」(1876)를 남겼다. 인용된 말라르메의 말은 르네 길Rene Ghil의 『말의 특징 Le Traité du Verbe』(1866), 「서문」에서 한 말이다.

[27] 「로마 담론」은 자크 라캉이 1953년 9월 26일과 27일에 거쳐 로마 대학교의 심리학 연구소에서 개최된 로마 학회에서 발표한 논문 「정신분석에서 말과 언어의 기능과 영역The Function and Field of Speech and Language」의 약칭이다. 블룸이 설명하듯이, 테세라는 고대 로마인들이 신분증명용으로 사용했던 징표나 암호를 뜻한다. 초기 신비교에서 테세라는 부서진 도자기의 두 쪽을 맞추어보아 들어맞으면 상대방을 인식하는 수단이었다. 따라서 이 상징의 필수적인 개념은 연결고리이다.

국 낭만주의 선구자들과 맺는 핵심 관계이기 때문이다.「잠자는 자들 The Sleepers」의 최종본 말미에서 휘트먼은 밤과 어머니를 동일시한다.

    나 역시 밤에서 지나온다,
    오 밤이여 나는 잠시 떠나 있지만, 다시 그대에게 돌아가
    그대를 사랑하노라.

    내가 그대에게 나를 맡기는 것을 왜 두려워해야 하는가?
    나는 두렵지 않으며, 그대에 의해 잘 인도되어왔다.
    나는 흘러가는 풍요로운 낮을 사랑하지만 내가 그렇게 오래
    품에 누워 있던 그녀를 버리지 않는다,
    나는 내가 어떻게 그대에게서 왔는지 알지 못하며 그대와 함께 어디를
    가는지 모르지만 내가 잘 왔고 잘 갈 것임을 안다.
    나는 밤과 함께 잠시만 머물다가 일찍 일어날 것이며,
    오 내 어머니여, 나는 제때 낮을 지나 제때 그대에게
    돌아가리라.

    스티븐스는 그의 친구 헨리 처치Henry Church를 위한 애가인「석관의 올빼미The Owl in the Sarcophagus」로 휘트먼을 대조적으로 완성하는데, 이는「잠자는 자들」에 대한 큰 테세라로 가장 잘 읽힐 수 있다. 휘트먼이 밤과 어머니를 좋은 죽음과 동일시하는 반면, 스티븐스는 좋은 죽음을 더 큰 모성적 비전과 동일시한다. 이 모성적 비전은 밤과 대조된다. 왜냐하면 비록 어머니가 목격한 것을 지식으로 변화시켰어도, 어머니는 변화에 대한 모든 기억할 만한 증거, 긴 낮 동안 우리가 본 것에 대한 모든 기억할 만한 증거를 포함하고 있기 때문이다.

그녀는 발견과 함께 남자들을 꼭 안았다.

보이지 않는 변화가 변한 것을 발견하는 것같이
존재했던 것이 더 이상 존재하지 않게 되는 것같이
거의 속도가 발견하듯이.

그것은 그녀의 시선이 아니라 그녀가 가진 지식이었다.
그녀는 아는 자아였고 내적 존재였으며,
시선이 말하는 것보다 더 정교했다.

비록 그녀가 꾸밈없이 슬픈 광채를 지니고
자신이 지닌 지식으로 열정적이 되어
그곳 망각의 가장자리에서 움직이긴 했어도.

오 내쉬는 숨이여, 오 소매 없이 휘두르는 동작이여
그녀의 마지막 말에 이어지는 침묵 속에서
보는 것으로부터 붉어지고 단호해진, 밖을 향한 동작이여.

미국 시인들이 그들의 아버지들을 '완성'하려고 애쓰는 반면, 영국 시인들은 그들의 선구자들로부터 이탈한다는 것이 사실인 듯하다. 영국인들은 좀더 진실되게 서로를 수정하는 자들이지만 우리는 (적어도 대부분의 에머슨 이후 시인들은) 우리 아버지들이 충분히 도전을 감행하지 못했다고 여기는 경향이 있다. 그러나 이 두 가지 수정주의적 형식 모두가 선구자들에 대해 환원적이다. 그리고 내 판단에 따르면 실제 비평을 위해, '어떻게 읽을 것인가'에 대한 부단한 추구를 위해 가장 큰 단서를 제공하는 것은 이 환원성이다.

내가 말하는 '환원성'은 일종의 오류로서 선구자를 지나친 이상주의자로 여기는 과격한 오독을 의미한다. 가장 강한 근대 영시 작가들만 언급한다면, 블레이크와 셸리에 대한 예이츠의 글, 콜리지부터 휘트먼까지의 모든 낭만주의자에 대한 스티븐스의 글, 하디[28]와 휘트먼에 대한 로렌스의 글이 주된 예들이다. 그러나 스티븐스와 다른 근대 시인들의 냉각기에서뿐 아니라, 전성기 낭만주의자들부터 지금까지의 선구자들에 대해 이피브들이 논평할 때마다 이런 환원성의 패턴을 목격하는 것은 놀라운 일이다. 셸리는 회의주의자이고 일종의 예언적 유물론자였고, 그의 이피브였던 브라우닝은 신앙가요 형이상학의 지독한 관념론자였지만, 셸리에 대해서 브라우닝은 자신의 시적 아버지의 과도한 형이상학적 관념론을 '교정할' 것을 주장하는 환원주의자이다. 시인들은 시간 속에서 밑으로 이탈함에 따라 스스로를 속여 자신들이 선구자들보다 더 강인하다고 믿는다. 이것은 새로운 음유시인들의 세대를 이전 세대보다 보통사람들의 일상 언어에 더 가까운 것으로 환영하는 비평의 부조리와 비슷하다. 불안과 구원적 오류로서의 시적 영향에 대한 연구는 사이비 문학사文學史에 대한 이런 불합리한 신화(혹은 오래된 소문)에서 우리가 해방되는 것을 도와주어야 한다.

하지만 나는 오류 연구를 위한 좀더 긍정적인 용법, 즉 지금 유행하는 모든 주요 비평과 반대되는 대조적 실제 비평을 제안한다. 루소는 어느 인간도 타자의 도움 없이 자신의 자아를 완전히 즐길 수 없다고 말하는데, 대조비평은 강한 시인이 은유에 대해 갖는 가장 큰 동기로서의

---

[28] 토머스 하디Thomas Hardy(1840~1928)는 현대 영국 시인이자 소설가로서 대표작으로 『테스Tess of the D'Urbervilles』(1891), 『미천한 사람 주드Jude the Obscure』(1895) 등이 있다.

이런 깨달음에 기초해야 한다. 말로는 "모든 발명은 대답이다"라고 말하는데, 나는 이것을 "스승을 능가하지 못하는 자는 못난 제자다"라고 주장할 수 있었던 레오나르도와 같은 인물의 압도적인 자신감에 대한 시도를 의미하는 것으로 해석한다. 그러나 세월이 그런 자신감을 어둡게 했고, 우리는 예술이 얼마나 오래 또 심오하게 더 위대한 예술에 의해 위협을 받았으며, 우리 시인들이 이야기에 얼마나 늦게 등장하는지에 대해 다시 깨닫기 시작할 필요가 있다.

스스로 주요 비평임을 자처하는 모든 비평은——시가 그 자체이며 또 그 자체를 의미하는——동어반복과——시가 그 자체로 시가 아닌 어떤 것을 의미하는——환원 사이에서 동요한다. 대조비평은 동어반복과 환원 둘 다를 부정함으로써 시작하는데, 시의 의미는 단순히 시일 뿐이지만 또 다른 시——그 자체가 아닌 시——일 수 있다는 선언이 이 부정을 가장 잘 표현해준다. 그리고 그 시는 완전히 자의적으로 선택된 시가 아니라 의심의 여지가 없는 선구자가 쓴 핵심적인 시이다. 이피브가 그 시를 결코 읽지 않았다고 하더라도 말이다. 여기에서 원전 연구는 전혀 관련이 없다. 우리는 대소석 의미를 지닌 원조적 날들을 다루는 것이며, 이피브의 최고의 오역은 자신이 결코 읽지 않은 시에 관한 것일 수도 있다.

"내가 되어라 그러나 내가 되지는 말아라"는 이피브에 대한 선구자의 암묵적 공격의 역설이다. 이보다 약하게 선구자의 시는 후대 시에게 "나와 같아져라 그러나 나와 같아지지는 말라"고 말한다. 만일 이 이중구속을 전복할 방법이 없다면 모든 이피브는 시적 형태의 정신분열자가 될 것이다. 그레고리 베잇슨Gregory Bateson을 따라 인간소통의 실용주의자들이 말하듯이 이 이중 구속에 "복종하기 위해서는 불복종해야 한다. 만일 그것이 자아 혹은 타자의 정의라면, 그렇게 정의된 사람은 그가 그런 사람이 아닐 경우에만 그런 종류의 사람이며, 그가 그런 사람이라면 그런 종류의 사람이 아닌 것이다." 이중 구속의 상황에 처한 개인은 올바른 인식에 대한 처벌을 받는다. "역설적 명령은……**선택 자체를 파산시켜**, 아무것도 가능하지 않게 되고, 자기영속적인 동요의 연속이 시작된다."(왓스러윅Watzlawick, 비빈Beavin, 잭슨Jackson의『인간소통의 실용주의Pragmatics of Human Communications』를 보라.)

이제 내가 하나의 유사물만을 환기하고 있다는 것은 명확하지만, 내가 이피브의 도착성, 클리나맨과 테세라라는 그의 수정주의적 운동이라고 명명했던 것은 정확히 이 이중 구속 상황을 정체성이 아니라 유사물로 만드는 것이다. 이피브는 중층결정을 피하기 위해서 그가 가장 높이 평가하는 시들에 대한 올바른 인식을 버릴 필요가 있다. 시가 (꿈 작업처럼) 어쨌든 퇴행적이고 오래되었기 때문에 그리고 선구자가 (우리에게 명령하는 **대타자**[29]인) 초자아의 일부가 아닌 이드의 일부로 흡수되기 때문에, 이피브가 **오역하는** 것은 '당연하다.' 꿈 작업조차도 메시지이거나 번역이며, 따라서 일종의 의사소통이지만, 시는 의도적으로 뒤틀고 뒤집은 소통이다. 시는 선구자에 대한 **오역**인 것이다. 온갖 노력에도 불구하고 시는 항상 단자單者가 아니라 양자兩者이며, 일방적 소통에 대한 공포, 즉 막강한 죽은 자와 씨름하는 환상의 이중 구속에 대한 공포에 반역하는 양자이다. 그러나 가장 강한 시인들은 밖과 밑으로 떨어지는 '시적 영향의 추락 과정' 중 이 시점에서 자격 있는 칭찬을 받을 만하다.

내게 '시적 영향'은 전 시대 시인들이 후대 시인들에게 관념과 이미지

---

29) 대타자는 프랑스 정신분석가인 자크 라캉이 사용한 용어로서 대문자 타자(프랑스어로 Autre, 영어로 the Other)로 표기된다. 대타자는 개별적 타인을 넘어서는 언어와 법의 질서이며 상징계the Symbolic와 거의 동일한 의미로 사용된다. 초기 라캉 이론에서 인간 주체는 절대적 주인인 대타자의 명령에 종속된 존재이다.

를 전수하는 것을 의미하지 않는다. 이런 전수는 실제로 '발생하는 어떤 것'에 불과하며, 그런 전수가 후대 시인들에게 불안을 야기하는가의 여부는 단지 기질과 상황의 문제일 뿐이다. 이런 것들은 원전 연구자들이나 전기 작가들에게 좋은 자료이며 내 관심사와는 거의 무관하다. 관념과 이미지는 담론성과 역사에 속하며 시의 특성만은 아니다. 그러나 시인의 자세, 그의 '말', 그의 상상적 정체성과 그의 총체적 존재는 그에게만 독특한 것이어야 하며 독특한 것으로 남아야 한다. 그렇지 않으면 그는 자신의 재탄생을 시적 육화가 되게 한다고 하더라도 시인으로서는 파멸할 것이다. 그러나 사람의 근본 성격이 아버지의 성격인 것처럼, 이 근본적인 자세는 아무리 변형되고 역전되어도, 여전히 그의 선구자의 자세이기도 하다. 마음과 외적 자연 사이의 중간 단계가 없는 데카르트 이후의 의식과 우주에서 기질과 상황은 아무리 운이 좋아도 여기에서 소용이 없다. 시인에게 스핑크스의 수수께끼는 원초적 장면의 수수께끼이고 인간 기원의 신비일 뿐 아니라, 상상적 우선권이라는 더 어두운 수수께끼이기도 하다. 시인이 수수께끼에 답하는 것으로는 충분하지 않다. 그는 자신과 (그의 이상적 독자에게) 그 수수께끼가 사신 없이는 공식화될 수 없었을 것이라는 점을 설득해야 한다.

그러나 나는 결국 계몽주의 이후의 가장 강한 시인들이 훌륭한 예외라는 사실을 (받아들일 수밖에 없기 때문에) 받아들이는데, 이는 이 소수 (밀턴, 괴테, 위고)가 죽은 자들과 씨름한 근대인들 중 최고의 승리자였기 때문이다. 그러나 아마도 이것이 우리가 가장 위대한 자들을 정의할 수 있는 방법일 것이다. 비록 그들이 데카르트적 침수, 더 큰 의식意識 형태의 홍수 이전에 살았던 호메로스, 이사야, 루크레티우스, 단테, 셰익스피어의 옆에서는 약해 보이지만 말이다. 시적 오류의 비평가가 갖는 짐은 키르케고르가 아브라함에 대한 칭찬[30]에서 매우 강렬히 표현한

바 있다.

　　모든 사람이 기억되겠지만, 각자 자신의 기대에 비례해서 위대해졌다. 어떤 사람은 가능한 것을 기대함으로써 위대해졌고, 다른 사람은 영원한 것을 기대함으로써 위대해졌지만, 불가능한 것을 기대했던 사람은 누구보다도 더 위대해졌다. 모든 사람이 기억되겠지만 각자 자신이 투쟁했던 자의 위대함에 비례해 위대해졌다.

여기에서 키르케고르는 신뢰할 수 없는 비평가를 질책하는 최후의 결정적 발언을 하고 있는지 모른다. 그러나 앞으로 도래할 얼마나 많은 시인이 이 위대한 명령을 받을 자격이 있단 말인가? 누가 이 무거운 광채를 견딜 수 있으며, 그가 올 때 어떻게 우리가 그를 알아볼 수 있겠는가? 하지만 키르케고르의 말을 들어보자.

　　오르페우스가 용감하지 못하고 여성적이었고, 남자가 아니라 키타라 연주자였기 때문에 신들이 그가 사랑하는 사람 대신 가공인물로 그를 현혹했듯이, 일하지 않을 자는 빵을 얻지 못하고 현혹된 채로 남을 것이다. 여기에서 아버지가 아브라함이라고 해도 열일곱의 조상을 가져도 아무 소용이 없을 것이다. 일하지 않을 자는 이스라엘의 처녀들에 대해 적힌 것에 주의할 필요가 있다. 왜냐하면 그는 바람을 낳지만 일하려는 자는 자신의 아버지를 낳기 때문이다.

그러나 여기에서 키르케고르의 아버지는 초자연적으로 강한 시인인

---

30) 키르케고르의 『공포와 전율』의 제1장 「아브라함에 대한 칭찬」을 말한다.

이사야이고, 인용된 텍스트는 키르케고르가 위로하려고 할 때 와해된다. 아마도 결국 최후의 말은 영향에 대한 불안 그리고 선구자들의 귀환에 대한 이사야의 예언이 될 것이다. 다음의 말은 키르케고르를 불안하게 하지는 않았지만, 시인들을 당혹스럽게 한다.

임신한 여인이 몸풀 때가 되어 아파 몸부림치며 신음하듯이 주여, 우리도 당신 앞에서 괴로워하였습니다.
우리는 임신한 듯, 해산하듯 몸부림쳤습니다. 그러나 우리가 낳은 것은 바람에 불과하여 이 땅에 구원을 베풀어주지 못하였습니다. 세상에 인구가 하나도 불어나지 않았습니다.
이미 죽은 당신의 백성이 다시 살고 시체들이 다시 일어날 것입니다. 땅 속에 누워 있는 자들아 깨어 노래하라. 땅은 반짝이는 이슬에 흠뻑 젖어 죽은 넋들을 다시 솟아나게 할 것입니다.[31]

---

31) 「이사야」 26: 17~19. 공동번역을 따랐으나 필요에 따라 옮긴이가 수정했다.

제3장
케노시스 혹은 반복과 불연속성

만일 그 청년이 반복을 믿었다면, 그가 무엇인들 할 수 없었겠는가? 어떤 내면성에 그가 도달했었을 것인가![1]

── 키르케고르

---

[1] 키르케고르의 『반복』에서 인용.

우리는 강박적 행동 패턴에 굴복하는 우리의 내적 성향을 상기할 때마다 운하임리히unheimlich, 혹은 '언캐니uncanny'로서의 '낯섦unhomely'을 인식한다.[2] 자신 내부의 '악마성'은 쾌락원칙을 번복하면서 '반복충동'에 굴복한다. 남자와 여자는 만나서, 거의 말을 하지 않고, 상호 분열의 계약을 맺어 그들이 이전에 함께 알았다고 생각하는 것을 다시 되풀이하지만, 사실 이전은 없었다. 여기에서 이런 통찰력을 가졌다는 점에서 스스로 운하임리히한 프로이트는 "모든 감정적 정동은 어떤 특성을 지녔든 간에 억압에 의해 병적인 불안으로 변한다"고 주장한다. 불안증 환자 중에서 프로이트는 "재발하는 어떤 억압된 것에서 불안이 발생하는 것으로 보이는" 언캐니의 종류를 발견한다. 그러나 '이런 낯섦'은 '친근

---

[2] 프로이트는 「운하임리히Unheimlich」라는 글에서 이 말의 어원을 연구해 '집과 같은' '친숙한 heimlich, homely'의 의미가 정반대의 의미인 '낯선unheimlich' 'unhomely' 의미를 지니게 되는 과정을 추적하면서, 친숙한 것이 갑자기 낯설게 나타나는 두려운 감정을 이 용어로 표현했다. 프로이트의 표준판 영역본에는 'uncanny'로 국역본은 '두려운 낯섦'으로 번역된다. 프로이트는 이런 감정을 불러일으키는 원인을 거세 콤플렉스, 반복충동 등으로 설명한다.

함'으로 부를 수 있다고 그는 말한다. "왜냐하면 이 언캐니는 사실은 새롭거나 낯선 것이 아니라 마음속에서 친숙하고 오래된 것인데 단지 억압 과정에 의해 소외되어왔던 것이기 때문이다."

나는 영향에 대한 불안이라는 특별한 병을 언캐니의 한 변종으로 제시한다. 거세에 대한 인간의 무의식적 공포는 자신의 눈에 발생하는 명백히 신체적인 문제로 발현된다. 시인이 시인이 되지 못하는 것에 대한 공포 역시 흔히 자신의 눈의 문제로 드러난다. 그는 자신의 눈이 마치 세상뿐 아니라 자신의 신체 나머지 부분에도 반대해서 자신을 주장하는 것처럼 폭군처럼 날카롭게 고정된 시선으로 아주 뚜렷이 보든가, 그렇지 않으면 그의 시야가 흐려져 낯설게 하는 안개를 통해 모든 것을 보게 된다. 앞의 시선은 보이는 것을 파괴하고 변형하며, 뒤의 시선은 기껏해야 밝은 구름을 볼 뿐이다.

비평가들은 마음속으로는 연속성을 비밀리에 사랑하지만, 오로지 연속성과 사는 자는 시인이 될 수 없다. 시인들의 신은 반복의 리듬 속에 사는 아폴로가 아니라 동굴 깊은 곳에 살면서 불규칙하게 슬그머니 나와 어두운 달빛 아래서 죽은 위인들을 잡아먹는 대머리 땅 신령인 과오이다. 과오와 사촌 간인 이탈과 완성은 과오의 동굴 속으로 들어오지 않지만 그곳에서 태어났다는 희미한 기억을 갖고 있으며, 최후에는 죽기 위해 고향인 동굴로 돌아와 안식을 취하지 않을까 반쯤 염려하며 산다. 그동안에는 그들 역시 연속성을 사랑하는데 이는 연속성에서만 그들이 시야를 확보할 수 있기 때문이다. 필사적인 시인들을 제외하면 단지 이상적이거나 참으로 평범한 독자만이 불연속성을 사랑하는데, 이런 독자가 태어나려면 아직 더 기다려야 한다.

역사적으로 건강한 상태인 시적 오류는 개인적으로는 연속성에 대한 죄, 문제가 되는 유일한 권한, 즉 무엇을 처음으로 이름 짓는 소유권 혹은 우선권을 거스르는 죄이다. 정치가 소유권인 것처럼, 시도 소유권이다. 헤르메스는 늙어서 대머리 땅 신령이 되고 자신을 과오라고 부르며 상업을 창시한다.[3] 가족 로맨스를 **상업**의 정치학으로 여기거나, 블레이크의 「정신의 여행자」에서 그렇듯이 도둑질로 바뀌는 변증법으로 여기지 않는 한, 시의 내적 관계는 상업도 도둑질도 아니다. 그러나 가족 로맨스의 즐겁지 않은 지혜는 정신의 경제학자들을 즐겁게 할 그런 작은 존재들에 대한 참을성이 없다. 관대한 것은 큰 과오 자체가 아니라 작은 과오들이다. 우리가 만나고 저지를 가장 큰 과오는 모든 이피브의 환상, 즉 충분히 대조적으로 추구하고 스스로를 낳기 위해 사는 것이다.

두려워하는 것이 잘못되었음에도 그들이 그렇게 두려워하는 죽음이 모든 강한 시인과 적절히 친구가 되는 것처럼, 밤은 고독한 사색가들에게 적절한 배경이라는 명백한 보상을 가져다준다. 책은 무언의 외침이 되고, 실제의 외침은 들리지 않는다. 연속성은 새벽과 함께 시작하고, 어떤 시인도 시인으로서 "아침인 것처럼 살려고 노력하라"는 니체의 위대한 명령에 주의를 기울일 여유가 없다. 시인으로서 이피브는 정지된 한밤중인 것처럼 살려고 노력해야 한다. 왜냐하면 새로 육화된 시인으로서 이피브가 최초로 느끼는 것은 자신이 영광에 의해 밖과 밑으로 던**져졌다**는 느낌인데, 이 영광에 대한 이해가 **그를 발견**하고 그를 시인으로 만들었기 때문이다. 이피브의 최초의 영역은 바다 혹은 바닷가이며 그는 자신이 추락을 통해서 물에 닿았다는 것을 안다. 그의 내적 본능이 그곳에서 그를 붙잡지만, 대조적인 충동은 그를 데리고 나와 뭍으로 보내 그가 자신 고유의 입장의 불을 찾게 한다.

어쨌든 계몽주의 이후에 우리가 시라고 일컫는 것의 대부분은 불, 즉

---

3) 헤르메스Hermes는 그리스 신화에서 신들 사이의 메시지를 전달하는 전령과 하계下界로 안내하는 안내자의 역할을 하며, 발명, 측량, 상업의 신이다.

불연속성에 대한 이런 추구이다. 반복은 물가에 속하며, 과오는 불연속성을 넘어서 무중력의 두려운 자유로 공중여행을 하는 자에게만 다가온다. 프로메테우스주의 혹은 시적 강인함에 대한 추구는 (반복인) 던져짐의 이율배반과 초과(빈스방거[4]적 **과도함**[5] 혹은 **시적 광기**, 혹은 참된 과오) 사이에서 움직인다. 이것은 단순히 순환적인 추구이며 그것의 유일한 목적과 영광은 반드시 실패하는 것이다. 이 순환을 깨고 사는—늙고 위대한 자들이기에—몇 안 되는 자들은 반-숭고, 대지大地의 시로 들어가지만, 그런 소수(밀턴, 괴테, 위고)는 신에 준하는 자들이다. 우리 시대에 위대하게 죽은 자들과 투쟁에 임하는 강한 영시 작가들은 이제4단계 혹은 대지의 시로 들어가지 못한다. 이피브들은 많지만, 소수가 프로메테우스적 추구를 감행하며, 서너 명(하디, 예이츠, 스티븐스)만이 하늘의 시를 성취하는 불연속성의 시에 도달한다.

그것, 즉 선구자의 시가 있는 곳에 내 시가 있게 하라. 이것이 모든 강한 시인의 합리적 공식이다. 왜냐하면 강한 아버지는 초자아가 아니라 이드에게로 흡수되었기 때문이다.[6] 유능한 시인이 선구자와 맺는 관계는 에크하르트[7]가 (혹은 에머슨이) 창조의 일부로서가 아니라 영혼의 최상의 부분, 즉 창조되지 않은 실체로서 신과 맺는 관계와 같다. 개념적으

---

4) 루트비히 빈스방거 Ludwig Binswanger(1881~1966)는 스위스의 정신의학자이며 실존 심리학의 선구자이다.
5) '과도함'의 원어는 Versteigenheit이며 '지나친 솟구침'으로 번역되기도 한다. 블룸은 이 용어를 제4장 '악마화'에서 자세히 설명한다.
6) 블룸의 공식은 프로이트가 『새로운 정신분석 강의』에서 말한 정신분석의 공식 "이드가 있었던 곳에 자아가 있을 것이다 Where the Id was, there the Ego shall be"를 영향에 대한 불안이라는 자신의 이론에 적용한 것이다. 즉 강한 시인은 이드에 해당하는 선구자의 시를 자신의 시로 대체하려고 한다는 것이다.
7) 요하네스 에크하르트 Johannes Eckhart(1260~1327)는 독일 도미니쿠스 수도회 수도승으로 독일 신비주의의 창립자이며 기독교 신新플라톤주의자였고 요한 22세 교황에 의해 이단으로 재판받았다.

로 후발자의 핵심 문제는 필연적으로 반복이다. 왜냐하면 재창조의 위상으로 변증법적으로 고양된 반복은 자신이 단순히 복사물이나 복제물이라는 것을 발견하는 공포에서 벗어나는, 이피브의 과잉의 길이기 때문이다.

우리 자신의 과거에서 나온 이미지들, 우리의 현재 애정이 헛되이 싸우는 강박적 이미지들의 재발로서의 반복은 정신분석이 용감하게 싸우는 주요 적 중 하나이다. 프로이트에게 반복은 1차적으로 강박의 형태였고, 불활성, 퇴행,[8] 엔트로피[9]에 의해 죽음본능으로 환원되었다. 프로이트적 정신역학의 엄격한 백과사전파인 페니헬[10]은 통제력을 얻기 위해 '능동적' 반복을 허용한다는 점뿐 아니라, 프로이트의 상상력에 훨씬 더 생생했던 신경증적 외상인 '취소'[11] 반복을 강조한다는 점에서도 정신분석 창시자를 따른다. 페니헬은 최선을 다해 '취소'를 다른 방어기제와 구분한다.

반동 형성에서 원래의 태도와 반대되는 태도가 취해진다. 취소에서는 한 걸음 더 나아간다. 어떤 긍정적인 일을 하는데, 이는 이전에 실제로 혹은 상상으로 했던 것과 정반대되는 것을 실제로 혹은 마술적으로 하는 것이다…… 속죄 개념 자체는 마법적인 취소의 가능성에 대한 믿음의 표현에 지나지 않는다.[12]

---

8) 퇴행regression은 자아가 수용할 수 없는 충동을 회피하기 위해 발달의 초기 단계로 일시적으로 혹은 장기적으로 되돌아가는 방어기제를 뜻하는 프로이트의 정신분석 용어이다.
9) 엔트로피는 열역학에서 일에 사용될 수 없는 에너지의 양의 척도를 제공한다. 모든 자연 과정은 비가역적이기 때문에 엔트로피의 양은 증가하게 되어 있다.
10) 오토 페니헬Otto Fenichel(1897~1946)은 1920년대에 프로이트 정신분석학자였으며, 1930년대에는 사회주의 마르크스주의 정신분석학파의 일원이 되었다.
11) '취소Ungeschehenmachen, Undoing'는 정신분석에서 주체가 과거의 생각, 말, 행동을 발생하지 않았던 것으로 만들려고 시도하는 것을 의미한다.

여기에서 강박은 반복강박으로 남지만, 무의식적 의미의 역전이 동반된다. 한 표상을 그 원래의 감정적 투자로부터 격리하는 데에서도 반복은 역시 지배적이다. 프로이트의 유명한 말에 따르면 "쾌락원칙을 넘어서"는 어떤 정신적 문맥에서도 어두운 영역이지만, 쾌락을 주어야 하는 시의 영역에서는 특히 어둡다. 『쾌락원칙을 넘어서』의 주인공인, '갔다!—저기!' 놀이를 하는 18개월 된 남아는 어머니의 상실과 귀환의 순환을 극화함으로써 엄마가 사라진 것을 극복한다.[13] 놀이충동에서 또 다른 반복의 계기를 만들어내는 것은 프로이트의 대담한 시도였지만, 모든 반복충동의 원인을 죽음이라는 실용적 목적을 지닌 퇴행적 본능[14]으로 돌리는 위대한 도약만큼 대담하지는 않았다.

스스로 대단한 도약자였던 라캉은 "반복강박이 전이경험의 역사화하는 시간성을 목표로 삼는 것과 마찬가지로, 죽음본능도 본질적으로 주체의 역사적 기능의 한계를 표현한다"고 말한다.[15] 따라서 라캉은 '갔다—저기'를 아이의 언어적 상상력이라는 인간화 행위로 보며, 여기에서 주체성은 자신의 포기와 상징의 탄생을 결합한다. "프로이트는 천재적

---

12) 오토 페니헬의 『신경증의 정신분석이론 The Psychoanalytic Theory of Neurosis』 제10장 「방어기제」의 '취소'의 일부.
13) 『쾌락원칙을 넘어서』에서 프로이트는 어린 손자가 끈이 달린 실패를 던지고 다시 당기는 놀이를 하면서 fort(gone, 갔다) 그리고 da(there, 저기)라는 말을 반복하는 것을 발견한다. 이는 엄마가 자신 곁을 떠나 사라지는 상황을 극복하기 위해서 아이가 만들어낸 게임이다. 프로이트는 아이가 이 놀이를 통해서 엄마가 사라지는 수동적 상황을 능동적으로 통제하게 된다고 설명한다. 즉 아이는 엄마가 사라지는 수동적 상황에 대해 "엄마는 필요 없어. 내가 엄마를 보내는 거야"라는 반항적 의미를 부여하며 엄마의 사라짐에 대해 복수를 한다. 프로이트는 이 놀이에서 아이는 능동적으로 상황을 통제하게 됨으로써 쾌락을 취하기 때문에 쾌락원칙을 벗어난 것은 아니라고 결론을 내린다.
14) 프로이트는 『쾌락원칙을 넘어서』에서 생명체가 아무런 자극을 받지 않는 최초의 상태로 복귀하려는 죽음본능이 존재하며 이 죽음본능은 쾌락원칙을 무시한다고 주장했다.
15) 자크 라캉의 『에크리』 중 「정신분석에서의 말과 언어의 기능과 영역」의 일부.

인 번득임으로 이렇게 주체가 폐기되는 행위를 우리에게 드러내서, 우리는 욕망이 인간적이 되는 순간은 곧 아이가 언어 속으로 태어나는 순간이라는 점을 인식할 수 있다."

'이 한계,' 즉 우리의 죽음에 대한 라캉의 인식은 그 한계를 "반복 속에서 스스로 역전되는 것을 드러내는 과거"로 나타낸다. 라캉이 프로이트와 하이데거를 기묘하게 혼합한 것 위에, 라캉이 "스스로를 소모하는 존재의 소진"이라고 표현한 키르케고르적 반복의 거대한 그림자가 침범한다. 프로이트적 반복은 다른 모든 정신분석 개념처럼 단지 이원론적으로만 해석 가능하다. 왜냐하면 프로이트는 우리가 항상 외현적 내용을 잠재적 내용으로부터 분리할 것을 기대하기 때문이다. 그렇게 단순히 낭만적인 아이러니에 비해 너무 변증법적인 키르케고르는 프로이트적 '취소'나 '격리'[16] 메커니즘이 허용할 수 있는 것보다 시적 오류의 아이러니에 더 근접한 '반복'을 공식화했다.

키르케고르적 반복은 결코 일어나는 것이 아니라 터져 나오거나 앞으로 나온다. 왜냐하면 그것은 신이 우주를 창조하는 것처럼 "앞으로 상기想起되기" 때문이다.

만일 신이 스스로 반복할 의지가 없었다면, 세상은 존재하지 않았을 것이다. 신은 희망의 가벼운 계획을 따랐을 수도 있고 아니면 세상을 모두 기억하고 상기 속에서 보존했을 수도 있었다. 그런데 신은 그렇게 하지 않았다. 따라서 세상은 존속하며 그것이 반복이라는 사실 때문에 존속한다.

---

16) 격리isolieren, isolation는 강박신경증의 특징인 방어기제의 하나로 생각이나 행위가 환자의 다른 생각이나 행위와 연결되지 않도록 격리시키는 것이다. 격리의 방법으로는 사고의 흐름이나 의례적 행위의 흐름에서 중단하거나 단절하는 것이 있다.

존재해온 삶은 이제 생성되어간다. 키르케고르는 반복의 변증법은 "쉽다"고 말하지만, 이는 그의 즐거운 농담일 뿐이다. 반복에 대한 그의 최고의 농담은 그의 최초의 농담이기도 하며, 오류의 변증법에 대한 거대한 서론으로 보인다.

반복과 상기는 방향이 반대일 뿐 동일한 운동이다. 왜냐하면 진정 반복이라고 불릴 수 있는 것은 앞쪽으로 상기되는 것인 반면, 상기되는 것은 존재했던 것이고 뒤쪽으로 반복되는 것이기 때문이다. 따라서 상기가 사람을 불행하게 하는 반면, 반복은, 만일 그것이 가능하다면, 사람을 행복하게 한다. 그 사람이 스스로 살아갈 시간을 갖고, 태어나는 순간부터, 예를 들어 자신이 무언가를 잊었다고 단언하면서, 인생에서 빠져나갈 구실을 찾지 않는다는 전제에서 말이다.[17]

반복의 이론가는, 플라톤을 위배하는 농담을 하면서, 가능하지만 완전하지 않은 사랑, 즉 사람을 불행하게 하지 않을 유일한 사랑인 반복의 사랑을 제안한다. 완전한 사랑은 자신이 불행해진 곳에서조차 사랑하는 것이지만, 반복은 우리의 낙원인 불완전에 속한다. 강한 시인은 '취소하고' '격려하는' 반복의 불연속을 살기 때문에 생존하지만, '앞으로 상기하는' 연속성, 여전히 선구자의 업적을 반복하는 새로움으로 터져 나오는 연속성을 계속 살아오지 않았다면 더 이상 시인이 아닐 것이다.

이제 우리는 오류가 사실은 선구자들이 했던 것을 잘못 행하는 (그리

---

17) 키르케고르의 『반복』에서 인용.

고 잘못 받아들이는) 것이라고 수정할 수 있는데, 여기에서 '잘못'은 그 자체로 변증법적 의미를 지닌다. 선구자들의 행위는 이피브를 밖과 밑으로 떨어지는 반복의 동작 속으로 던져 넣었는데, 이피브는 이것이 취소되면서 동시에 변증법적으로 긍정되어야 하는 반복이라는 것을 곧 이해하게 된다. 취소의 메커니즘은 모든 정신적 방어가 그렇듯이 쉽게 얻을 수 있지만, 앞으로 상기함으로써 반복하는 과정은 쉽게 배울 수 없다. 이피브가 뮤즈에게 미래를 기억하도록 도와달라고 요청할 때, 그는 반복하는 것을 도와달라고 요청하는 것이지만, 이는 아이들이 이야기꾼에게 같은 이야기를 해달라고 요청하는 것과 같은 의미는 아니다. 『변신』에서 샤흐텔[18]이 암시하듯이, 우리가 어떤 책을 다음에 열어볼 때 똑같은 말을 읽기 위해 좋아하는 시에 의존하는 것처럼, 이야기를 배우는 아이는 그 이야기에 의존한다. 대상 일관성은 관심 집중 행위에 의한 탐구를 가능하게 하며, 샤흐텔은 아이들의 놀이에서 반복강복이 지배한다는 프로이트의 주장을 낙관적으로 반박할 때 이 의존에 의존한다. 샤흐텔의 논의 핵심에는 사고의 기원에 대한 프로이트의 심각하게 환원적인 이론과의 뿌리 깊은 불일치가 존재한다. 프로이트에게 사고의 선구자는 항상 오로지 욕구의 환각적 충족, 즉 소망충족이 전치되고 자아가 실제로 성취할 수 있는 것보다 이드로부터의 더 큰 자율성을 추구하는 환영이다.

그 이유는 자아가 검열적인 초자아와의 관계가 아니라 이드와의 관계로 '던져졌음'을 경험하기 때문이다. 자아 심리학자들이 프로이트를 수정하는 것은 옳았을지 모른다. 그러나 자아가 비자아의 모든 세계를 만

---

18) 에르네스트 샤흐텔Ernest Schachtel(1903~1975)은 현대 정신분석학자이며, 1959년 『변신: 정동, 지각, 주의력, 기억의 발달에 관하여Metamorphosis: On the Development of affect, perception, attention, and Memory』는 발달심리학의 명저 중 하나이다.

나도록 자아를 외재화한 영역 (우리가 이 영역을 어떻게 부르던 간에), 혹은 파스칼적인 "내가 모르고 나를 알지 못하는 무한한 공간"이 창조의 에너지라고 올바르게 여기는 문학비평가의 관점에서 이는 옳지 않다. 거대한 데카르트적 물질의 외적 세계로 던져진 자아는 자신의 고독을 배우며, 이에 대한 보상으로 자유로워졌다는 인식을 갖도록 속이는 환영적인 자율성을 추구한다.

우리를 자유롭게 하는 것은 우리가 누구였고, 우리가 무엇이 되었으며, 우리가 어디에 있었고, 어디에 던져졌으며, 어디로 가고, 어디로부터 구원을 받았으며, 무엇이 탄생이고 무엇이 재탄생인지를 아는 것이다.[19]

한스 요나스[20]는 이 발렌티누스적 공식이 "지식이 거주할, 그리고 응시하면서 앞으로의 돌진을 멈추게 할 내용을 지닌 **현재**를 준비하지 않는다"고 말한다. 요나스는 '우리가 던져진' 그노시스교적인 것을 하이데거적인 내던져져 있음과 파스칼적인 '내던져짐'에 비교한다. 흔히 스스로 그렇지 않으려고 애써도 그노시스교도가 되는 모든 데카르트 이후의 이 피브의 상황은 더 진전된 비교를 제시한다. 아마도 결국 예이츠의 무서운 위대함은 그의 자발적인 그노시스교에서, 그리고 자신이 시인으로서 그것을 얼마나 간절히 필요로 했는지를 심오하게 이해한 것에서 비롯되었을 것이다.

우리가 기대하기를 그만둘 때 우리는 보상받을지 모른다. 키츠는 시

---

19) 한스 요나스의 『그노시스적 종교The Gnostic Religion』 중 일부.
20) 한스 요나스Hans Jonas(1903~1993)는 하이데거의 제자이며 현대 독일 철학자로서 대표 저서로 『생명의 현상The Phenomenon of Life』(1966), 『책임의 원리Das Prinzip Verantwortung (The Imperative of Responsibility)』(1979) 등을 남겼다. 발렌티누스주의Valentinianism는 2세기에 발렌티누스가 시작한 그노시스 운동이다.

인으로서 자신에게 요구되는 것으로부터 초연했지만 그 요구를 성취하는 데 충실했기 때문에 감동적이다. 그러나 어느 시도—키츠의「가을에게」처럼 완벽한 시라도—잘못 위치한 것들 투성이다. 키츠조차도 불연속성의 예언자임에 틀림없으며, 그에게 경험은 결국 또 다른 형태의 마비가 된다. 시인과 알려지지 않은 참된 신(혹은 치유되고 독창적이 된, 순수한 그 자신)에 대한 비전 사이에는 많은 그노시스교적 집정관 같은 선구자들이 개입한다. 얼마 전에 우리의 젊은이들은 단순히 자연적인 경험이 만질 수 없는 자신들의 참된 자아를 구성하는 본질적인 순수를 믿었던 사이비 그노시스교도들이었다. 강한 시인들은 이와 같은 것을 믿어야 하고 항상 인본주의적 도덕성에 의해 비난받아야 한다. 왜냐하면 강한 시인들은 반드시 도착적이기 때문인데, 여기에서 '반드시'는 마치 강박적인 것 같은, 마치 반복강박을 드러내는 것 같다는 의미를 지닌다. '도착적'은 문자 그대로 '잘못된 방향으로 향한'의 의미를 지니지만, 선구자와의 관계에서 올바른 방향으로 향하는 것은 아무런 이탈을 하지 않는 것을 의미하며, 따라서 어떤 치우침이나 기울어짐도 필연적으로 선구자와의 관계에서 도착적이다. 보들레르[21]에서 말라르메 그리고 발레리로 이어지는 프랑스 전통이 포[22]에 대해서, 프로스트[23]가 에머슨에 대해서 그랬던 것처럼, (자신을 둘러싼 문학적 정설과 같은) 상황 자

---

21) 샤를 보들레르Charles Baudelaire(1821~1867)는 프랑스의 시인이자 비평가였고, 시집 『악의 꽃Les Fleurs du Mal(The Flowers of Evil)』(1857)으로 유명하며, 미국의 소설가 에드거 앨런 포의 단편소설들을 프랑스어로 옮겼다.
22) 에드거 앨런 포Edgar Allan Poe(1809~1849)는 19세기 미국의 소설가이자 비평가로서「어셔 가의 몰락The Fall of the House of Usher」(1839),「모르그 가의 살인 사건The Murders in the Rue Morgue」(1841) 등의 단편소설과 장편소설 『아서 고든 핌의 이야기The Narrative of Arthur Gordon Pym』(1838)를 남겼다.
23) 로버트 프로스트Robert Frost(1874~1963)는 현대 미국 시인이며 뉴잉글랜드 지역의 시골과 보통 사람들의 삶을 소재로 한 서정시로 유명하다. 시「가지 않은 길The Road Not Taken」을 남겼으며, 『시 모음집Collected Poems』(1930)으로 퓰리처상을 수상했다.

체가 도착성의 아바타가 되는 것을 허용하지 않는다면 말이다. 이탈하는 것swerve(앵글로색슨어로 sweorfan)은 '지우고, 갈고닦다'의 어원을 갖고 있고, '벗어나다, 직선을 떠나다, (법, 의무, 습관에서) 비켜가다'의 의미로 쓰인다.

그러나 강한 시인의 상상력은 스스로를 도착적인 것으로 볼 수 없다. 그 자신의 기울어짐은 건강함이고 참된 우선권이다. 따라서 클리나맨은 선구자가 바로 그 치우침에서, 바로 그때 거기에서 날카롭든 둔하든 어떤 시각에서 이탈하지 못함으로써 잘못된 길을 갔다고 근본적으로 가정하는 것이다. 그러나 이는 괴로운 일이며 선한 마음의 상태에서만 괴로운 것은 아니다. 만일 상상력의 선물이 필연적으로 정신의 도착성에서 온다면, 문학의 살아 있는 미로는 우리 내부의 모든 가장 관대한 충동의 파멸 위에 세워진다. 명백히 그렇고 그래야만 한다. 우리가 문학 자체 위에 직접 휴머니즘을 세운 것은 잘못된 것이고 '인간적인 문학'이란 말은 모순어법이다. 휴머니즘은 여전히 우리가 지금까지 성취한 것보다 더 완벽한 문학연구 위에 세워질 수 있지만, 문학 그 자체 위에 혹은 문학의 함축적 범주에 대한 어떤 이상화된 모방 위에는 세워질 수 없다. 강한 상상력은 야만과 잘못된 재현을 통해서 고통스럽게 탄생한다. 우리가 지금보다 더 진보된 문학연구를 통해서 가르치고자 하는 유일한 인간적인 미덕은 자신의 상상력으로부터의 초연이라는 사회적 미덕이며, 이때 그런 초연이 절대적이 되면 어떠한 개인적 상상력도 파괴한다는 점을 항상 인식해야 한다.

자신의 상상력을 대면하는 데 초연할 때 불연속성은 불가능하다. 욕망이 끝날 때 반복은 다시 상상되든 아니든 계속 고동친다. 발레리는 인간을 가장 진실로 외롭게 하는 사물들에는 이름이 없다고 말했고, 스티븐스는 고독의 상황을 허락하지 않을 썩은 이름들을 대체할 정체성들을 찾기 위해서는 빛과 정의定義를 던져버리라고 자신의 이피브에게 촉구한다. 이 어두움은 이피브가 다시 보고 새로운 우선권의 허상을 알 수 있는 불연속성이다.

이 불연속성에 대한 가장 정열적인 비유는 첫사랑이 아니라 첫 질투인데, 여기에서 '첫'은 의식적으로 첫번째를 의미한다. 카뮈가 칼리귈라로 하여금 부정한 아내의 남편을 조롱하게 하듯이,[24] 질투는 허영과 상상력이 혼합된 질병이다. 어떤 강한 시인이라도 칼리귈라에게 질투가 시간이 충분하지 않을 것이라는, 실제로 시간 속에 투여될 수 있는 것보다 더 많은 사랑이 있다는 우리의 공포에 기초한다고 말할 것이다. 시인들에게 불연속성은 시간의 지점들보다는 장소의 순간에서 발견되는데, 여기에서 마치 쾌락의 경제학이 긴장의 해소와는 무관하고 우리가 마음속에서 길을 잃는 것과만 관계를 갖는 것처럼 반복은 무효화된다.

지금까지도 놀라운 프로이트의 1920년도 후기 성명서인 『쾌락원칙을 넘어서』로 돌아가자. 이 책은 성적 전희前戱를 재발적 신경증과 관련시키고, 이 둘을 어린 에른스트 프로이트가 만든 엄마를 단념하는 놀이, 즉 라캉이 다시 상상하는 데에 그렇게 귀중했던, 유명한 '있다—저기'에 놀이와 관련시킨다. 이 모든 것은 '반복강박'이며, 프로이트의 최종 비전에서 모든 것은 악마적이고, 자기파괴적이며, 타나토스[25] 신을 경배한다.

아마도 우리가 [죽음본능을] 믿게 된 것은 그 안에 어떤 위안이 있기 때

---

24) 알베르 카뮈Albert Camus(1913~1960)는 현대 프랑스 소설가이자 극작가로서 소설 『이방인 L'Étranger(The Stranger)』(1942)과 희곡 「칼리귈라Caligula」(1944) 등을 남겼다.
25) 타나토스Thanatos는 그리스 신화에서 죽음이 육화된 악마이다. 프로이트는 성적 욕동을 에로스로 죽음욕동을 타나토스로 명명했다.

문일 것이다. 만일 우리 자신이 죽게 되고, 그리고 먼저 우리에게 소중한 자들을 죽음으로 잃게 된다면, 혹시 피할 수도 있었던 우연에 굴복하기보다는 가차 없는 자연의 법칙에, 숭고한 필연성에 굴복하는 것이 더 쉽다……

이는 후기 프로이트의 말이지만, '아름다운 필연성'을 엄격히 숭배했던 『삶의 행위 The Conduct of Life』를 쓸 당시의 후기 에머슨일 수도 있다. 프로이트와 에머슨은 이 숭고한 필연성을 공격과 연관시키고, 이에 대해 에로스를 맞서게 한다. 비록 프로이트의 에로스는 리비도의 확장된 비전이고, 에머슨의 에로스는 그가 후기에 불명확하게 정의한 대신령 Oversoul 개념이지만 말이다. 결국 둘 모두 우리를 타나토스로 몰고 가는 반복에 대한 자아의 방어기제에 대해 양가적이 아닐 수 없었다. 그러나 그런 메커니즘에 대한 프로이트의 설명에서, 특히 내가 이미 페니헬로부터 인용한 부분에서는, 강한 시인들의 반복에 대한 방어와 그들을 구원하는 (그러나 동시에 운명짓는) 불연속성의 모험을 묘사하는 비평에 대한 이론적 토대가 제시되어 있다.

나는 이제 시의 내적 관계를 특징짓는 수정률의 연구에 세번째의 것, 즉 상상력의 '취소하며' 동시에 '격리하는' 운동인 케노시스 혹은 '비우기'를 추가한다. 나는 그리스도가 신으로부터 인간으로 자신을 '겸허히 낮춘' 것에 대한 성 바오로의 설명에서 케노시스를 가져온다. 강한 시인들에게서 케노시스는 선구자와의 관계에서 '비우기' 혹은 '빠져나가기'가 발생하는 수정 행위이다. 이 '비우기'는 해방적인 불연속성이며, 선구자의 영감이나 신성의 단순한 반복으로는 불가능한 그런 종류의 시를 가능하게 한다. 자신 속에서 선구자의 힘을 '취소하는 것'은 자아를 선구자의 입장으로부터 '격리'시키는 것이기도 하며, 자신 속에서 또 자신에게 금기가 되는 것으로부터 후발자-시인을 구원한다. 프로이트는 방어기제와 금기의 전 영역 사이의 관계를 강조하며, 우리는 금기를 만지고 닦아내는 상황이 케노시스와 관련된다는 점에 주목한다.

영향은 건강한 것일 수 있는데 왜 강한 시인들이 관련될 경우 더 일반적으로 불안이 되는 것일까? 강한 시인들은 시인들로서 그들의 유령 같은 아버지들과 투쟁하면서 얻는 것이 많은가, 잃는 것이 많은가? 클리나맨, 테세라, 케노시스 그리고 선구자들을 오역하거나 변형시키는 다른 모든 수정률은 시인들이 진실로 자신들이 될 수 있도록 스스로 개성을 갖도록 도와주는가, 아니면 그들이 아버지들만큼이나 시적 아들들도 왜곡하는가? 나는 이 수정률들이 우리의 정신적 삶에서 방어기제가 갖는 기능과 똑같은 기능을 시의 내적 관계 속에서 수행한다고 단언한다. 반복충동으로부터 우리를 방어하려는 방어기제는 일상생활에서 그 반복충동보다 우리를 더 해롭게 하는가?

여기에서 매우 변증법적인 프로이트는 「끝 있는 분석과 끝없는 분석 Analysis Terminable and Interminable」(1937)이라는 설득력 있는 후기 글에서 가장 명료하다. 만일 우리가 프로이트의 '자아'를 이피브로 대치하고 '이드'를 선구자로 대치한다면, 프로이트는 이피브의 딜레마에 대한 공식을 제공하는 셈이다.

도주와 위험 상황 회피는, 개인이 마침내 능동적으로 현실을 고침으로써 위협을 제거할 만큼 강해질 때까지, 아주 오랫동안 외적 위험과 대면했을 때 임시방편의 역할을 한다. 그러나 사람은 자신으로부터 도망칠 수 없고 내부의 위험으로부터의 도피는 아무런 소용이 없다. 따라서 자아의 방어기제는 우리에게 이드에 대한 불완전하고 조잡하게 모방한 그림만을 전달하도록 내적 지각을 위조하게 되는 운명에 처한다. 이드와의 관계에서 자아는 제한 때문에 마비되고 실수로 눈이 먼다. 그리고 정신적 사건의 영역에서 일어나는 결과는 잘 걷지 못하는 사람이 알지 못하는 나라에서 걷는 것에 비교할 수 있다.

  방어기제의 목적은 위험을 피하는 것이다. 방어기제가 성공적이라는 데에는 논란의 여지가 없다. 자아가 발달하면서 전적으로 방어기제 없이 살 수는 없지만 방어기제 자체가 위험할 수도 있다는 점 역시 확실하다. 방어기제가 제공하는 도움에 자아가 너무 비싼 대가를 치르게 되는 경우도 적지 않다. 〔강조—필자〕

이 우울한 비전은 사라진 위험에 대해 자신을 방어하고 심지어는 사라진 원래의 위험에 대한 대체물을 찾기도 하는 가장 강해졌을 때의 성숙한 자아에 대한 논의로 끝을 맺는다. 강한 시인의 **투쟁**에서 성취된 대체물은 어떤 의미에서 자신이 결코 누려보지 못한 영광을 애도하는 이 피브 자신의 초기 모습을 보이는 경향이 있다. 내가 케노시스 혹은 '비우기'라고 부른 어둠으로 돌아가기 전에, 프로이트의 모델을 아직 포기하지 말고 '취소'와 '격리'라는 핵심적인 기제를 좀더 자세히 살펴보자.
  페니헬은 '취소'를 속죄, 즉 씻기에 대한 금기를 여전히 지키며, 따라서 강박적 행동과 반대되는 행동을 하려고 하지만 역설적으로 정반대의 무의식적 의미를 지닌 동일한 행동을 수행하는 깨끗이 씻기와 관련시킨다. 이 견해에 따르면 예술적 승화는 상상적 파괴의 취소를 의도하는 태도와 관련된다. '격리'는 한편으로 접촉에 대한 금기를 지키면서, 외상을 보존하지만 그 외상의 감정적 의미는 포기하며, 한 군데 속한 것을 격리시킨다. 여기에서 접촉에 대한 원초적 금기와의 연관성에서 예상할 수 있듯이, 공간적·시간적 왜곡에는 흔히 이런 격리 현상이 많다.
  케노시스는 클리나맨이나 테세라보다 더 양가적인 운동이며, 반드시 시를 대조적 의미의 영역으로 더 깊이 들어가게 한다. 왜냐하면 케노시스에서 예술가는 예술과 벌이는 투쟁에서 패배했고, 시인은 연속성에서의 의도적이고 자발적인 패배로 인해 선구자의 패턴을 취소하는 것과 마찬가지로, 자신을 구속하는 시공간으로 추락하거나 빠져나가기 때문이다. (첫번째 「히페리온」에서 키츠의 입장이 밀턴의 입장인 것처럼 보이는 것같이) 그의 입장은 선구자의 입장인 것처럼 보이지만, 그 입장의 의미는 취소되고, 그 입장에서 일종의 신성인 우선권이 비워지며, 그 입장을 고수하는 시인은 자신의 동료들에게서뿐 아니라 자기 자신의 연속성으로부터도 더 격리된다.

자신이 묘사하도록 강박을 느끼는 시를 묘사하려는 독자에게 시적 케노시스라는 개념은 무슨 소용이 있는가? 클리나맨과 테세라라는 비율들은 이질적인 시들 속의 요소들을 정렬하는 데 (그리고 정렬을 흩뜨리는 데) 유용하지만, 이 세번째 비율은 시보다는 시인에게 더 잘 적용되는 것처럼 보인다. 우리는 독자로서 춤과 춤추는 사람을, 노래와 노래 부르는 사람을 구별할 필요가 있는데, 이 어려운 작업에서 아버지에 대해 방어하려고 하지만 아들을 과격하게 취소하는 이런 자신 비우기 개념에서 우리가 어떻게 도움을 받을 수 있는가? 「서풍에 대한 송시」에서 셸리의 케노시스는 워즈워스의 취소이며 격리인가, 아니면 셸리의 취소이며 격리인가? 휘트먼의 「내가 생명의 바다와 함께 썰물처럼 빠져나갈 때」에서 누가 더 무섭게 비워지는가? 에머슨인가 아니면 휘트먼인가? 스티븐스가 무서운 북극광과 대면할 때, 인간적인 위안이 빠져나가 비워지는 것은 그의 가을인가, 아니면 키츠의 가을인가?[26] 애먼즈는 코슨스 후미[27]의 모래언덕을 거닐면서 이제 자신을 넘어서 있는 것으로 인정

---

26) 월리스 스티븐스의 시 「가을의 서광The Auroras of Autumn」과 존 키츠의 시 「가을에게To Autumn」를 의미한다.

된 대신령을 자신에게서 비우지만, 이 시의 의미는 에머슨의 '대신령'이 이 현자, 즉 에머슨도 넘어서는 것이었다는 신념에 달려 있지 않은가? 취소하는 시는 어느 낭만주의 시인의 후기 단계에서도 불가피하게 보이지만, 그가 역전된 형태로 다시 불러야 하는 것은 자기 자신의 노래인가? 단테와 초서, 그리고 스펜서조차도 자신의 취소를 시로 만들 수 있지만, 밀턴, 괴테, 위고는 자신들의 과오보다는 그들의 선구자들의 과오를 취소한다. 좀더 양가적인 근대시인들 그리고 심지어 블레이크, 워즈워스, 보들레르, 릴케,[28] 예이츠, 스티븐스처럼 강한 시인들에게서, 모든 케노시스는, 마치 마술적인 취소-격리가 아버지를 희생하면서 자아 중심적 숭고함을 구원하려고 했던 것처럼, 선구자의 힘을 무효화한다. 이런 시적이고 수정적인 의미에서의 케노시스는 자기포기 행위인 것처럼 보이지만, 아버지들이 자신들의 죄뿐만 아니라 아마도 아들들의 죄에 대한 대가도 치르게 만드는 경향이 있다.

따라서 나는 실용적인 공식에 도달한다. 예를 들면 "스스로 자신의 신성을 비우는 것처럼 보이면서 실은 선구자의 신성을 비우는 불연속적 형태에 의해서, 선구자가 있었던 곳에 이피브가 있게 될 것이다." 케노시스의 시가 아무리 슬프거나 심지어 절망적이라고 하더라도, 선구자가 심하게 추락하는 반면, 이피브는 부드럽게 추락하려고 조심한다.

우리는 가장 강한 시인들이 아무리 유아론적이라고 해도, 어떤 시인도 자율적인 자아로 여기지 말아야 할 필요가 있다. 모든 시인은 다른 시인이나 시인들과의 변증법적 관계(전이, 반복, 과오, 소통)에 사로잡

---

27) 「코슨스 후미Corsons Inlet」는 아치 애먼즈의 시이며, 코슨스 후미는 미국 동부 뉴저지 주의 좁은 해협이다.
28) 라이너 마리아 릴케Rainer Maria Rilke(1875~1926)는 오스트리아 태생 독일 시인으로서 대표 시로는 「오르페우스에게 바치는 소네트Sonnette an Orpheus(Sonnets to Orpheus)」가 있다.

히는 존재이다. 원형적인 케노시스에서 성 바오로는 어떤 시인도 시인으로서 필적할 수 없는 패턴을 찾았다.

> 무슨 일에나 이기적인 야심이나 허영을 버리고 다만 겸손한 마음으로 서로 남을 자기보다 낫게 여기십시오.
> 저마다 제 실속만 차리지 말고 남의 이익도 돌보십시오.
> 여러분은 그리스도 예수께서 지니셨던 마음을 여러분의 마음으로 간직하십시오.
> 그리스도 예수는 하느님과 본질이 같은 분이셨지만 굳이 하느님과 동등한 존재가 되려 하지 않으시고,
> 오히려 당신의 것을 다 내어놓고 종의 신분을 취하셔서 우리와 똑같은 인간이 되셨습니다.
> 이렇게 인간의 모습으로 나타나 당신 자신을 낮추셔서 죽기까지⋯⋯ 순종하셨습니다.[29]

이 케노시스에 대해 우리는 그것에 대한 전형적인 **익마직** 패러니를 내세울 수 있는데, 이는 자신이 아니라 모든 선구자를 겸허하게 낮추고 필연적으로 죽음에 이르기까지 반항하는 시적 케노시스 자체이다. 블레이크는 디르사에게 외친다.

> 죽을 운명의 탄생에서 태어난 것은 무엇이든
> 세대로부터 해방되어 일어나기 위해
> 대지와 함께 소진되어야 한다.

---

29) 『신약성서』「필립비인들에게 보낸 편지」 제2장 제3~8절.

그렇다면 나는 그대와 무슨 관계가 있는가?[30]

---

30) 윌리엄 블레이크 「디르사에게To Tirzah」의 첫 연. 「디르사에게」는 1795년 『경험의 노래』의 마지막 시로 첨가되었다. 이 시는 사멸적인 육신의 어머니인 디르사와 그녀가 나타내는 모든 물질적 체계로부터의 독립을 선언한다.

중 간 장
대조비평을 위한 성명

 만일 상상하는 것이 오역하는 일이고 이것이 모든 시를 선구자에 대조적인 것으로 만드는 일이라면, 어떤 시인을 따라 상상하는 것은 자신의 독서행위에 대한 자신의 은유를 배우는 일이다. 그렇다면 비평 역시 대조적이 되며, 창조적 오해라는 독특한 행위를 따르는 일련의 이탈이다.
 첫번째 이탈은 위대한 선구자 시인을 그의 더 위대한 자손들이 읽을 수밖에 없었던 방식으로 읽는 법을 배우는 것이다.
 두번째는 우리가 그 자손들의 제자인 것처럼 그 자손들을 읽어서, 만일 우리가 우리 자신의 작품에 의해 발견되고 우리 자신의 삶을 살라는 요구에 응하려면 우리가 어느 부분에서 그들을 수정해야 하는가를 배우도록 스스로 강제하는 것이다.
 이런 추구의 어느 것도 아직 '대조비평'은 아니다.
 대조비평은 우리가 두번째 것을 배경으로 첫번째 클리나맨을 측정할 때 시작된다. 우리는 이탈의 강세가 어떤 것인지를 찾아 그것을 두번째 시인 혹은 시인 집단이 아니라 첫번째 시인 혹은 시인 집단을 읽을 때 교정책으로 적용한다. 좀더 최근의 시인이나 시인들에게 대조비평을 행하는 것은 그들이 우리가 아니라 제자들을 발견했을 때에만 가능해진다. 그러나 이들은 비평가이지 시인일 수는 없다.

이 이론에 대해서 우리는 결코 시인을 시인으로서 읽지 않고 한 시인을 또 다른 시인 속에서 혹은 심지어 또 다른 시인 속으로 읽을 뿐이라는 반론이 제기될 수 있다. 우리의 대답은 다양하다. 가령 우리는 독자에게 시인으로서의 시인은 존재하거나 존재한 적이 있다거나 존재할 수 있다는 것을 부정한다. 우리가 (성(性)적으로나 그밖에 다른 점에서) 한 사람이 아니라 그녀 혹은 그의 가족 로맨스 전체를 포용하는 것처럼, 우리는 시인으로서 그 혹은 그녀의 가족 로맨스 전체를 읽지 않고 결코 한 시인을 읽을 수 없다. 문제는 환원이고 환원을 어떻게 가장 잘 피하는가이다. 수사학적 비평, 아리스토텔레스적 비평, 현상학적 비평, 구조주의적 비평은 모두 이미지나 관념, 주어진 사물 혹은 음운으로 환원한다. 도덕적 비평이나 다른 노골적인 철학적 비평 혹은 심리적 비평은 모두 경쟁적 개념화로 환원한다. 우리는——만일 환원한다면——다른 시로 환원한다. 한 시의 의미는 또 다른 시일 뿐이다. 이는 동어반복, 심지어 심각한 동어반복이 아닌데 왜냐하면 두 삶이 동일한 삶이 아닌 것처럼 두 개의 시는 동일한 시가 아니기 때문이다. 문제는 역사의 오용이라기보다는 참된 역사 혹은 역사의 참된 사용이며, 여기에서 사용과 오용은 모두 니체적인 의미이다. 참된 시적 역사는, 참된 전기가 어떤 인물이 자신의 가족을 견뎌냈는가 혹은 가족을 연인들과 친구들로 스스로 전치했는가의 이야기인 것처럼, 어떻게 시인들로서의 시인들이 다른 시인들을 견뎌냈는가의 이야기이다.

요약하면 모든 시는 부모 시의 오역이다. 시는 불안의 극복이 아니라

바로 그 불안이다. 시인들의 오역이나 시는 비평가의 오역이나 비평보다 더 과격하지만, 이는 정도의 차이지 종류의 차이가 아니다. 해석은 없고 오역만 있을 뿐이며, 따라서 모든 비평은 산문시이다.

시인들이 다른 시인들보다 더 가치가 있거나 없는 것만큼만 (정확히) 비평가들도 다른 비평가들보다 더 가치가 있거나 없다. 왜냐하면 시인이 선구자 시인 속의 열린 틈에 의해 발견되어야 하는 것처럼, 비평가도 그래야 하기 때문이다. 차이는 비평가에게 부모가 더 많다는 것이다. 그의 선구자들은 시인들이고 비평가들이다. 그러나 사실은 시인의 선구자들도 그러하며 역사가 길어질수록 더 흔히 그렇다.

시는 영향에 대한 불안이고 오류이며, 단련된 도착증이다. 시는 오해이고 오역이며 잘못된 결합이다.

시(로맨스)는 '가족 로맨스'이다. 시는 근친상간의 매혹이며, 그 매혹에 대한 저항으로 단련되어 있다.

영향은 **인플루엔자**—별의 질병이다.

만일에 영향이 건강이라면 누가 시를 쓸 수 있겠는가? 건강은 정태성이다.

정신분열은 나쁜 시인데 이는 정신분열자가 도착적이고 의지적인 오류의 힘을 상실했기 때문이다.

시는 따라서 수축이자 팽창이다. 왜냐하면 모든 수정률은 수축운동이지만, 창작은 팽창운동이기 때문이다. 좋은 시는 수정운동(수축)과 신선한 원심운동의 변증법이다.

우리 시대 최고의 비평가는 엠프슨과 윌슨 나이트[1]인데 그 이유는 그들이 다른 사람들보다 더 대조적으로 오역했기 때문이다.

---

1) 조지 리처드 윌슨 나이트 George Richard Wilson Knight(1897~1985)는 현대 영국 문학 비평가이다.

시의 의미는 또 다른 시일 뿐이라고 말할 때 우리는 일정한 범위의 시들을 의미할 수 있다.

    선구자 시나 시들.
    우리의 독해로서 우리가 쓰는 시.
    동일한 선구자의 경쟁 시, 아들 혹은 손자.
    결코 쓰인 적이 없는 시―다시 말해서―
    문제의 시인이 써야 했으나 쓰지 않은 시.
    이런 것들이 일정하게 조합된 혼합 시.

시는 자신의 우선권을 결여하고 있음에 대한 시인의 우울함이다. 자신을 낳는 데 실패하는 것은 시의 원인이 될 수 없는데, 이는 시가 자유의 착각에서, 우선권이 가능하다는 인식에서 나오기 때문이다. 그러나 시는―창조 중의 마음과 달리―만들어진 것이고 그 자체로 성취된 불안이다.
  우리는 어떻게 불안을 이해하는가? 바로 스스로 불안해짐으로써이다. 모든 심오한 독자는 어리석은 질문자이다. 그는 "누가 내 시를 썼는가?"라고 묻는다. 따라서 에머슨이 "모든 천재의 작품에서 우리는 우리 자신이 거부한 생각들을 인식한다―이 생각들은 어떤 소외된 위엄을 갖고 우리에게 되돌아온다"고 주장했던 것이다.
  비평은 심오한 동어반복의 담론, 자신이 의미하는 것이 옳다는 것을 알지만 자신이 말하는 것은 틀렸다는 것을 아는 유아론자의 담론이다. 비평은 시에서 시로 이어지는 숨은 길을 아는 예술이다.

제4장
악마화 혹은 반-숭고

이제 마침내 이 주제에 대한 최고의 진리는 말해지지 않은 상태이다. 아마 말해질 수 없을 것이다. 왜냐하면 우리가 말하는 모든 것은 이 직관에 대한 먼 기억이기 때문이다. 내가 지금 그것에 대해 가장 가깝게 말할 수 있는 생각은 다음과 같다. 선善이 당신 가까이에 있을 때나 당신이 자신 안에 생명을 갖고 있을 때, 그것은 알려지거나 습관화된 방식에 의한 것이 아니다. 당신은 다른 사람의 발자국을 찾지 못할 것이고, 사람의 얼굴을 보지 못할 것이며, 어떤 이름도 듣지 못할 것이다. 방법, 생각, 선은 전적으로 낯설고 새로울 것이다. 그것은 본보기와 경험을 배제할 것이다. 당신은 사람에게서 방법을 취하는 것이지 사람에게 방법을 주는 것이 아니다. 존재했던 모든 사람은 그것의 잊혀진 하인이다. 공포와 희망은 모두 그 밑에 있다. 심지어 희망 속에도 무엇인가 낮은 것이 존재한다. 비전의 시간에는 감사 혹은 적절히 즐거움이라고 부를 수 있는 어떤 것도 없다. 열정 위로 고양된 영혼은 정체성과 영원한 인과성을 보고 진리와 권리의 자기존재를 지각하며 모든 일이 잘되어간다는 것을 알고 자신을 달랜다. 거대한 자연의 공간, 대서양, 남태평양, 시간, 연도, 세기의 긴 휴식기는 별로 중요하지 않다. 이것이 나의 현재 그리고 삶과 죽음이라고 불리는 것의 기초가 되는 것처럼, 모든 삶과 상황의 모든 과거 상태의 기초가 된다고 나는 생각하고 느낀다.

― 에머슨, 「자립」

새로운 강한 시인은 자신 안에서 "에토스Ethos는 악마다" 그리고 "모든 것은 그를 통해서 만들어지고 만들어진 어느 것도 그 없이 만들어지지 않았다"라는 두 가지 진리를 화해시켜야 한다. 시를 선전하는 자들의 주장에도 불구하고 시는 억압에 대한 투쟁이 아니라 그 자체로 일종의 억압이다. 시는 심지어 릴케가 생각한 것처럼 현재에 대한 응답으로 생기는 것이 아니라, 다른 시들에 대한 응답으로 생겨난다. 릴케는 새로운 세계와 시대에 대한 시인의 비전에 대해서 "시대는 저항이다"라고 말했지만, "선구자 시들은 저항이다"라고 말하는 편이 더 좋았을 것이다. 왜냐하면 자유 혹은 새로운 시들은 릴케가 인식한 것보다 더 핵심적인 긴장에서 나오기 때문이다. 릴케에게 역사는 너무 일찍 태어난 사람들의 표시였지만, 강한 시인으로서 릴케는 예술이 너무 늦게 태어난 사람들의 표시라는 점을 스스로 알 수 없었을 것이다. 예술과 사회의 변증법이 아니라 예술과 예술의 변증법 혹은 랑크가 말한 예술에 대한 예술가의 투쟁이 대부분의 자신의 방해자보다 오래 살아남은 릴케조차도 지배했다. 왜냐하면 릴케에게 악마화의 수정률은 우리 시대 다른 어떤 시인에게서보다도 더 강했기 때문이다.

에머슨은 "악마들은 숨어 있고 말이 없다"고 생각했는데, 악마들은 에머슨 속 도처에 숨어 있고 아주 잘 들린다. 고대인들이 악마에 대해 말할 때, 그들은 또한 (드레이턴이 말한 것처럼) "신에게 근접한 위대한 마음을 지닌 자들"도 의미했다. "왜냐하면 천상의 몽마夢魔에게서 태어나는 것은 다름이 아니라 지상의 연약한 인간보다 훨씬 월등하고, 위대하고 막강한 정신을 갖는 것이기 때문이다."[1] 사람을 시인으로 만드는 힘은 악마적인데 이는 그것이 (악마daeomai의 어원적 의미인) 분배하고 분할하는 힘이기 때문이다. 그것은 우리의 운명을 배분하고 우리의 재능을 분할하며 우리에게서 뺏어가는 곳 어디에서나 보상한다. 이 분할은 질서를 가져오고, 지식을 부여하며, 아는 곳에서 혼란을 일으키고, 다른 질서를 창조하기 위해 무지無知로 축복한다. 악마들은 부숨으로써 만들지만("무도장의 대리석들은/ 혼잡의 격한 분노를 부순다."[2]), 그들이 가진 것 모두는 자신들의 목소리이며, 그것이 시인들이 갖고 있는 것 전부이기도 하다.

피치노[3]의 악마들은 혹성에서 목소리를 가져와 좋아하는 사람들에게 주기 위해 존재했다. 이 악마들은 '토성'에서 그 밑의 천재에게로 이동해서 가장 관대한 우울을 전달하는 영향이었다. 그러나 사실 강한 시인

---

1) 마이클 드레이턴Michael Drayton(1563~1631)은 최초로 호라티우스풍 송시ode를 쓴 영국 시인으로서 영국 역사상 유명한 연인들이 교환한 편지를 짝으로 묶은 『영국 영웅 서간집 Englands Heroical Epistles』(1597), 『서정시와 목가시Poems Lyric and Pastoral』(1606) 등의 시집을 남겼다. 인용된 부분은 드레이턴이 『영국 영웅 서간집』의 「서문」에서 '영웅적'인 것의 의미를 설명하는 부분이다.
2) 예이츠의 시 「비잔티움Byzantium」 제5연의 일부이다.
3) 마르칠리오 피치노Marcilio Ficino(1433~1499)는 이탈리아의 철학자, 인문주의자, 신학자로서 플라톤과 신플라톤주의를 부흥시켰다.

은 결코 악마에 '사로잡히지' 않는다. 그가 강해질 경우 다시 약해지지만 않는다면 아니 다시 약해질 때까지는 그는 악마가 되며 실제로 악마이다. 앵거스 플레처는 "사로잡힘은 전적인 동일시로 이끈다"고 말한다.[4] 선구자의 숭고에 반대하며 새로 강해진 시인은 악마화, 선구자가 상대적으로 약하다는 것을 암시하는 기능을 지닌 반-숭고를 겪는다. 이피브가 악마화될 때 그의 선구자는 반드시 인간화되며, 새 시인의 변모된 존재로부터 새로운 대서양의 물결이 밖으로 흘러나온다.

왜냐하면 독자 각각의 삶 역시 정말로 숭고한 알레고리가 아니라면, 한 강한 시인의 숭고는 독자의 숭고가 될 수 없기 때문이다. 반-숭고는 능력을 증명하는 상상력에 대한 한계로 나타나지 않는다. 이런 황홀경에서 빛을 잃거나 용해되는 유일한 가시적 대상은 선구자의 거대한 이미지이며, 마음은 자신에게 의지하게 되어 아주 행복하다. 버크의 숭고[5]는 독자의 숭고인데, 이는 마틴 프라이스Martin Price가 "자기보존의 반反스트레스"라고 부른 것이 동반되는 즐거운 공포이다. 버크의 독자는 자신이 묘사에 거부한 것을 공감에게 양도한다. 그는 가장 불명확한 윤곽만을 볼 필요가 있다. 악마회에서 키진 시적 의식이 명확한 윤곽을 보고 공감에게 지나치게 양도했던 것을 다시 묘사에게 양도한다. 그러나 이 '묘사'는 수정률이고 악마적인 비전인데 이 비전에서 위대한 독창자는 위대하게 남아 있지만 자신의 독창성을 상실하고 그 독창성을 신성의 세계, 즉 악마적 대행자의 영역에 양도한다. 그리고 그의 광채는 이제 이 영역으로 환원된다. 이 세계는 그의 광채가 이제 환원되는 악마적

---

4) 『알레고리』에서 인용.
5) 에드먼드 버크Edmund Burke(1729~1797)는 영국의 정치가, 작가, 철학자였고, 1757년 『숭고와 미의 개념의 기원에 대한 철학적 탐구A Philosophical Enquiry into the Origin of Our Ideas of the Sublime and Beautiful』를 출판했다.

대행자의 영역이다. 악마화 혹은 반-숭고는 자존심과 자존심 간의 전쟁이며 새로움의 힘이 잠시 승리한다.

오류의 이론가로서 나는 부정신학에 의존하지 않으면서 상태 그 자체로서의 반-숭고를 발전시키기 위해 할 수 있다면 여기에서 멈추고 싶다. 그러나 신성이 개입하지 않는 악마화는 없으며, 이 수정률에 대한 어떤 설명도 거룩함의 개념을 배제할 수 없다. 모든 강한 시인은 블레이크와 휘트먼처럼 살아 있는 모든 것이 거룩하다고 말하고 싶겠지만, 블레이크와 휘트먼은 너무 완벽히 **악마화되어서** 더 이상 대표적이지 않다. 대부분의 경우에 신성이 빛나는 데에는 배경이 있다. 빛남이 우리를 예언의 모든 슬픔으로 되돌려 보내는 반면, 이 배경은 시인들 자신에 의해 비워지거나 낯설어진 공허이다.

이피브는 자신의 선구자의 무서운 에너지가 전적으로 타자이면서 동시에 사로잡는 힘이라는 것을 이해할 때 최초로 예언을 배운다. 초기 단계에는 예언이라기보다는 추측의 재능인 것처럼 보이는 이 이해력은 의지와는 독립된 것이지만 전적으로 의식적이다. 자신이 진정 자신이 되었는가에 대한 깊은 불안이 있을 때에는 자신이 이미 성취한 영광을 예언하는 것이 애매한 축복이 된다. 그러나 영광에 대한 이런 느낌은, 삶에 대한 과오로 증명된다면, 여기에서 상상력의 완전한 인간성을 부정함으로써 상상력을 성취해야 하는 시인으로서의 시인에게는 필수적이다. 니체의 뛰어난 재치는 적절하다.

만일 그가 하는 모든 일에서 인간의 최종적인 무목적성을 생각한다면, 그가 보기에 자신의 행위는 낭비의 성격을 띠게 된다. 그러나 우리가 자연의 꽃 한 송이가 낭비되는 것을 보는 것만큼이나 자기 자신이 (개인으로서뿐 아니라) 인류로서 낭비된다고 느끼는 것은 다른 모든 것을 압도하는 느낌이다. 그러나 누가 그럴 능력이 있단 말인가? 분명 오직 시인만이 시인들만이 항상 스스로를 위로하는 방법을 알고 있다.[6]

어떤 이피브도 죽음본능에 잠시라도 굴복할 수 없기 때문에 선구자를 부정하는 것은 결코 가능하지 않다. 왜냐하면 시적 예언은 글자 그대로 불멸성을 의도하며 시는 가능한 죽음의 회피로 정의될 수 있기 때문이다. 부정을 통과하는 인간의 방법은 원초적인 행위이며 억압의 행위인데, 이 행위에서 인간은 계속 욕망하고 목적을 지니게 되지만 마음속으로 욕망이나 목적을 계속 즐기지는 않는다. "부정은 억압의 여러 결과 중 하나, 즉 관건이 되는 이미지의 주제가 의식에 진입할 수 없다는 사실을 취소하는 데 도움을 줄 뿐이다. 비록 본질적으로 억압은 지속되지만, 결과는 억압된 것에 대한 일종의 지적인 수용이다."[7] 이 프로이트의 공식은 악마화를 정면으로 뒤집은 것이고, 어떤 강한 시인도 스스로 받아들일 수 없는 또 다른 한계를 표시한다.

이피브를 강한 시인으로 만드는 '악마적인 것'은 정확히 무엇인가? 부정하려고 하지 않는 의식은 현실 원칙과 함께 살 수 없다. 그러나 죽음의 필연성은 영원히 피할 수 없고, 억압된 것이 아무리 강하게 귀환한다고 하더라도 인간은 억압 없이는 인간일 수 없다. 시인들은 일순간 자신들이 해방적 신이라고 느끼더라도 "대가 없이 얻을 수 있는 것은 없다"는 에머슨의 보상의 원칙을 느낀다. 정신이 무엇이든 간에 정신의

---

6) 니체의 『인간적인 너무도 인간적인Menschliches, Allzumenschliches(Human All Too Human)』 제1장 제33문단.
7) 지크문트 프로이트는 1925년의 논문 「부정 Verneinung」에서 부정이 본능의 한 부분에 대한 억압을 취소할 뿐이라고 말한다. 본능은 표상idea과 정동affect으로 나타내지는데, 부정의 결과 본능의 표상은 억압이 취소되어 의식에 진입하므로, 그 본능의 내용에 대한 지적인 수용이 이루어지지만 정동, 즉 본능의 감정은 여전히 억압되어 있으므로 억압은 지속되는 것이다.

다형적인 도착성은 있을 수 없고, 회피한 억압은 또 다른 억압을 낳을 뿐이다. 시인들 내면의 '악마적인 것'은 영향에 대한 불안과 구별할 수 없는데, 애석하게도 이것은 진정한 동일성이지 유사성이 아니다. 독자가 숭고에 대해 그리고 숭고 속에서 느끼는 공포에는 모든 계몽주의 이후의 강한 시인이 반-숭고에 대해 그리고 반-숭고 속에서 느끼는 불안이 상응한다.

(항상 반-숭고인) 미국적 숭고의 최고 예언자인 에머슨은 결국 여전히 우리의 세계인 죽음의 우주가 있다고 우리가 슬프게 중얼거리는 것에 대해 매우 멋지게 항변한다. 예를 들면 "……당신이 세계라고 부르는 모든 것은 당신이라는 실체의 그림자이고, 의존적인 사유력과 당신의 의지로부터 독립된 사유력의 영원한 창조물이다…… 당신은 내가 내 환경의 아이라고 생각하지만, 내가 내 환경을 만든다."[8] 오류의 학생은 애정 어린 존경심으로 "당신은 그렇게 하지요, 하지만 그 환경이 선구자들의 살아 있는 원주에 의해 둘러싸인 시인의 입장이라면, 당신 실체의 그림자는 더 큰 그림자와 만나서 섞이는 거죠"라고 대답할 것이다. 여기에서 에머슨에 대조하여 영국인 특유의 균형된 자세를 지닌 셸리를 인용할 수 있다.

……한 위대한 시인은 다른 시인이 연구해야 할 뿐 아니라 반드시 연구해야 하는 자연의 걸작이다. 그가 위대한 동시대인의 글에 존재하는 아름다움을 자신의 명상에서 제외하려고 결심하는 것은 자신의 마음이 더 이상 보이는 우주의 모든 아름다운 것들의 거울이 되지 말아야 한다고 결심하는 것만큼 현명하고 쉬울 것이다. 가장 위대한 시인이 아니고서는 주

---

8) 에머슨의 1842년 에세이 「초절주의자 The Transcendentalist」의 일부.

제넘게 그렇게 하는 척하지 않는다. 그 위대한 시인에게서조차도 그 결과는 인위적이고 부자연스러우며 비효과적이다. 시인은 다른 사람들의 성격을 변화시키는 내적 힘과 이런 힘을 자극하고 유지하는 외적 영향이 혼합된 산물이다. 그는 이중 어느 하나가 아니라 둘 다이다. 이런 점에서 모든 사람의 마음은 자연과 예술의 모든 대상에 의해, 그가 자신의 의식에 작용하도록 허락한 모든 말과 암시에 의해 변화된다. 마음은 모든 형상이 반영되고 그 형상들이 하나의 형상을 구성하는 거울이다. 시인은 철학자, 화가, 조각가, 음악가와 마찬가지로 어떤 의미에서는 창조자이면서 다른 의미에서는 자기 시대의 창조물이다. 가장 고매한 자도 이런 종속에서 벗어날 수 없다.[9]

셸리가 알고 있었듯이 그는 (다른 어떤 사람만큼이나, 심지어 루소만큼) 시대정신을 창조했던 선구자에 종속되었다. 셸리는 「얼래스터」[10]를 쓴 이후부터 워즈워스에 맞서서 일종의 탐구적 비상飛上, 상승 동작에 의해 강한 시인이 되었는데, 그럼에도 불구하고 이 상승 동작에서 정신은 밖과 밑으로 던져지기도 했다. 셸리의 악마화는 이 상승적인 추락이며, 우리는 다른 어떤 시인(심지어 릴케)보다도 더 셸리가 천사들, 즉 그의 총체성 추구의 악마적 동반자들 사이에 있는 것을 보게 된다.

폴 드 만은 빈스방거를 설명하면서 "상승적 추락으로 부를 수 있는 것의 상상적 가능성" 그리고 그 결과적 하락, "그런 비상의 순간에 뒤따르는 추락과 절망의 가능성"[11] 혹은 내가 대체로 케노시스라고 부른 것에 대해 말한다. 폴 드 만은 빈스방거적 '과도함'(혹은 제이콥 니들먼

---

9) 셸리의 시극 『프로메테우스의 해방』, 「서문」의 일부.
10) 셸리의 1815년 시 「얼래스터 혹은 고독의 영혼 Alastor or the Spirit of Solitude」을 의미한다.
11) 폴 드 만의 『맹목과 통찰』에서 인용.

Jacob Needleman이 이 '한계를 넘어서 방황하는'이라는 어원적 의미에 의존해서 재치 있게 번역했듯이 '초과')을 명확한 상상적 위험이라고 말하지만, 우리는 상승적 추락을 과정으로, 그리고 초과를 그 뒤에 이어지는 상태로 구별할 수 있다. 선구자의 힘에 참여하는 황홀한 영광에 의해 던져진 이피브는 공중에 뜨는 것처럼 (스스로에게) 나타나는데, 이는 '인류학적 의미에서 높이와 넓이 간 관계의 실패'인 초과로 고양된 고지대에 그를 버려두는 영감의 경험이다. 이는 극단적인 인간 존재이고, 시인 특유의 우울함이며, 빈스방거는 이상하게도 입센의 솔네스가 이 우울함을 보여준다고 생각한다. 그러나 솔네스는 이런 커다란 불균형의 개념에 적합해 보이지 않는다. 빈스방거는 다시 돌아가기에는 절벽으로 너무 멀리 간 산악인처럼 초과에서 구원되는 것은 오로지 '외부의 도움'으로만 가능하다고 말하는데 그가 요약적으로 했던 이 말을 역으로 읽으면 유용하다. 시인으로서의 강한 시인은 정의상 '외부의 도움' 너머에 있으며, 순수하게 시인으로서 그는 외부의 도움으로 파괴될 것이라는 데 동의하자. 빈스방거가 병리적으로 보는 것은 단순히 성취된 시인의 도착적 건강 혹은 그가 획득한 숭고일 뿐이다.

인간 동작의 중요성에 대한 놀라운 글에서 반 덴 베르크는 그런 중요성을 낳는 세 가지 영역을 발견하는데 이는 **경치, 내적 자아, 그리고 다른 사람의 눈길**이다. 만일 우리가 사람의 몸가짐과 몸짓에 대해 말하는 것처럼 시의 몸가짐과 몸짓이라는 의미에서의 시적 동작의 중요성을 찾는다면, 이는 소외, 유아론, 선구자의 상상된 눈길이 될 것이다. 이피브는 선구자의 경치를 전유하기 위해서 그것을 자신으로부터 소외시켜야 한다. 선구자의 자아보다 더 내적인 자아를 얻기 위해서 이피브는 반드시 더 유아론적이 되어야 한다. 선구자의 상상된 눈길을 피하기 위해서 이피브는 그 눈길의 시야를 제한하려고 하는데, 이는 그 눈길을 도착적으로 더 확대시켜 그 눈길을 거의 피할 수 없게 된다. 어린아이가 부모가 사방에서 자신을 볼 수 있다고 믿는 것처럼, 이피브는 자신의 모든 동작을 관찰하는 마법적인 눈길을 느낀다. 욕망의 대상이 되는 눈길은 우호적이거나 사랑스럽지만, 두려움의 대상이 되는 눈길은 나무라든지 아니면 이피브가 최고의 사랑을 받을 자격이 없게 만들고 그를 시의 영역에서 소외시킨다. 말없는 경치 속을 혹은 선구자에게보다는 더 적고 덜 절박하게 말하는 사물들로 이루어진 경치 속을 움직이면서, 이피브는 내적인 면이 증가하는 것의 대가, 즉 외연적인 모든 것으로부터 더 분리되는 것을 안다. 선구자가 자신에게 모든 사물이 말했다는 느낌을 가졌던 것에 비하면 이는 세계와의 상호성을 상실하는 것이다.

악마화의 공격은 반-숭고, 혹은 마르쿠제[12]나 브라운[13] 같은 프로이트 이후의 생기론자들이 프로이트가 억압된 것의 귀환이라고 부른 것에 대해 말할 때 분명히 의미하고자 했던 것을 향한다. 모든 강한 시인처럼 셸리도 (인간으로서는 아니더라도 시인으로서) 이보다 더 잘 알고 있었고, 억압된 것은 적어도 시에서는 귀환하지 않는다는 것을 이제 다른 시인보다 더 잘 보여준다. 왜냐하면 모든 반-숭고는 신선한 그리고 선구자의 숭고보다 더 위대한 억압을 통해 얻어지기 때문이다. 악마화는 선구자의 힘을 자신의 원칙보다 더 큰 원칙으로 확대하려고 시도하지만, 실제로는 아들을 더 악마적으로, 선구자를 더 인간적으로 만든다. 계몽주의 이후 시적 역사의 암울한 진실은 우리의 인간적인 취향에 너

---

12) 헤르베르트 마르쿠제 Herbert Marcuse(1898~1979)는 프랑크푸르트 학파의 독일 철학자요 이론가였고, 대표 저서로 『에로스와 문명 Eros and Civilization』(1955), 『일차원적 인간 One-Dimensional Man』(1964), 『미적 차원 The Aesthetic Dimension』(1977) 등이 있다.

13) 노먼 브라운 Norman Oliver Brown(1913~2002)은 미국의 고전 인문학자 겸 정신분석학자였고, 대표작으로 1959년에 출판한 『죽음에 맞선 삶: 역사의 정신분석학적 의미 Life Against Death: The Psychoanalytic Meaning of History』가 있다.

무 역겨우며, 니체의 모든 변증법적 풍요도 우리가 학계의 사회적 선을 위해 회피하는 진실을 은폐하는 데 성공하지는 못했다. 우리 각자 내부의 악마는 후발자이고, 눈먼 오이디푸스는 인간적이며, 삶을 아는 총체적 통일은, 그 삶이 미적 영역에 전적으로 희생 제물로 바쳐진다고 하더라도, 미적 현상으로 정당화될 수 없다. 니체가 알고 있었겠지만 그는 자신의 어두운 선구자를 직접적으로 부정함으로써 극복하려고 시도하는 『비극의 탄생』에서조차 자신이 아니라 쇼펜하우어가 진리를 대면하는 명예를 얻는다. 쇼펜하우어[14]의 서정시 묘사에서 서정시가 결코 완전히 실현되지 못한 예술로 제시되고 있다는 것을 누가 모르겠냐고 니체는 말한다. 쇼펜하우어에게 진정한 노래는 단순한 의지와 순수한 명상 사이에서 분열되고 혼합된 마음의 상태를 보여준다. 악마적 아들로서 니체는 자신의 이기적인 목적을 추구하려고 애쓰는 개인은 예술의 적일 뿐 예술의 원천이 아니라고 웅변적으로 항변한다. 니체에게 인간은 개인 의지에서 자유롭고 "진정한 주체가 가상假想 속에서 진정한 주체 자신의 구원을 자축하는 매개체가 되었을 때"에만 예술가이다.[15] 아름다운 인간성을 지닌 프로이트는 이런 높은 수준의 관념론에서 초기 니체를 따랐지만, 시간이 지남에 따라 쇼펜하우어가 더 지혜로웠다는 것이 드러났다. 왜냐하면 참된 주체란 억압 이외에 무엇이란 말인가? 자아는 예술의 적이 아니라 예술의 슬픈 형제이다. 예술의 참된 주체는 예술의 위대한 적수, 즉 이드 속에 숨은 무서운 거룹이다. 왜냐하면 이드는 구원받을 수 없는 거대한 환영이기 때문이다. 니체가 훌륭히 예시

---

14) 아르투어 쇼펜하우어 Arthur Schopenhauer(1788~1860)는 인간은 부조리한 세계에서 고통과 욕구에 시달리면서 살아야 한다고 주장한 독일의 염세주의 철학자로서 대표 저서로는 『의지와 표상으로서의 세계 Die Welt als Wille und Vorstellung(The World as Will and Idea)』(1819)를 남겼다.
15) 『비극의 탄생』의 일부.

하듯이, 예술의 원죄는 거짓 혀가 자연 밑에서 자라는 것이고, 이보다 덜 블레이크적인 말을 사용하면, 어느 예술가도 **예술가로서 자신의 기원**을 용서할 수 없다.

억압에 대한 프로이트의 관점은 망각이 결코 해방 과정이 아니라는 점을 강조하는 것이다. 모든 망각된 선구자는 상상력의 거인이 된다. 전적인 억압은 건강한 상태이겠지만 오로지 신만이 그럴 수 있다. 모든 시인은 에머슨의 해방적 신이 되기를 욕망하고 모든 시인은 점점 더 그렇게 되는 데 실패한다. 기독교적 관점에서 모든 죄는 우리의 고차원적 본성 혹은 도덕적 유산을 억압하는 데에서 생긴다. 프로이트적 관점에서 우리의 죄는 본능의 억압, 즉 저차원적 본성을 방해하는 데에서 유래한다. 시적인 관점에서 죄는 도덕과 본성이 만나 서로를 포괄하는 지대인 우리의 중간적 본성에서 나온다. 선구자를 비개성화하는 수정률로 출발하는 **악마화**는 이피브의 중간 지대 혹은 평범한 인간성 전부를 선구자에게 양보하는 의심스런 승리로 끝난다. 선구자와의 관계에서, 후발자 시인은 도덕적이면서도 본능적인 신선한 억압으로 자신을 강요한다. 밀턴 이후 영시의 광적인 여섯 중 하나는 밀딘이 그의 사손 중 가장 위대한 시인들 중에서 블레이크, 워즈워스, 셸리 혹은 심지어 키츠와 비교했을 때 도덕적이고 본능적인 죄에서 더 자유로워 보인다(아마도 더 자유로웠다)는 것이다.

셸리가 '암시' 송시[16]를 자신의 「지적 아름다움에 대한 찬가 Hymn to Intellectual Beauty」로 다시 썼을 때, 그는 자신의 기묘하게도 강인하고 기민한 정신으로도 감당하기 어려울 만큼 강렬한 프로그램으로 그에게 도덕적이고 본능적인 부담을 준 악마화를 겪었다. 선구자 시들을 너무

---

16) 워즈워스의 「불멸의 암시에 대한 송시」를 의미한다.

명백히 다시 쓰는 강한 시들은 개종시가 되는 경향이 있고, 개종은 개종자가 아폴로에서 디오니소스로 혹은 거꾸로 바뀔 때에도 미적 현상이 아니다. 여기에서는 니체가 자신의 핵심적인 통찰을 놀랍게 파괴하는 것 중 하나를 기억하는 것이 도움이 된다.

존재의 모든 일상적 장벽을 정지시키는 디오니소스적 상태의 황홀이 지속될 때, 그것은 개인이 경험한 모든 것이 익사하는 망각의 강과 같은 요소를 동반한다. 이 망각의 심연은 디오니소스적 현실에서 일상 현실을 분리한다. 그러나 그 일상 현실이 의식에 들어오자마자, 그것은 다시 혐오스럽게 보이며 그 결과는 금욕적이고 무위적인 마음의 상태이다.[17]

이런 견해에 따르면 모든 유입은 상실이고 황홀의 대가는 미적 영역이 수용할 수 없는 혐오감이다. 휘트먼은 신의 이름을 짓는 것에서부터 어떤 이름을 짓기도 방해하는 혐오감으로 넘어간다.

오 좌절하고, 실패하고, 땅바닥까지 구부러졌다.
이제 내게 메아리쳐 되돌아오는 내가 지걸여댔던 말들 가운데
내가 누구고 무엇인지 조금도 한 번도 알지 못했던 것을 이제 깨달아
나는 내가 감히 입을 열었던 것이 스스로 괴롭다.
그러나 내 모든 오만한 시들 앞에서 실제의 나는 여전히 서 있다.
닿지 않고, 말해지지 않고, 전혀 미치지 못한 채로······[18]

만일 우리가 전통이 "개인의 정신생활에서 억압된 재료와 같다"는 프

---

17) 『비극의 탄생』의 일부.
18) 월트 휘트먼의 「내가 생명의 바다와 함께 썰물처럼 빠져나갈 때」의 두번째 부분.

로이트의 생각에서 다시 시작한다면, 악마화의 기능은 선구자 자신의 용감한 개성 때문에 스스로 흡수될 수 있는 것보다 선구자를 전통으로 더 철저히 흡수함으로써 응당 억압을 증가시키는 것이다. 니체는 오이디푸스가 "현재와 미래의 주문, 개성의 엄격한 법"을 깨기 때문에 오이디푸스를 디오니소스적 지혜의 또 다른 예시자로 찬양하지만, 여기에서 니체적인 아이러니는 아마도 가장 변증법적일 것이다. 과거와 씨름하고 과거를 악마화하는 이피브는 볼 수 있었던 예언자 오이디푸스가 아니라 계시로 어두워진 눈먼 오이디푸스이다. 아버지들의 모든 신화화와 마찬가지로 악마화는 비인간화라는 높은 대가를 치르고 자아로부터 물러남으로써 얻은 개성화의 동작이다. 어떤 숭고함이 자아에 대한 폭력을 보상할 수 있단 말인가?

눈먼 오이디푸스는 불구의 대장장이 신 벌컨이나, 토르, 혹은 우르토나[19]와 동등한데, 이는 눈멀게 하거나 불구가 되게 하는 것이 상상력을 완전히 해치기 직전에 멈춘 거세 동작이기 때문이다. 수정률로서의 악마화는 힘을 상실하는 척함으로써 지식을 사려고 의도했지만 대개는 만드는 힘을 정말로 상실하는 결과를 가져오는 자기기불구의 행위이다. 그것은 선구자가 어렵게 얻은 승리를 악마적 세계에 되돌려줌으로써 선구자의 인간적인 영광을 축소하는 거짓된 디오니소스적 제스처이다. 니체는 "매순간 신이 스스로 겪는 긴장을 성공적으로 해소한 것으로, 또한 가상假想에서만 구원이 가능한 위대한 고통받는 자가 투사한 영원히 새로운 비전으로 나타나는" 세계에 대한 청년 시절 자신의 비전을 거부했을 때 『비극의 탄생』을 비판적으로 되돌아보면서 그렇게 말했다.[20]

---

19) 벌컨Vulcan은 로마 신화에서 불과 대장장이 신이며, 토르Thor는 북유럽 다신론에서 천둥, 전쟁, 농업을 주관하는 뇌신雷神이고, 우르토나Urthona는 블레이크의 신화에서 원초적 인간인 알비온이 분열된 네 개의 조아Zoa 중 영감과 창조성의 조아로 대장장이 신이다.

프로이트는 오이디푸스 콤플렉스를 성격 발달에서 합리성을 가장한 검열자로서의 초자아에 의해 대체될 하나의 단계에 불과한 것이라는 인간적인 견해를 보였다. 그러나 어떤 시인으로서의 시인도 그런 발달 과정을 마치고도 여전히 시인으로 남지는 않는다. 상상력에서 오이디푸스적 단계는 이드를 풍성하게 하면서도 더 초기 단계로 만들기 위해 뒤로 발달한다. 악마화의 공식은 "나의 시적인 아버지의 나가 있었던 곳에 그것이 있게 될 것이다." 혹은 "그곳에 나의 나가 그것과 더 밀접히 혼합되어 있다"이다. 이는 향수鄕愁 연구, 그렇게 많은 영광스럽게 소외된 감정들을 원시화하는 꿈의 연구로서의 낭만주의이다. 악마화하는 것은 열정적인 모든 것이 양가적이 되는 그런 정신 조직화의 전前 단계에 도달하는 것이지만, 시를 가능하게 만드는 차이와 지나간 모든 것을 기형으로 만드는 시적 생존 가치에 전적으로 초점을 맞춘 이중 의식의 의도된 도착성을 지니고 그 단계에 도달하는 것이다.

내가 악마화라고 부르는 것보다 자발적 공격에서 더 먼 것은 없지만, 악마화와 자발적 공격 모두 의심쩍게 보인다. 그렇게 많은 승리의 노래는 주의 깊게 읽으면 분리의 의례로 나타나기 시작해서, 주의 깊은 독자는 정말로 강한 시인에게 자아와 자아의 가장 강한 선구자를 넘어서는 적대자가 있는지 의아해할지 모른다. 다음에서 콜린스는 두려움을 환기하지만, 사실 그가 자신과 존 밀턴을 제외하고 무엇을 두려워해야 한단 말인가?

공상이 사이에 있는 베일을 들어 올리는 동안

---

20) 니체의 『비극의 탄생』 재판 「서문」으로 추가된 「자기비판의 시도 Versuch einer Solbstkritik(An Attempt at Self-Criticism)」에서 인용.

모든 그림자 같은 형상을 지닌
알려지지 않은 세계가 보이고,
두려워하며 비현실적인 광경을 보는 그대여,
아 두려움이여! 아 광적인 두려움이여!
나는 보노라, 그대를 가까이에서 보노라
......
......

그대의 흐린 베일에 싸여, 근친상간의 여왕은
아들과 남편이 들은 그 슬픈 외침을 한숨지었노라
혼자가 되어 그 외침이 침묵의 광경을 깼을 때
테베의 비참한 자는 더 이상 나타나지 않았노라.
......
......

암흑의 힘이여, 전율하고 온유하며 복종된 생각과 함께,
내 것이 되어 그대의 일깨우는 음유시인들이 말했던
오래된 비전을 읽게 하라
그리고 그대가 내 파멸된 전망을 만나지 않도록
경건하게 참된 모든 이상한 이야기를 간직하라.[21]

여기에서 두려움은 (플레처가 지적하듯이) 콜린스 자신의 악마, 즉 그를 과도함의 상승적 추락으로 오라 손짓하는, 시보다 더한 광기이다. 악마적인 것과 대면한 콜린스는 그것, 즉 이드만이 거주할 수 있는 밀턴의 해로운 아름다움을 찾고 선구자를 악마화하기 위해 밀턴의 「펜세로

---

21) 윌리엄 콜린스의 「두려움에 대한 송시 Ode to Fear」.

소」²²⁾의 언어와 리듬을 사용하면서, 예언자 오이디푸스와 눈먼 오이디푸스 사이에서 동요한다. 그러나 콜린스가 얼마나 비싼 값을 치르고 이 불명확한 황홀, 이 흐린 숭고를 사는가! 왜냐하면 그의 시는 자신의 인간성을 깊이 억압한 것과 동일하며, 우리가 그의 모든 재능과 함께 그를 존슨 박사의 말대로 '불쌍한 콜린스'로 항상 기억하게 만들도록 그의 운명의 무서운 비애감을 정확히 예언하기 때문이다.

우리가 감수성의 시인들의 광기 혹은 '위험한 균형'이라고 불렀던 것의 대부분은 단지 그들이 이 위험한 방어, 즉 악마화의 수정률을 행사한 것이다. 감수성의 자연사自然史는 밀턴 이후라는 사실에 대해 매우 자의식적인 시의 자발적인 오류로 환원한다. 18세기 중반 숭고의 상당 부분이 이 영향에 대한 불안에 포함되어 있어서 우리는 부활한 숭고가, 마치 적은 것이 많은 것이 될 수 있는 것처럼, 계속된 퇴행성과 자기기만을 통해, 억압을 상실의 도착적 찬양과 혼합한 것 이상인 적이 있었는지 의아해해야 한다. 그러나 우리의 지식이 축적됨에 따라 톰슨, 콜린스, 쿠퍼의 숭고한 황홀보다 더 많은 것이 위험에 처하게 된다. 블레이크의 반-숭고와 워즈워스의 반-숭고는 어떤가? 낭만적 비전의 최후의 단계인 모든 엑스터시스가 상상력의 역사에서 과거에는 필적할 수 없었던 억압의 강도에 불과하단 말인가? 낭만주의는 결국 계몽주의가 시드는 것이고, 낭만주의의 예언시는 환영적 치유, 즉 구원적인 허구라기보다는 본능적 존재와 모든 도덕성 사이의 중간지대를 점하는 어려운 인간적 노력에 대한 무의식적 거짓말에 불과하단 말인가?

만일 이런 질문들에 대한 대답이 있다면 그것은 질문들 자체만큼 혹은 실용적 악의로서 그런 모든 질문을 조용히 계획하는 우리 내부의 어

---

22) 즐거움을 나타내는 밀턴의 시 「알레그로L'Allegro」와 반대로 우울함을 나타내는 밀턴의 시 「펜세로소Il Penseroso」를 말한다.

리석은 질문자만큼 변증법적일 것이다. '위대한 암흑의 공포가 그에게 닥쳤을' 때의 우리 조상 아브라함의 비전과 가장 날카로운 감수성의 시인이 이 비전을 불가피하게 이해했던 바를 기억하는 것이 좋겠다. "해가 져서 캄캄해지자, 연기 뿜는 가마가 나타나고 활활 타는 횃불이 쪼개놓은 짐승들 사이로 지나가는 것이었다."[23] 어둠 속에서 크리스토퍼 스마트는 "아브라함의 비전에 따르면 그 용광로 자체가 최후에 나타날 것"이라고 먼저 외치고는 보호자 거룹의 억압성에 화가 나 좀더 기도적인 예언을 덧붙였다. "'그림자'는 하느님의 아름다운 말씀이고, 이 말씀은 용광로가 나타나기 전까지 되돌려줄 수 없다."[24]

---

23) 「창세기」 제15장 제17절에서 야훼 하느님이 아브라함과 계약을 맺을 때 계약의 표시로 나타난 현상이다.
24) 크리스토퍼 스마트가 1758~1763년에 정신병원에서 쓴 종교시 「주빌라테 아그노 Jubilate Agno」의 일부이다. 주빌라테 아그노는 예수를 나타내는 어린 양에게서 기뻐하라는 뜻이다.

제5장

아스케시스 혹은 정화와 유아론

하늘은 이 낮은 세계에 빛과 영향을 주고, 세계는 축복받은 빛에 보상할 수 없지만 그 빛을 반사한다. 그렇게 인간은 신에게 돌아가지만 보답하지는 못한다.[1]

— 콜리지

---

[1] 콜리지의 『문학적 유고 Literary Remains』 제1권 제6부의 일부.

모든 강한 시인 속의 프로메테우스는 선구자 시인 속에 포함된 만큼의 어린 디오니소스를 잡아먹는 죄를 유발한다. 후발자에게 오르페우스교는 영향에 대한 불안에 대해 가장 참된 방어이지만 시적 자아에는 가장 해로운 승화의 다양한 형태로 환원한다. 따라서 니체는 소크라테스에게서 승화의 최초의 내가를 내칭 어린 마음으로 인식하고, 또한 소크라테스에서 비극의 파괴자를 발견했다. 니체가 프로이트를 읽을 수 있을 만큼 오래 살았다면, 삶과 예술의 도달할 수 없는 대조적인 만족에 대한 합리적 대체물의 1차적 비전을 되살리려고 도래한 또 다른 소크라테스를 프로이트에게서 보았을 것이다.

성적 본능의 승화가 시의 생성에 중심적인 역할을 하는지의 여부는 시를 읽는 것과 무관하며 오류의 변증법에서도 아무런 역할을 하지 못한다. 그러나 공격 본능의 승화는 시를 쓰고 읽는 데 핵심적이며, 시적 오류의 전 과정과 거의 동일하다. 시적 승화는 가까운 목표로서의 고독의 상태를 의도하는 정화의 방법인 아스케시스이다. 개인화된 반-숭고의 새로운 억압력에 도취한 강한 시인은 악마적으로 고양되어 자신에게 에너지를 쏟을 힘을 갖게 되고, 무서운 대가를 치르며 막강한 죽은 자와의 씨름에서 명백한 승리를 성취한다.

창시자[2]의 정신에 충실한 페니헬은 승화의 찬란함에 거의 찬가를 부른다. 왜냐하면 프로이트의 관점에서 오직 승화만이 자신의 성적인 과거로부터 해방되어 생각하게 해주고, 오로지 승화만이 본능의 충동을 파괴하지 않으면서 그 충동을 수정할 수 있기 때문이다. 니체가 말했듯이, 특히 시인들은 시인들로서 오랜 좌절이나 금욕적 체념과 함께 존재할 능력이 없다. 그들이 즐거움을 받지 못했다면 어떻게 즐거움을 주겠는가? 그러나 '참된 주체'와 자신들의 '참된 자아'를 향한 그들의 길이 선구자의 주체와 자아를 통하지 않는다면, 어떻게 그들이 가장 심오한 즐거움, 즉 우선권의 황홀, 스스로를 낳는 황홀, 확실한 자율성의 황홀을 받을 수 있단 말인가?

키르케고르는 오르페우스를 아브라함과 부당하게 대조하면서 플라톤의 『향연 Symposium』을 따랐는데, 여기에서 시인 중의 시인은 승화 능력이 없다는 것을 의미하는 듯 보이는 유연함 때문에 비난받는다. 그리고 정말로 오르페우스를 금욕정신의 본보기로 인용하는 것은 이상하다. 하지만 시인들로서의 시인들 모두의 자연종교인 오르페우스교는 스스로를 아스케시스로 제시했다. 시간을 모든 사물의 기원으로 숭배한 오르페우스교도들은, 그럼에도 불구하고 타이탄들에게 잡아먹혔지만 세멜레[3]에게서 다시 태어난 디오니소스를 위해 자신들의 참된 신앙을 아껴두었었다. 이 신화에서 슬픈 점은 죄를 지은 타이탄들의 재에서 태어난 인간

---

2) 정신분석의 창시자인 프로이트를 뜻한다.
3) 세멜레 Semele는 그리스 신화에서 카드모스 Cadmos와 하르모니아 Harmonia의 딸로 제우스와의 사이에서 디오니소스를 낳는다.

이 자신의 내부에 사악한 프로메테우스주의와 선한 디오니소스적 요소를 지녔다는 사실이다. 모든 시적 황홀, 시인이 인간에게서 벗어나 신이 된다는 모든 느낌은, 어두운 윤회의 교리와 이에 동반되는 자신의 전신前身을 잡아먹는다는 두려움으로 시작하는 모든 시적 금욕주의가 그렇듯이, 이 혐오스런 신화로 환원된다.

자신의 수정적 입장의 정화를 거쳐 스스로 변신하는 이피브는 단순히 인간적이 된다는 분노와 궁지에서 벗어나기 위해 진흙과 곡식 속에서 뒹굴었던, 모든 오르페우스교의 열렬 신자의 직계 자손이다. 오르페우스교도에게 숙명은 반복강박의 희생물이 되어 하데스[4]에서 체로 물을 나르는 헛수고를 하는 것이었다. 서구 시인이 항상 느끼는 모든 가증스런 배타성은 궁극적으로는 오르페우스교에 기원을 두고 있지만, 핀다로스[5]에서부터 현재까지의 모든 시적 숭고 역시 그렇다. 시적 수난자 자신에게는 자신이 겪는 역겨움이 자신의 숭고성과 구별되지 않지만, 자신들의 신성보다 더 통렬한 향수鄕愁를 지닌 해방적 신들인 시인들만큼 대조적인 독자는 거의 없다. 니체는 시인들이 우리의 공통적인 프로메테우스적 죄를 공유하는 데보다 자신들의 디오니소스적 사기기만에 훨씬 더 열정적이라는 사실을 인식했다는 점에서 숙달된 심리학자이다.

(정신발생학 철학이 아닌) 창작 철학은 필연적으로 시인에게 중요한 유일한 죄, 즉 빚을 지는 죄에 대한 연구인 상상력의 계보학이다. 니체는 의지에 대한 그의 관심의 한복판에 있을지 모르는 이 죄에 대한 진정한 심리학자인데, 이 의지는 권력에 대한 의지라기보다는 힘이 아닌 그

---

4) 하데스Hades는 그리스 신화에서 죽은 자들이 사는 하계下界이다.
5) 핀다로스Pindaros(영어명 Pindar, B.C.518~438)는 그리스의 가장 위대한 서정 시인으로서, 에피니키온epinikion(피티아 제전, 올림피아 제전, 이스트미아 제전 및 네메아 제전에서 거둔 승리를 축하하는 합창용 송가)의 대가였다.

의 스승 쇼펜하우어가 추구하던 사심 없음을 추구하는, 그의 내부에서 생겨나는 반-의지이다. 니체는 사심 없음을 재평가했지만 여전히 그것에 시달렸다.

니체는 "기억의 기술보다 인간의 초기 역사에서 더 무서운 것은 없다"고 말했는데, 이는 그가 통찰력 있게 모든 기억의 창조를 끔찍한 고통과 연결시켰기 때문이다. (우리가 추측하기로 시적 전통을 포함한) 모든 관습은 "각 경우에 사용된 저항과 성공적인 반격의 결과뿐 아니라 방어나 반작용의 목적을 위해 시도된 변형을 포함한 일련의 전유 과정"이다. 『도덕의 계보』에서 양심의 가책이라는 질병은 필요한 것으로 그리고 마침내 인간이 신을 창조하는 과정에서의 한 단계로 진단된다. 우리의 상상적 기원에 대한 비코의 '엄격한 시'는 '살아 있는 사람들과 선조들의 관계'에 대한 니체의 무서운 비전과 비교하면 온화한 것이다. 조상들의 희생과 성취는 죽은 자들에게 보답할 필요가 있는 초기 사회의 생존을 위한 유일한 보장이다.

> 조상과 그의 힘에 대한 두려움과 채무 의식은 종족 자체의 힘이 커지고 종족이 더 성공하는 것에 정비례해서 커진다…… 우리는 가장 강력한 종족의 조상들이 상상력을 너무 두렵게 한 나머지 마침내 신비의 그림자 속으로 물러나는 상황에 도달한다. 예컨대 그 조상은 신이 되는 것이다.[6]

신비의 그림자에 대한 보답의 일부는 예술가들에게 "아무것도 아니거나 너무 많은 것"을 의미했던 금욕적 이상이라고 니체는 주장했다. 니체는 금욕적 이상에 대해 "대조적 이상"을 만들고는 "대조적 이상을 실

---

6) 니체의 『도덕의 계보』의 두번째 에세이 「죄와 양심의 가책」 중 일부.

행하는 대조적 의지를 우리는 어디에서 발견하는가?"라고 절박하게 물었다. 예이츠는 『달의 친절한 침묵을 통하여』[7] 이후 자신의 작품에서 이 질문에 대한 대답의 일부를 구현하고자 했고, 아마도 마침내 이상하게 전도된 금욕적 이상의 비전이 그의 『마지막 시와 희곡Last Poems and Plays』을 방해하기 전까지는, (불완전하긴 했지만) 니체 이후 다른 어느 예술가보다도 더 완전한 대답을 했을 것이다.

마치 핀다로스풍 송시가 로렌츠[8]가 묘사한 거위의 승리 찬가와 같은 부류인 것인 양, 가장 강할 때의 시를 우리의 본능적 공격성이 성공적으로 승화한 것으로 간주하는 것은 특히 유쾌하지 않다. 그러나 시인들이 자신들의 연옥이라고 부르는 것은 대체로 플라톤주의자, 기독교도, 니체주의자 혹은 프로이트주의자가 한 목소리로 일종의 승화 혹은 작동하는 자아방어라고 부를 만한 것이다. 승화에 대한 프로이트의 설명이 가장 온전하게 환원적이기 때문에, 우리는 이 설명을 따르는 것이 유리하다. 승화에서 방어기제는 수동에서 능동으로의 변화, 위험한 힘이나 충동을 직접 대면하기, 힘을 정반대의 것으로 전환하기 등 다양하다. 페니헬을 인용하면, "승화에서 본래의 충동이 사라지는데 이는 내제물에 리비도가 집중되기 위해 그 충동의 에너지가 철회되기 때문이다."[9] 리비도는 방해받지 않고 흐르지만 탈성화脫性化되며, 우리의 에너지와 욕망의 공격적 유입으로부터 파괴적 경향이 빠져나간다.

『자아와 이드』에서 프로이트는 승화가 동일시와 밀접히 연관된다고

---

[7] 예이츠의 1918년 작품 『달의 친절한 침묵을 통하여Per Amica Silentia Lunae』는 정신적 세계와 물리적 세계의 본질을 탐구하고, 이 두 세계 사이의 갈등에서 예술가가 창조성을 이끌어내는 역할을 다룬다.
[8] 콘라트 로렌츠Konrad Lorenz(1903~1989)는 오스트리아의 조류학자로서 특히 거위와 갈가마귀의 본능적 행동을 연구했다.
[9] 페니헬 『신경증의 정신분석이론』 제10장 「방어기제」의 '승화'의 일부.

추정했는데, 이 동일시 자체는 목적과 대상이 반대의 것으로 변형될 정도로 왜곡되는 것에 의존한다. 만일 우리가 이런 추정을 우리의 회피 유형학의 문맥으로 전환한다면, 승화는 아스케시스의 한 형태, 선구자와 이피브 둘 다의 창조의 원주를 좁히는 대가를 치르면서도 변형을 추구하는 자기축소가 된다. 시적 아스케시스 과정의 최종 산물은 초자아의 상상적인 상응물, 양심보다 더 가혹한 완전히 발달된 시적 의지, 강한 시인 각자의 유리즌, 그의 성숙하게 내면화된 공격성을 형성하는 것이다.

우리가 니체와 릴케의 연인으로 그리고 프로이트의 제자로 기억하는 루 안드레아스-잘로메[10]는, 승화가 실제로는 우리 자신의 자아실현이고 "세련화"라고 부르는 것이 좋다고 말했을 때, 그녀의 또 다른 유명한 연인인 우울한 타우스크[11]를 따른 것이다. 우리는 스스로를 세련화하면서 프로메테우스와 나르시스가 된다. 혹은 정말로 강한 시인만이 자신의 문화를 만들어가며 그 문화 속에서 자신의 중심적 위치에 대해 골몰히 사색하면서 프로메테우스와 나르시스가 되어간다. 모든 회피에 의한 창조, 모든 후발자의 창조는 희생에 의존하기 때문에 이러한 사색이 없다면 그는 희생해야 한다. 콘퍼드[12]는 『지식의 원리』에서 호기심에 넘쳐 이렇게 말했다. "헤시오도스[13]에서 인류는 희생과 최초로 관련되어 나

---

10) 루 안드레아스-잘로메Lous Andreas-Salomé(1861~1937)는 러시아 태생의 독일 정신분석가 겸 작가이다.
11) 빅토르 타우스크Viktor Tausk(1879~1919)는 프로이트의 제자 겸 동료로 정신병을 연구한 정신분석가 겸 신경학자였다.
12) 프랜시스 맥도널드 콘퍼드Francis Macdonald Cornford(1874~1943)는 영국 고전학자 겸 시인이었다. 그는 1952년 사후에 출판된『지식의 원리: 그리스 철학사상의 기원Principium Sapientiae: The Origins of Greek Philosophical Thought』에서 초기 그리스 철학의 근간이 된 종교 사회적 개념들을 연구했다.
13) 헤시오도스Hesiodos(영어명 Hesiod)는 기원전 700년경의 그리스 시인으로 그리스 교훈시의 아버지로 불린다. 현재 전해지는 그의 서사시는 우주의 탄생과 신들의 역사를 집대성한

타나는데, 이는 마치 바빌론의 교리에서와 같이 신에 대한 희생이 인간의 1차적 기능인 것처럼, 프로메테우스가 제우스에게서 좋은 부분을 바치지 않고 속일 때이다. 「창세기」에서도 우리 조상이 에덴동산에서 쫓겨난 후 최초로 저지른 죄는 아벨과 카인이 바친 희생 제물에 의해 생겼다." 콘퍼드는 모든 희생이 인간의 생명력을 재생시키기 위해 이루어진다고 결론짓는다. 시적 오류의 과정에서 희생은 인간의 생명력을 감소시키는데, 이는 여기에서 감소가 실은 증가이기 때문이다. 우리가 (이 점에서 더 현명했던 시인들 자신을 따라) 서구시를 거의 그 기원에서부터 이상화시켰다고 하더라도, 시를 쓰는 (그리고 읽는) 것은 희생 과정이며, 채우기보다 비우는 정화이다. 개개의 시는 다른 시뿐 아니라 자신도 회피하는 것인데, 이는 모든 시가 자신의 가능태의 오역이라는 것을 의미한다.

플라톤은 신들을 뇌물로 살 수 없으므로 희생은 받을 선물에 대해 감사의 표현을 할 수 없다고 말했다. 『파이돈 *Phaedon*』은 철학적 영혼에 더 참된 카타르시스를 제공한다. 가령 "정화는…… 영혼을 가능한 많이 육체에서 분리하여…… 자신에게 집중하는 것이다." 이런 급신석인 이원론은 분리가 영혼 자체의 내부에서 일어나는 시적 영혼의 아스케시스가 될 수 없다. 시적 영혼에서 내재화는 시인의 분리 방법이다. 영혼의 자기소외는 의도된 것은 아니지만 모든 선구자들뿐 아니라 그들의 세계도 소외시키려는 시도에서 발생하고, 이는 시 자체를 소외시켰다는 것을 의미한다. 삶에 대한 과오는 삶에 필연적이고, 시에 대한 과오도 시에 필연적이다.

시적 아스케시스는 반-숭고의 고지에서 시작하고, 시인이 자신의 확

『신들의 계보 *Theogonia(Theogony)*』와 농부의 생활을 다룬 『일과 날 *Erga kai Hēmérai (Works and Days)*』이 있다.

장된 악마성에 자신도 모르게 충격을 받는 것에 대해 보상한다. 아스케시스가 없다면 강한 시인은 스티븐스처럼 유령들의 왕으로서의 토끼가 된다.

풀은 가득 찼다

그대로 가득 찼다. 주위의 나무들은 그대를 위한 것이고,
광활한 밤 전부는 모든 가장자리를 접하는 자아인,
그대를 위한 것이다.

그대는
밤의 네 모퉁이를 채우는 자아가 된다.[14]

높이 위로 등을 구부린 채, 시인은 **자신의 영감을 더 비우지 않고 스스로 상처를 입힐 수 없다면 공간 속의 조각彫刻물이 될 것이다**.[15] 그는 또 한 번의 케노시스를 치를 여유가 없다. 그에게 유용한 굴복은 이제 축소, 즉 시인으로서 자신을 더 개성 있게 만들기 위해 자신의 일부를 희생하는 것이다. 영향에 대한 불안을 성공적으로 방어하는 것으로서의 **아스케시스**는 시적 자아의 새로운 축소를 가정하는데, 이는 가장 일반적으로는 정죄淨罪를 위해 눈을 멀게 하거나 적어도 베일로 가리는 것으로 표현된다. 새로운 양식의 가혹함이 출현할 때까지 다른 자아나 외적인 모

---

14) 월리스 스티븐스의 시 「유령들의 왕으로서의 토끼A Rabbit as King of the Ghosts」의 일부.
15) 이 문장에 포함된 "높이 위로 등을 구부린 채humped high, humped up"와 "공간 속의 조각물a carving in space"은 「유령들의 왕으로서의 토끼」에서 블룸이 인용 부호를 사용하지 않고 인용한 것이다.

든 것의 현실도 마찬가지로 축소되며, 이 새로운 가혹함의 수사적 강조는 유아론의 한 단계로 읽을 수 있다.

유아론자와 마찬가지로 강한 시인이 의미하는 것은 옳다. 왜냐하면 이 자기중심성 자체가 상상력의 주된 훈련이기 때문이다. 계몽주의 이후의 강한 시인들에게 연옥은 항상 모순어법적이며, 결코 단순히 고통스러운 것이 아니다. 왜냐하면 원주를 좁히면 시적 환영(망상이지만 강한 시)에 의해 보상받아 중심이 더 잘 지탱될 것이기 때문이다. (시인으로서가 아니라 철학자로서의) 콜리지가 "외부성"이라고 부른 것, 즉 신 중심적 관점에서 외부와 타자를 승인하는 것에 대해 시인으로서의 강한 시인은 아무런 관심이 없다. 나 자신은 스스로 싫기는 하지만 다음과 같이 제안한다. 자신의 정죄적인 아스케시스에서 강한 시인은 오직 자신과 자신이 마침내 파괴해야 하는 타자, 즉 선구자만을 안다. 이 선구자는 (지금쯤) 상상적이거나 합성된 인물일지도 모르지만 결코 망각되지 않을 실제의 과거 시들에 의해 형성된다. 왜냐하면 클리나멘과 테세라는 죽은 자를 교정하거나 완성하려고 애쓰며, 케노시스와 악마화는 죽은 자의 기억을 억압하려고 하지만, 아스케시스는 경쟁 자체, 즉 죽은 사와 죽을 때까지의 투쟁이기 때문이다.

그러나 만일 우리가 승화에 대한 이론적 설명을 역사화한다면, 우리 조상 모두와의 투쟁 이외에 다른 무엇을 발견하기를 기대할 수 있단 말인가? 만일 모든 자기발전이 승화이고 세련화에 지나지 않는다면, 얼마나 끝없이 우리는 이 세련화가 계속되기를 바랄 수 있으며, 얼마만큼의 세련화를 감내할 수 있겠는가? 실제로 우리는 우리를 유지시키는 질서 개념을 전복하지 않을 만큼만 원하지만, 결국 우리(나 자신과 내가 대변하는 자들)는 시인이 아니라 독자이다. 진정으로 강한 시인이 자신보다 영원히 앞선 시인을 세련화한 것에 불과하다는 것을 참을 수 있겠는가?

그러나 아주 먼 옛날 영향이 관대했던 (혹은 시인들이 마음속 깊이 그렇게 생각했던) 위대한 시대, 호메로스에서 셰익스피어까지의 시대가 있었다. 이 관대한 영향의 기반 한가운데 단테와 그가 선구자 베르길리우스와 갖는 관계가 있었고, 베르길리우스는 그의 이피브를 불안이 아니라 사랑과 경쟁으로만 인도했다. 그렇긴 하다. 하지만 베르길리우스와 단테 사이에 어떤 그림자가 드리우진 않더라도, 그 대신 다른 무언가가 존재한다. 존 프레체로[16]는 강한 시인이 겪은 이후의 모든 아스케시스의 선조가 되는 이 위대한 승화를 훌륭히 밝혀준다.

『연옥Purgatorio』 제27장에서 순례자와 스타티우스[17] 그리고 베르길리우스가 불벽을 가로질러 천사와 만나고, 아들과 아버지의 많은 대화를 포함한 모든 전통적인 장식들이 존재합니다. 벽, 울타리, 그리고 당신이 상상할 수 있는 고대와 중세의 온갖 주제들의 공명이 울려 퍼지고 있습니다. 또한 이 지점에서 베르길리우스가 시에서 사라지고 베아트리체로 대체됩니다. 그러나 일반적으로 잘 인식되지 않는 것은 이 장이 바로 (라틴어로 된) 시에서 베르길리우스를 유일하게 직접 인용하는 것을 포함하여 베르길리우스에 대한 공명이 가장 많은 지점이라는 것입니다. 이 공명 모두는 의도적으로 뒤틀려 있습니다. 먼저 디도[18]가 아이네이아스를 보고 자신과 남편을 맺어준 과거의 열정을 회상하며 자신이 화형당할 것을 예언할 때 하는 말 "나는 내가 가졌던 불길의 자취를 느끼노라"[19]가 그렇습니다.

---

16) 존 프레체로John Freccero는 뉴욕 대학교의 이탈리아 문학 교수이며, 저서로는 『단테: 전환의 시학The Dante: Poetics of Conversion』이 있다.
17) 푸블리우스 파피누스 스타티우스Publius Papinus Statius는 1세기의 로마 시인이다.
18) 트로이의 영웅인 아이네이아스Aeneas — 아이네이드Aenead — 가 그리스 연합군에 의해 트로이가 멸망했을 때 7년간의 유랑 끝에 카르타고로 피신하고 카르타고의 여왕인 디도Dido는 아이네이아스를 환영하고 환영 만찬에서 트로이의 멸망과 아이네이아스의 유랑에 대한 이야기를 청한다.

『연옥』에서 단테는 베아트리체가 돌아올 때 그녀에게 처음 가졌던 열정을 회상하기 위해 이 시행을 사용합니다.[20] 둘째로는 천사들이 베아트리체를 맞이하기 위해 부르는 "백합을 두 손 가득 주십시오"[21]라는 노래입니다. 이 시행은 로마의 영원성에도 불구하고 궁극적으로 멸망한다는 것을 나타내는 "그대는 마르셀루스가 될 것이오"[22]라는 구절에서 요절한 아우구스투스의 아들의 그림자를 안키세스[23]가 지시할 때 사용합니다. 학자들은 여기서 백합은 자줏빛 애도의 백합을 의미한다고 말합니다. 『연옥』에서 함축된 의미는 분명히 부활의 흰 백합입니다. 순례자는 중요한 귀환에 직면해서 베르길리우스에게 도움을 청하고 돌체 파드레[24]가 없어진 것을 발견합니다: "베르길리우스, 베르길리우스, 베르길리우스." 이는 『농경시』 제4부의 오르페우스 이야기에서 베르길리우스 자신이 시의 무능함에 대해 고백하는 말 "유리디체, 유리디체, 유리디체"를 연상시킵니다. 그래서 디도의 어두운 에로스는 베아트리체의 귀환의 소급적 구원에 의해 변모되고, 정치질서의 영원성은 마침내 개인적인 부활의 불멸에 의해 필적되며, 시는 죽음보다 더 강해지고, 베아트리체가 "단테!"라고 부를 때 이 시에서 처음으로 순례자는 이름을 부여받습니다.

— 저자에게 온 편지에서

그러나 이렇게 연옥을 따서 이름 짓는 일은 조상적인 것으로 남아 있는 최후의 조상적인 요소인데, 이는 계몽주의 이후의 모든 대가가, 단

---

19) agnosco veteris flammae vestigia: 자신의 열정이 완전히 식지 않았다는 것을 의미한다.
20) conosco isigni dell'antica fiamma.
21) Manibus o date lilia plenis.
22) Tu Marcellus eris.
23) 안키세스Anchises는 아이네이아스의 아버지이며 아들의 도움으로 트로이에서 탈출한다.
24) 돌체 파드레dolce padre는 영어로 'sweet father'를 뜻하며 여기에서는 단테의 부친적 인물 베르길리우스를 지칭한다.

테가 이 위대한 순간 이후에 그랬듯이 타자와 나누는 방향으로 나가는 것이 아니라 자신과 하나가 되는 방향으로 나가기 때문이다. 대표적 근대 인물들 예닐곱 명을 살펴보면 워즈워스, 키츠, 브라우닝, 휘트먼, 예이츠 그리고 스티븐스의 아스케시스는 반드시 유아론의 경계에서 끝나는 수정률이다. 나는 이 예들을 둘씩 짝지어—워즈워스와 키츠, 브라우닝과 예이츠, 휘트먼과 스티븐스—살펴보려고 하는데, 이는 각각의 쌍에서 앞선 인물이—각각 밀턴, 셸리, 에머슨—선구자임과 동시에 공통적 선구자를 공유하기 때문이다. 워즈워스의 위대한 미완성 유고 「그래스미어의 집」[25]은 다음과 같다.

> 분명 부드러운 기분이 부족하지 않은
> 마음을 지닌 순수한 어린이였을 적에,
> 나는 (더 잘 기억하건대), 거센 식욕과
> 눈먼 욕망, 야만스런 본능의 움직임 속에서
> 기쁨과 환희의 숨을 쉬었다.
> 그때에는 내가 대담무쌍한 곡예를 부리게 했던
> 깊은 물웅덩이와 높은 나무들, 검은 심연과
> 어지러운 바위들, 쓰러져가는 탑들만큼
> 그렇게 반갑고 그렇게 값진 유혹은 없었다:
> 나는 그들의 무서운 표정을 참고 읽기를 좋아했고
> 때로는 행동으로 더 흔히는 생각으로
> 읽고 불복하기도 했다.
> 이들에게 힘에서 눌리지 않는 충동으로

---

25) 「그래스미어의 집 Home at Grasmere」은 워즈워스가 1800~1806년 사이에 쓴 시로 총 3부로 기획했던 『은둔자 Recluse』의 제1부로 생각했지만 완성하지 못했다.

나는, 용감히 맞서거나 찾은 위험에 대해,
자신의 의도를 지키는 한 사람 혹은
영광을 위해 무장한 다수와 맞선
결연한 소수의 외로운 모험에 대해, 들었다.
그렇다, 이 순간까지 나는 두 용감한 전함이
사투를 벌여 죽을 때까지 싸우는 이야기를
읽을 때마다 현인이 마땅히 그래야 하는 것보다
더 즐거워한다. 나는 소망하고, 초조해하고,
타오르고, 투쟁하며, 영혼 속에서 그곳에 있다.
그러나 자연은 나를 길들였고, 다른 동요動搖를
찾거나 아니면 잠잠하라고 명했으며,
거센 물줄기를 다루듯, 산속 젖먹이동물이
힘을 익혀 승리와 기쁨과 혼란과 환희의
필사적인 과정을 겪은 후에
그 동물을 조용한 풀밭으로 인도하듯 나를 다루었다.
자연이 몰래 한 것을 이성은 승인했다·
자연의 의도적인 목소리가 말했다;
온화하거라 상냥한 것들을 붙들어라,
그대의 영광과 그대의 행복이 거기에 있다.
그대가 나를 믿더라도, 존재했던 열망의 부족과,
싸울 적, 성취할 승리와 건너야 할 경계선,
탐험할 어둠을 두려워하지 말라.
그대의 어린 마음을 불태웠던 모든 것, 사랑,
동경, 경멸, 용감한 추구,
이 모든 것이 임무가 바뀌더라도 생존하고 살아남을 것이다.

그들은 죽을힘이 없으니.
그리하여 이제 전사의 음모에 이별을 고한다.
위험에 처한 자유의 대의에 미치지 못하는 자극에 고무되어
그쪽을 향하는 영혼의 의욕에 이별을 고한다.
그리고 오랫동안 내가 품었던 또 다른 희망,
영웅적인 트럼펫을 뮤즈의 숨결로
가득 채우려던 희망에 이별을 고한다!

이 아스케시스는 실제의 그보다 더 위대한 시인이 될 수 있었던 워즈워스, 자신의 주체성을 넘어선 주체를 가질 수 있었던 더 외재화된 창조자를 만든다. 아주 큰 축소로 인해 워즈워스는 근대시의 발명가가 되었고, 마침내 우리는 이를 축소된 것으로 인식할 수 있다. 좀더 쉽게 말하면 근대시(낭만주의)는 호메로스에서 밀턴까지의 서구시가 겪어야 했던 것보다 더 크게 상상력이 승화된 결과이다. 워즈워스는 단순히 탈성화desexualization가 아니라 "어린 마음을 불태웠던 모든 것, 사랑/동경, 경멸, 용감한 추구"를 진정 상실한 것을 찬양하는 불행한 입장에 처했다. 그의 믿음은 이 모든 것이 "임무가 바뀌더라도 생존하고 살아남을 것"이라는 것이지만, 그의 시는 곧 그런 믿음을 유지할 수 없게 된다.

「그래스미어의 집」에서 이 승화에 대한 예상되는 보상은 이 미완성 유고의 다음에 나오는 결론 구절에서 즉각 시도되는데, 이 부분은 유명한 『소요逍遙, The Excursion』의 '안내문'이 되었다. 여기에서 아스케시스는 그 완전한 원주에서 워즈워스의 축소뿐 아니라 밀턴의 축소로도 드러난다. 그리고 여기에서 기괴할 정도로 강한 시인으로서의 워즈워스가 마음속 깊이 가장 몰두했던 것이 드러난다.

……내 노래는
별 같은 미덕을 지니고 그 자리에서 빛날 것이다.
자비로운 영향을 풍기고,
하계下界 전역에 걸쳐 지배하는 변화의
심술궂은 효과로부터 스스로 안전한 채!

밀턴에게 보내는 2년 후에 쓴 소네트에서 이 선구자 밀턴은 워즈워스가 여기에서 자신을 보는 것처럼 묘사된다.

그대의 영혼은 별과 같았고 떨어져 살았다;
그대는 바다 같은 소리를 내는 목소리를 가졌다.
위엄 있고, 자유로우며 벌거벗은 하늘처럼 순수한……

그렇다면 이 기도는 영향이지 영향을 받는 것이 아니며, 선구자는 자신이 이미 **되어버린** 존재였다는 점 때문에 칭찬을 받는 것이다. 자신의 순수한 격리는 이제 밀턴이 격리이기도 하며, 밀턴을 극복했기 때문에 자신을 극복했다고 선언하는 것이다. 외부의 자아와 풍경과 맺는 관계가 여전히 가능하다고 독자를 설득하는 데 의존하는 예술의 소유자 워즈워스는 **자신으로부터** 다른 자아와 모든 풍경을 소외시키는 면에서 위대한 대가이다. 이 치유자는 자신이 스스로 가한 상처만을 치유할 뿐이다.

이후 20년도 지나지 않아 키츠는 놀라울 정도로 유사한 정죄의 짐, 즉 밀턴에게 여전히 천국의 전쟁에 대한 비전을 볼 수 있게 허락한 '용감한 추구'를 내재화함으로써 승화해야 할 필요성과 투쟁한다. 그러나 키츠적인 아스케시스는 더 과격한데, 이는 그의 보호자 거룹이 밀턴이자 워즈워스인 이중 형태이기 때문이다. 키츠에게서 정화는 아주 명백한 것이 되고, 「히페리온의 타락」의 핵심이기도 한데, 이 시에서 그의 뮤즈 모네타는 시인과 대면한다.

…… "만일 그대가 이 계단을 오르지 못한다면,
그대가 있는 그 대리석 위에서 죽으라.
범상한 흙과 가까운 그대의 살은
영양부족으로 메말라버리고
그대의 뼈는 수년 내에 시들어 사라져서
아무리 기민한 눈도 저 차가운 포장도로 위의
지금 그대의 모습을 조금도 찾지 못하게 될 것이다.
그대의 짧은 생애의 모래는 이 시간 소모되고,
그대가 이 불멸의 계단을 오를 수 있기 전에
이 수액이 묻은 잎들이 타버린다면
이 세상의 어떤 손도 그대의 모래시계를 돌릴 수 없을 것이다."
나는 듣고 보았다. 그렇게 섬세하고 정교한
두 감각이 모두 그렇게 무서운 위협과
제시된 위험한 임무의 포학함을 느꼈다.
그 일은 엄청난 것처럼 보였고, 그 잎들은 아직
불타고 있었다, ─그때 갑자기 마비된 냉기가
포장된 평지로부터 올라와 내 다리를 쳤고,
재빨리 올라와 목가에서 박동하는 핏줄기를
차갑게 움켜쥐려고 했다!
나는 비명을 질렀고, 내 비명 소리의 날카로운 고뇌는
내 자신의 귀를 찔렀다─나는 무감각을

벗어나려고 안간힘을 썼고, 맨 밑의 계단에

닿으려고 애썼다.

내 걸음은 느리고 무겁고 죽은 것 같았다:

그 냉기는 심장에서 숨 막힐 듯 목을 졸랐다.

그리고 내가 내 손을 잡았을 때 느낄 수 없었다.

죽기 바로 전 내 얼음같이 찬 발은

맨 밑의 계단에 이르렀고, 계단에 닿자,

생명이 발가락으로 흘러 들어오는 것 같았다……

  여기에서 승화되는 것은 셰익스피어 이후 감각적 상상력의 가장 완전한 예이다. 그리고 키츠는 이 중요한 미완성 유고를 포기한 후 1년 몇 개월을 더 살았지만, 그의 시는 여기에서 끝난다. 확실히 그의 불치병은 이 비전이 생겨난 토대이지만, 우리는 시적으로 말해 여기에서 키츠를 거의 파괴시키는 무감각이 무엇인지 물을 필요가 있다. 여기에서 아스케시스는 감각에 관한 것이 아니라 감각에 대한 키츠의 믿음, 너무도 숭고해 인본주의적 시에서 필적할 길이 없는 믿음에 관한 것이다. 그러나 이 믿음은 키츠의 성격에 뿌리를 둔 것이긴 하지만 르네상스의 마지막 숭고성인 인간 가능성에 대해 유일한 꿈을 지녔던 젊은 밀턴과 혁명의 예언가인 젊은 워즈워스로부터 키츠에게 온 것이었다. 만일 키츠가 이 믿음을 자신에게서 정화한다면, 그는 그것을 그의 위대한 독창자들의 초기 영광들로부터도 정화하는 것이다. 성숙한 (혹은 파멸한) 사람들로서의 밀턴과 워즈워스는 정화를 겪지만 그들의 초기 비전을 남겨두었다. 키츠는 이들이 스스로 할 수 없었던 일을 이들을 위해 행하는데, 그것은 바로 정신이 이제껏 만들어낸 가장 심오하고 가장 감동적인 자연주의적 환영을 의문시하는 것이다. 이 환영과 더불어 자신의 최고의 자아를 의문시한 후 그는 자신에 대한 마지막 비전을 허락받지만, 이는 궁극적 격리의 빛 속에서 이루어진다.

> 내 연약한 사멸성 이외에
> 아무런 버팀줄이나 버팀대 없이, 나는
> 이 영원한 고요의 짐을 짊어졌다.

「히페리온의 타락」의 딱딱한 문체와 불가피한 문구들은 키츠식의 아스케시스, 이 가혹한 수정률을 거의 구원하는 인간화에서 유래한다. 그보다 균형이 잡히지 않은 시인들에게 구원은 없다. 둘 다 셸리의 의존적 상속자였던 브라우닝과 예이츠는(예이츠의 고백에 따르면 브라우닝 또한 그에게 '위험한 영향'을 미쳤다) 시인으로서 완전히 성숙하는 과정에서 막대한 자기축소를 수행한다. 브라우닝은 승화로 인해 자기 식의 극적 독백과 더불어 영시에서 필적할 길 없는 악몽의 예술을 낳았다.

XXV

> 그리고 한때 숲이었으나 지금은 그루터기들이 있는 좁은 땅이 나타났고
> 다음에는 늪인 것처럼 보였고 이제는 필사적이고
> 처분된 땅에 불과했다. (그렇게 바보는 즐거움을 찾아,
> 무엇을 만들고는 망쳐버린다. 기분이 바뀌어
> 가버릴 때까지!) 1루드[26] 안에는—
> 습지, 흙, 쓰레기 모래, 아주 검은 기근이 있었다.

---

[26] 1루드rood는 1/4에이커 약 300평이다.

XXVI

때로는 쾌활하고 험상궂은 색깔의 얼룩들이 괴로워하고
때로는 얇아진 땅이 이끼 혹은 부스럼 같은 것들로
부서지는 곳에 밭들이 있고;
그러고는 입을 벌리고 죽음을 바라보며, 가장자리를
가르는, 그리고 뒤로 물러설 때 죽는
일그러진 입처럼 내부가 갈라진
어떤 마비된 참나무가 나타났다.

XXVII

언제나처럼 끝에서 참 멀기도 하다!
먼 곳에는 저녁 이외에 아무것도 없었다,
내 발길을 더 인도할 것은 아무것도 없었다! 이 생각을 할 때
아폴리온[27)]의 죽마고우인 한 마리 크고 검은 새가
지나갔는데, 내 모자를 스치고 간, 용 문양의 넓은 날개를
휘젓지도 않았다―아마도 이는 내가 찾던 안내자였는지 모른다.

XXVIII

왜냐하면 올려다보니 황혼에도 불구하고

---

27) 「요한묵시록」 제9장 제11절에 등장하는 지옥의 악신의 그리스어.

내가 자란 것을 알게 되었기 때문이다. 평야는 사방에서―
이제 시야에서 훔쳐간 흉측한 고지와 더미에 불과한 것들을
아름답게 하는 이름을 지닌―산들에 자리를 내주었다.
그래서 그 산들이 어떻게 나를 놀라게 했는지―그대여 설명해보라!
어떻게 그들에게서 나왔는지는 분명치 않았다.

XXIX

그러나 나는 내게 일어난 재난의 책략을
―신은 언제인지 알 텐데―아마도 나쁜 꿈속에서
절반쯤 인식하는 듯했다. 그래서 여기에서
이 방향으로의 행보가 끝났다. 그때 포기하려는
바로 그 순간에 덫이 닫히듯이 한 번 더
짤까닥 소리가 났고―동굴 안에 있는 것이었다!

XXX

타오르듯 그것은 내게 한꺼번에 다가왔다,
여기가 그 장소였던 것이다! 오른쪽에 두 개의 언덕이
서로 뿔을 맞대고 싸우는 두 마리 황소처럼 웅크리고 있었고
왼쪽에는 높은 벌거숭이산이 있었다······
평생 보는 훈련을 받아왔건만
지금 이 순간 졸음에 빠진 노망난 바보가 아닌가!

XXXI

가운데 놓인 것이 탑이 아니고 무엇이란 말인가?
바보의 마음처럼 눈멀고, 갈색 돌로 만들어진,
온 세상 어디에도 짝이 없는 둥글고 땅딸한 부속탑.
폭풍의 조롱하는 요정은 뱃사람에게,
선재船材가 느슨해질 때에만 부딪치는,
보이지 않는 바위턱을 알려준다.[28]

왜 이를 아스케시스의 결과라고 부르는가? 혹은 왜 주인공이 겁쟁이들의 공동체를 내세에서의 자신에게 마땅한 장소로 받아들이는 예이츠의 「위로받은 쿠훌린Cuchulain Comforted」에 대해 똑같은 원인을 찾는가? 파스칼의 격언 중 하나는 "시인이지만 솔직하지 못한 사람"이다. 선구자를 수정하는 것은 존재가 아닌 시간에 맞서 거짓말을 하는 것이고, 아스케시스는 특히, 시간의 진리에 맞선 거짓말, 이피브가 이미 시간에 의해 더럽혀지고 타자성에 의해 파괴된 사율성을 읽기 마렸던, 그런 시간의 진리에 맞선 거짓말이다.

셸리는 처음에는 브라우닝과 예이츠에게 스스로를 다시 낳는 희망을 가져다줄 수 있는 유일한 추구인, 자기소모적 자율성의 모범을 제시함으로써 그들을 시로 개종시켰다. 이 둘 모두 「시의 옹호」의 도덕적 예언에 시달리게 되는데, 이 시에서 셸리는 시인들에 대해 인간으로서 아무리 과오를 저질러도 "그들은 중재자요 구원자인 시간의 피로 씻겼다"고 말한다. 이는 오르페우스교적 믿음이고, 브라우닝도 예이츠도 이 믿음

---

28) 브라우닝의 장시 「롤랜드 공자 암흑의 탑에 이르다Childe Roland to the Dark Tower Came」의 일부.

의 순수함 속에서 살고 죽을 만큼 강하지는 못했다. 셸리의 오르페우스는 비전과 사랑이 떠나감을 보며 "잠과 죽음도/우리를 오래 갈라놓지 못할 것이다!"라고 크게 외치는 「얼래스터」의 시인이다. 브라우닝과 예이츠는 어느 후손도 유지할 수 없었던 상상적 순수를 지닌 시적 아버지의 아들들로서, 파괴된 추구의 냉혹함으로부터 자신들을 구원해야 했다.

롤랜드 공자가 평생 준비했음에도 불구하고 암흑의 탑이 자신에게 닥칠 때까지 암흑의 탑을 알아보지 못할 때, 혹은 쿠훌린이 수의를 바느질하고 자신의 적인 (롤랜드가 잃어버린 추구의 동료들처럼) 유죄 선고를 받은 겁쟁이들과 변절자들 모두와 합창하는 데 만족할 때,[29] 우리는 아스케시스와 타락할 수 없는 상상적 주인공의 아들에게 **아스케시스**가 미치는 무서운 대가를 나타내는 과격한 상징을 본다. 셸리에게서 가장 무서운 것은 그의 오르페우스교적 고결함, 사회적 존재, 심지어는 자연적 삶에서 없어선 안 될 타협을 견지지 못하는 기민한 정신이다. 브라우닝이 그로테스크한 것에 탐닉하고, 예이츠가 잔인함에 중독되는 것은 모두 그들 선구자의 신에 준하는 영웅성, 그 선구자의 절대적인 것으로부터 놀랍게 이탈하는 것을 승화시킨 것이다. 그러나 워즈워스와 키츠 같은 더 위대한 인물들의 승화와 반대로, 우리는 이런 축소에서 더 많은 뚜렷한 소득만큼이나 큰 손해가 있었다는 것을 보기 어렵다.

프로이트의 승화 개념은 양적이고 상한선을 항상 함축하는데 이 선을 넘으면 본능적 충동의 반항이 시작된다. 수정률로서의 시적 **아스케시스** 역시 양적인데, 이는 시인들의 연옥이 인구밀도가 아주 높은 곳이 아니기 때문이다. 이곳의 거주민으로는 시인과 그의 뮤즈로 충분하고 뮤즈

---

29) 예이츠의 「위로받은 쿠훌린」에서 주인공 쿠훌린이 저승세계에 갔을 때 수의를 입은 겁쟁이 무리는 그에게 수의를 주며 수의를 바느질하면 더 행복할 것이라고 말한다. 쿠훌린은 바느질하여 수의를 만들고, 겁쟁이 무리는 같이 노래해야 한다고 말한다.

가 없는 경우도 빈번하다. 패배의 이율배반을 통해서만 패배를 알 수 있는 영웅적 추구자들인 롤랜드 공자와 쿠훌린은 그들의 작은 실패의 무리들인 변절자들과 겁쟁이들을 제외하면 혼자인데, 이 무리들의 존재는 영웅들 자신들이 지닌 무서운 힘 속의 가장 모호한 것 모두를 증거한다. 그러나 롤랜드 공자와 그의 선구자들 사이의, 쿠훌린과 그의 위로자들 사이의 차이는 주인공의 정화만이 중요한 행위인 자유로 가는 통로인 아스케시스라는 것이다.

브라우닝의 독백은 예이츠의 예언적 서정시처럼 하나의 회피이고, 따라서 셸리 같은 예언의 나팔 소리인 오르페우스교적 시를 축소한 것이다. 강한 미국 시인들의 아스케시스는 과정 자체보다 과정의 목표와 자신을 지탱하는 고독을 강조한다. 계몽주의 이후 영국 시의 기풍을 창조하는 데 함께 영향을 미친 밀턴과 워즈워스는 자신들의 무서운 힘을 승화의 필연성에 맞추었지만 진정으로 미국적인 시의 위대한 독창자들은 그렇게 하려고 하지 않는다. 에머슨에게서 마음의 힘과 눈의 힘은 하나가 되려고 애쓰는데 이는 아스케시스를 불가능하게 한다.

햇빛 속에서 대상들이 눈의 망막에 이미지를 그리는 것처럼, 대상들은 온 우주의 열망을 공유하며 마음속에도 그들 본질의 더 정교한 복사본을 그리는 경향이 있다. 사물들이 보다 고차원적인 유기체로 변모하는 것이 곧 그들이 멜로디로 변하는 것인 것처럼 말이다. 모든 것 위에 그것의 악마 혹은 영혼이 있고, 사물의 형태가 눈에 반영되는 것처럼 사물의 영혼도 멜로디에 의해 반영된다. 바다, 산맥, 나이아가라, 모든 꽃밭은 공기 속 향기처럼 날아다니는 예언적 노래 속에서 미리 존재하거나 초월적으로 존재하며, 섬세한 귀를 가진 자라면 누구나 그것들을 엿들어서 희석하거나 부패시키지 않고 그 음표를 적으려고 애쓴다…… 상상력으로 스스로를 표현하는 통찰력은 아주 고차원적으로 보는 행위이며, 이는 공부해서 얻어지는 것이 아니라 지성이 보는 곳에 있고 보는 것이 됨으로써, 형태를 통해 사물의 길 혹은 회로를 공유해서 그 사물들을 다른 이들에게 투명하게 만듦으로써 얻어진다.[30]

이는 연기된 실현이 쾌락원칙을 보호할 것이라는 기대 속에서도 쾌락원칙을 현실원칙에 굴복시키지 않으려는 미국적 숭고이다. 자연은 밀턴을 눈에서 해방시켰고 워즈워스는 자연을 눈에서 해방시켰는데, 이렇게 인간 감각 중 가장 독재적인 눈은 미국 시에서 분노이며 프로그램이다. 눈이 아무런 축소 없이 지배하는 곳에서 아스케시스는 다른 자아들에 대한 자아의 인식에 집중하는 경향을 지닌다. 우리의 주요 시인들—에머슨, 휘트먼, 디킨슨, 프로스트, 스티븐스, 크레인—의 유아론이 커지는 것은 눈이 정화되기를 거부하기 때문이다. 현실은 에머슨적인 나와 나가 아닌 것(내 육체와 자연)[31]으로 환원되며, 선구자들이 나의 불가피한 구성요소가 된 것이 아니라면 다른 모든 것을 배제한다.

휘트먼은 「브루클린 나루터를 건너며Crossing Brooklyn Ferry」에서 "일몰, 밀물이 몰려 들어오는 것, 썰물이 바다로 다시 빠져나가는 것"을 보며 자신 뒤에 오는 다른 사람들도 그가 본 대로 그가 보는 것을 볼 것이라는 사실에 위안을 받는다. 그러나 그의 장엄한 시는 완전히 실현된 그의 다른 작품들과 같이 그의 외로운 자아 그리고 샤머니즘적 행위와 멀지 않은 에머슨적인 보는 행위에 집중되어 있을 뿐 외적인 것의 관찰과는 무관하다. 휘트먼에게서 에머슨적인 소외는 깊어지고, 눈은 점점

---

30) 에머슨의 1844년 에세이 「시인The Poet」의 일부.
31) 에머슨은 『자연』에서 나, 즉 영혼이 아닌 육체를 포함한 일체의 외부세계를 자연으로 분류했다.

더 독재적이 되며, 눈의 힘이 태양과 일치할 때, 막대한 아스케시스가 성취된다.

> 내가 지금 그리고 항상 일출을 내게서 내보낼 수 없다면
> 눈부신 엄청난 일출은
> 얼마나 빨리 나를 죽이려고 하겠는가
>
> 우리는 태양처럼 눈이 부시며 엄청나게 떠오르고,
> 아 내 영혼아, 우리는 새벽의 고요함과 신선함 속에서
> 우리 자신을 발견했다.
>
> 내 목소리는 내 눈이 미칠 수 없는 것을 쫓고,
> 내 혀를 움직여 나는 세상과 수많은 세상을 포용한다.[32]

왜 이 무한한 확장을 아스케시스라고 부르는가? 에머슨을 이렇게 크게 세련화한 것에서 무엇이 승화를 위해 바쳐지는가? 그의 눈조차 미칠 수 없는 것을 보는 목소리는 휘트먼을 어떻게 축소시키는가? 만일 에머슨적인 보상이 주장하듯이 대가 없이 얻을 수 있는 것이 아무것도 없다면, 에머슨적인 시인은 이 유아론적 일출에서 어떤 상실에 대해 보상을 받는단 말인가? 이 상실은 에머슨이 (그리스도가 좋은 본보기가 되는) "위대한 패배"라고 부른 것이고, 에머슨은 "우리는 승리를 요구한다"고 덧붙였다. 그리스도는 "잘했다…… 그러나 앞으로 올 자는 더 잘할 것이다. 마음은 영혼뿐 아니라 감각에게도 자신을 입증할 성격을, 영혼뿐

---

[32] 휘트먼의 「내 자신의 노래 Song of Myself」 제25연.

아니라 감각에게도 성공인 것을 고차원적으로 드러낼 것을 요구한다."[33] 휘트먼이 태양으로 육화한 것은 에머슨적인 위대한 패배이고 썰물처럼 빠져나가는 것을 포함한 유입이며, 도래할 중심 시인에 대한 에머슨적 예언의 아스케시스이다.

> 남쪽 멀리에서 가을의 태양이 지나간다
> 붉은 해변가를 따라 걷는 월트 휘트먼처럼.
> 그는 자신의 일부인 것들을 노래하고 읊조린다.
> 있어왔고 있을 세상들과 죽음과 낮을.
> 아무것도 마지막이 아니라고 그는 읊조린다. 누구도 끝을 보지 않을 것이다.
> 그의 수염은 불빛이며 그의 지팡이는 뛰어오르는 불길이다.[34]

시적 아스케시스의 논의는 마침내 이 수정률에 의해 지배되는 작품을 쓴 스티븐스에게로 와야 한다. "긍정에 대한 열정"을 지녔던 스티븐스는 자신의 엄격한 승화에 저항했다. 그는 "좀더 엄격하고/더 괴롭히는 주인"이 되지 않은 것을 후회하지만, 결코 정신의 금욕주의자가 아니었고 시를 좀더 파인애플[35]처럼 만들었더라면 행복해했을 것이다. 그의 1차적 열정은 에머슨과 휘트먼의 오르페우스교적 열망, 즉 미국적 숭고의 추구이이지만, 영향에 대한 불안이 이 열정을 기형으로 만들었고, 그 결

---

33) 에머슨이 38세 때의 일기 중 일부.
34) 월리스 스티븐스의 「어느 검둥이 묘지의 장식처럼」 제1연.
35) 스티븐스는 「누군가 파인애플을 만든다Someone Puts a Pineapple Together」라는 시에서 파인애플이 보는 사람의 상상력에 따라 각각 다르게 인식되는 것을 그렸다. 블룸의 발언은 시를 읽는 독자나 시인이 그 시를 창조적 상상력으로 변모시킬 수 있다는 점을 강조하는 것으로 보인다.

과 스티븐스는 자신이 받아들일 수 있는 것보다 더 환원적으로 말하는 경향을 갖게 되었다. 스티븐스는 최고의 경지에 이르렀을 때 자신의 전통에 반항하며 "보이는 것을 조금 보기 어렵게 만들려고" 애썼지만, 그의 시 전부에서 고독에 의한 정화는 에머슨, 휘트먼, 그리고 디킨슨에서도 알려지지 않은 풍부함을 추구한다. 스티븐스는 "프로이트의 눈은 힘의 현미경이었다"고 썼고 다른 어느 현대시인보다도 심리적 인간의 상태에서 자연스럽게 시를 썼다. 스티븐스에게 승화는 키츠적인 감수성의 축소, "대지를 생각하라"는 모네타의 명령을 따랐다가 그런 생각이 충분하지 않다는 것을 발견하게 되는 마음의 축소이다.

> 달이 밤을 향해 움직이는 것보다
> 더 숨죽인 방식은 아무것도 없다.
> 그러나 그의 어머니는 돌아와 그의 가슴에 통곡한다.
>
> 빨갛게 익은 둥근 잎들은
> 붉은 여름의 맛으로 가득하다.
> 그러나 그가 사랑했던 그녀는 그의 가벼운 손길에도 차가워진다.
>
> 대지가 정당화되는 것이, 대지가 완전하다는 것이
> 끝이 없고, 그 자체로 충분하다는 것이
> 무슨 소용이 있겠는가?[36]

스티븐스에서 독자는 키츠만큼이나 워즈워스의 아스케시스를, 휘트먼

---

36) 월리스 스티븐스의 시 「특성 없는 세계 World Without Peculiarity」의 제2~4연.

뿐 아니라 에머슨의 아스케시스를, 즉 낭만주의 전통 전부의 아스케시스를 대면한다. 스티븐스보다 절반 정도밖에 강하지 않은 어느 근대 시인도 그렇게 큰 자기축소를 택하거나, 후발자라는 명목으로 그렇게 많은 본능적 충동을 희생한 자는 없다. 프로이트는 스스로를 수정하면서 불안이 억압을 생산하는 것이지 억압이 불안을 생산하는 것은 아니라고 마침내 결론을 내렸는데, 스티븐스의 시는 도처에서 이 깨달음을 예시한다. 스티븐스는 상상적으로 자아와 이드가 모두 조직화된 체계이며, 심지어는 서로에 반대되게 조직화되었다는 것을 알았다. 하지만 자신의 이드가 그의 선구자들을 흡수했기 때문에 (그 결과 그들은 그의 내부에서 검열의 힘이 아니라 다양한 본능적 삶으로 기능했다) 우선권과 독창성에 대한 자신의 자아 불안이 영구히 유발되었다는 사실을 그가 알지 못한 것은 아마도 다행스런 일이었을 것이다. 기질적으로는 낭만적 휴머니스트였지만 불안에서는 환원적인 아이러니주의자였던 스티븐스는 이국적이고 토착적인 시적 기풍을 놀랍게 혼합했다. 그는 가장 강한 근대시는 아스케시스에 의해 창조된다는 것을 증명한다. 그러나 만일 그가, 아래의 에머슨의 경우처럼, 오류의 무서운 필연성에서 자유로웠다면 그가 성취할 수도 있었을 것이 축소된 것은 슬픈 일이다.

    오후는 분명히
    고요한 것 이상이 되기에 너무 넓고 무지개 색깔인,

    생각하기와 너무 같아 생각된 것보다 모자라지 않은 원천이다.
    너무도 불분명한 부모, 너무도 불분명한 가부장,
    그 자신의 침묵 속에서 오고 가는,

명상의 일상적인 위엄,

그리고 우리는 해가 비칠 때나 아닐 때나 생각한다.

우리는 바람이 들판의 연못 위를 스치며 나아가듯 생각한다.

그렇지 않으면 우리는 우리의 말에 외투를 입힌다

계속 일어나는 똑같은 바람이, 겨울이 끝날 때

겨울의 마지막 침묵처럼, 소리를 내기 때문에.

나이 든 학자를 대신하는 새 학자는

이 환상에 대해 잠시 생각한다. 그는

설명될 수 있는 사람을 찾는다.[37]

설명될 수 있는 사람을 추구하는 것, 즉 거대한 에머슨적인 꿈의 축소로 귀결되는 추구는 에머슨이 위대한 패배라고 부른 것이 되지 못하고 금욕 정신에 적합한 그런 종류의 패배 혹은 시 자체의 패배가 될 위기에 처한다.

---

[37] 월리스 스티븐스의 시 「들판을 가로질러 새들이 날아가는 것을 보며 Looking Across the Fields and Watching the Birds Fly」 제9~13연.

제 6 장
아포프라데스 혹은 죽은 자의 귀환

어떤 정박도 없다
잠도 없고 죽음도 없다;
죽는 것 같은 자는 산다.[1]

— 에머슨

---

[1] 에머슨의 「환영 Illusions」.

엠페도클레스는 죽을 때 우리 정신은 출처인 불로 되돌아간다고 주장했다. 그러나 우리의 죄이자 항상 잠재적 신성인 악마는 불에서 온 것이 아니라 우리 선구자들에게서 왔다. 훔친 요소는 돌려주어야 했다. 악마는 훔친 것이 아니라 상속받은 것이고 죽을 때 죄와 신성 모두를 받아들일 후발자인 이피브에게 전수된다.

상상력의 계보학은 정신의 후손이 아닌 악마의 후손을 추적하지만 이 후손들 사이에 유사성은 많다.

> 아들의 삶이 아버지의 삶에 대한 처벌인 것처럼
> 한 사람의 삶이 다른 삶에 대한 처벌일지 모른다.[2]

한 강한 시인의 작품은 선구자의 작품에 대한 속죄일지 모르며, 후대

---

2) 월리스 스티븐스의 1947년 시집 『여름으로 가다 Transport to Summer』에 실린 「악의 미학 Esthétique du Mal」 중 13번째 부분.

의 비전이 선대의 비전을 희생하면서 자신을 정화하는 것은 더 있을 법한 일처럼 보인다. 그러나 강한 죽은 자는 우리 삶에서처럼 시에서도 귀환하며, 귀환할 때 반드시 살아 있는 자를 어둡게 만든다. 아주 성숙한 강한 시인은 죽은 자와 맺는 수정적 관계의 이 마지막 단계에서 특히 약하다. 이런 취약성은 마지막 투명성을 추구하는 시, 강한 시인의 독특한 재능(혹은, 그가 우리로 하여금 그의 독특한 재능으로 기억하게 하고 싶은 것)에 대한 결정적 진술이고 증거가 되려는 시에서 가장 명백하다.

> 나는 일어섰고, 잠시 동안
> 숲과 물의 장면은, 지금 대낮이긴 했지만,
>
> 평범한 해가 평범한 땅에 비추는 것보다
> 더 신성한 빛의 부드러운 자취를 간직하는 것 같았다.
> 그리고 모든 장소는
>
> 감각을 혼란케 하는, 하나의 망각의 멜로디 속으로
> 엮어지는 마법의 소리로 가득 찼다.[3]

셸리는 말년에 워즈워스의 '암시' 송시의 공포에 다시 마음을 열어 선구자의 '평범한 날의 빛'에 굴복한다.

> ─나는 무리들 속에
> 휩쓸렸고─아주 달콤한 꽃들이 나를 오래 미루지 않았다;

---

[3] 셸리의 1822년 장시 「인생 승리The Triumph of Life」의 제335~41행.

그림자도 고독도 아닌 나를 미루지 않았다.

떨어지는 시냇물이 부르는 레테의 노래가 아닌 나를
그 동작 위로 움직였던 초기 형태의
유령이 아니라 나를—그러나 나는

그 살아 있는 폭풍의 가장 큰 파도 사이로
떨어졌고, 너무 일찍 변형되는 공기를 지닌
그 차가운 빛의 풍토에 내 가슴을 열어젖혔다.[4]

    셸리가 이 마지막 비전을 경험했던 1822년에는 (인간 워즈워스는 1850년까지 셸리보다 28년을 더 살았지만) 시인 워즈워스는 이미 죽은 지 오래였다. 그러나 강한 시인들은 죽은 자들로부터 계속 귀환하는데, 이는 다른 강한 시인들의 준半의도적인 매개를 통해서만 가능하다. 그들이 어떻게 귀환하는가는 결정적인 문제인데, 왜냐하면 만일 그들이 무사히 귀환한다면, 이 귀환은 후대 시인들을 빈곤하게 만들어 후대 시인들이, 만일 기억된다면, 스스로 만족시킬 수 없는 상상적 욕구와 빈곤 속에서 끝난 것으로 기억될 운명에 처하게 만들기 때문이다.

    죽은 자들이 전에 살던 집에 살기 위해 귀환하는 암울하고 불행한 날들인 **아포프라데스**는 가장 강한 시인들에게 다가오지만, 최고 강한 시인들에게는 이 최후의 유입조차도 정화시키는 위대하고 최종적인 수정운동이 존재한다. 우리 시대의 가장 강한 시인들인 예이츠와 스티븐스, 19세기 후반의 가장 강한 시인들인 브라우닝과 디킨슨은 이 가장 교묘

---

[4] 「인생 승리」 제460~68행.

한 수정률의 생생한 예를 제공한다. 왜냐하면 이들은 모두 자신들의 선구자들에 대해 우선권을 획득하고 또 기묘하게 유지하는 문제를 성취함으로써 시간의 횡포를 전복시킨 나머지, 우리는 그들이 오히려 **조상들에** 의해 **모방된다**고 일순간 놀라며 믿게 되기 때문이다.

이 발언을 하면서 나는 예를 들어 보르헤스의 카프카가 보르헤스의 브라우닝을 창조하듯이 예술가들은 선구자들을 창조한다는 보르헤스의 재치 있는 통찰력으로부터 이 현상을 구별하고 싶다. 나는 이보다 더 강렬하고 (아마도) 더 불합리한 것을 의미한다. 즉 이는 선구자의 작품 속의 특정한 구절들이 후대 시인 자신이 도래할 것에 대한 예언이 아니라 오히려 자신의 작품에 빚진 것이고, 심지어는 자신의 더 큰 영광에 의해 (필연적으로) 왜소해지도록 선구자를 자기 자신의 작품 속에 배치하여 승리하는 것을 의미한다. 죽은 위인들은 돌아오지만 우리 색깔을 입고 돌아와서 적어도 부분적으로, 적어도 자신들이 아니라 우리가 존속한다는 것을 증언하는 때에는 우리 목소리로 말한다.

> 우리가 죽은 자들과 사랑하는 이들에 대해 묵상할 때
> 정상의 가장자리는 여전히 섬뜩하다;
> 이 마지막 빛의 장소에서 상상력 또한
> 그 모든 것을 할 수 없다; 새가 되기를 멈추지만
> 사물들의 헤아릴 수 없는 무한한 공허함에 맞서
> 날갯짓하는 자는 감히 살아남는다.[5]

뢰트커는 이것이 후기 뢰트커의 시이길 바랐지만, 슬프게도 그것은

---

[5] 시어도어 뢰트커의 시 「죽어가는 사람: 예이츠를 기리며 The Dying Man: In Memoriam of Yeats」 중 마지막 부분 "그들은 노래한다, 그들은 노래한다"의 마지막 연.

「탑The Tower」과 「나선계단The Winding Stair」을 썼던 예이츠이다. 뢰트커는 다음의 시도 후기 뢰트커이길 바랐지만 슬프게도 그것은 「4중주」를 쓰던 엘리엇이다.

> 내 생각에 모든 여행은 같다:
> 몇 번의 망설임 끝에 앞으로 움직인다
> 그리고 잠시 우리는 혼자이고
> 바쁘며 우리 자신과 명백하다……[6]

「여름으로 가다」를 쓸 당시의 스티븐스 같은 후기 뢰트커가 있고 「앞뜰에 라일락꽃이 마지막으로 피었을 때」를 쓰던 휘트먼과 같은 후기 뢰트커도 있지만, 슬프게도 후기 뢰트커다운 후기 뢰트커는 거의 없다. 왜냐하면 뢰트커에게 아포프라데스는 파멸로 다가와 여전히 실현되었었고 그 자신의 것이 되었던 그의 힘을 빼앗아갔기 때문이다. 그는 긍정적이고 수정적인 의미의 아포프라데스에 대한 예를 제공하지 못한다. 예이츠나 엘리엇, 스티븐스나 휘트먼의 시에는 괴드기가 썼디고 느끼게 만들 수 있는 시구가 없다. 테니슨의 『성배The Holy Grail』에 나타나는 세련된 불결함 속에서 퍼서벌이 파멸의 원정에 나설 때, 우리는 계관시인이었던 그가 「황무지」에 의해 과도한 영향을 받았다고 믿는 환각을 경험하는데, 이는 엘리엇 역시 아포프라데스를 역전시킨 대가大家가 되었기 때문이다. 혹은 우리 시대에 존 애슈베리가 (그의 시집 『봄의 이중 꿈The Double Dream of Spring』에 실린) 강렬한 시 「파편Fragment」에서 성취한 것은 우리가 스티븐스에게로 돌아가 때로 스티븐스는 너무 애슈베리처

---

[6] 뢰트커의 시 「늙은 여인의 명상Meditations of an Old Woman」의 일부.

럼 들린다는 사실을 약간 불안하게 발견하게 하는 것인데, 이는 내가 가능하다고 생각하지 못한 성취이다.

긍정적인 아포프라데스에 의해 아름다움에 보태진 낯설음은 페이터가 가장 훌륭하게 설명하는 그런 종류의 낯설음이다. 아마도 모든 낭만적 문체는 최고의 경지에 도달했을 때, 마치 죽은 시인들이 스스로 발견했던 것보다 더 유연한 자유를 부여받는 것처럼, 죽은 자들에게 살아 있는 자들의 옷을 입혀 성공적으로 드러내는 것에 의존한다. 「삼촌의 외알박이 안경 Le Monocle de Mon Oncle」을 쓰던 스티븐스와 스티븐스의 아들 중 가장 적자嫡子인 존 애슈베리의 「파편」을 대조해보라.

> 우둔한 학자처럼, 나는, 사랑 안에서,
> 새로운 마음에 감동을 주는 오래된 모습을 본다.
> 그것은 다가오고, 꽃을 피우며 열매를 맺고 죽는다.
> 이 사소한 비유는 진리의 길을 드러낸다.
> 우리의 꽃은 갔다. 우리는 그 꽃의 열매이다.
> 우리의 덩굴에 부풀은 두 황금빛 호리병박은
> 서리로 젖어 가을 날씨 속으로 부풀었고
> 강건한 풍요로움으로 비틀어져 흉해졌다.
> 우리는 줄무늬 있고 햇볕에 쬔 무사마귀투성이 호박처럼 걸려 있고
> 웃는 하늘은 썩어가는 겨울비로 씻겨 껍질이 된
> 우리 둘을 보게 될 것이다. ——「삼촌의 외알박이 안경」, VIII

> 핏빛 오렌지처럼 우리는 온 마음과 피부로
> 하나의 어휘를 가지고 칼자국의 먼지를 통해
> 우리의 상상력이 맴도는 중앙의 둘레를

볼 수 있다. 다른 말들,
오래된 길들은 동굴처럼 우리 주변에 변화를
설치하도록 의도된 장신구와 장치들에 불과하다.
여기에는 우스울 것이 아무것도 없다.
우리의 불균형의 핵을 격리시키고
동시에 조심스럽게 그것의 튤립 모양의
머리 전체, 상상된 선線을 받치는 것.　　　──「파편」, XIII

영향에 대한 좀더 오래된 견해는 둘째 연이 첫째 연에서 '유래한다'고 말하겠지만, **아포프라데스 수정률**을 알면 애슈베리가 죽은 자와 본의 아니게 가진 경기에서 상대적인 승리를 거둔 것이 드러난다. 이 독특한 특성은 스티븐스에게 중요하긴 해도 핵심적인 것은 아니다. 그러나 애슈베리가 매우 어렵게 이런 특성에 다가갈 수 있을 때마다 그것은 애슈베리의 위대함이 된다. 내가 지금 스티븐스의 다른 시와 분리해서「삼촌의 외알박이 안경」을 읽으면 어쩔 수 없이 애슈베리의 목소리를 듣게 되는데, 이는 그가 불가피하게 그리고 아마도 영워히 이 양식을 포착했기 때문이다. 내가「파편」을 읽을 때에는 스티븐스를 의식하지 않게 되는데, 이는 그의 존재를 해롭지 않게 만들었기 때문이다. 초기 애슈베리 중 그의 첫 시집『어떤 나무들 *Some Trees*』이 지닌 약속과 광채에서는, 비록 주인으로부터 벗어나는 **클리나멘**이 이미 뚜렷이 나타나긴 했지만, 스티븐스가 크게 지배하는 것을 피할 수 없었다.

젊은이는 푸른 하늘을 배경으로
새장을 놓는다. 그는 걸어 나가고
그것은 남는다. 이제 다른

사람들이 나타나지만, 그들은 상자 안에 산다.
바다가 벽처럼 그들을 보호한다.
신들은 계속해서 쓰는

바다의 그림자 속에서 한 여인의 선화線畵를
숭배한다. 해변가에 충돌이 있었는가
의사소통이 있었는가

아니면 그 여인이 떠났을 때
모든 비밀이 사라졌는가? 파도의 시간에
새를 말했는가, 아니면 육지가 다가왔는가?
—「책은 책상 위에 있다 Le Livre est sur la Table」, II

이는「푸른 기타를 든 사람 The Man with the Blue Guitar」의 양식이지만 견딜 수 없는 엄격한 비전에서 절박하게 이탈하려 하고 있다.

서서히 돌담의 담쟁이덩굴은
돌이 된다. 여인들은 도시가

되고, 아이들은 들판이 되며,
파도 속 남자들은 바다가 된다.

속이는 것은 화음이다.
바다는 남자들에게 돌아오고,

들판은 아이들을 함정에 빠뜨리며, 벽돌은
잡초이고, 모든 파리는 잡힌다,

날개 없이 시들어 그러나 살아 있는 채로
불협화음은 확대될 뿐이다.

시간의, 어두운 뱃속
더 깊은 곳에서 시간은 바위 위에서 자란다.

―「푸른 기타를 든 사람」, XI

 초기 애슈베리 시는, 우리 마음에 대한 힘을 선언하는 감각의 우주인 바다와 대면할 때에도 우리들 사이에 '충돌, 의사소통'이 있다는 것을 암시한다. 그러나 부모-시는, 비슷한 위안 속에서 스스로를 해소하더라도, 우리의 '충돌, 의사소통'이 바다의 더 큰 리듬에 맞서 울려 퍼질 때, "불협화음이 확대될 뿐"이라는 더 강렬한 깨달음으로 시인과 독자들을 괴롭힌다. 초기 애슈베리는 자신의 시적 아버지를 부드럽게 만들려고 헛된 시도를 했지만, 「파편」을 쓴 성숙한 애슈베리는 선구자를 더 완전히 받아들이는 것처럼 보일 때조차도 선구자를 전복하고 심지어는 생포한다. 이피브는 아버지의 시간에 아직 언급되지 않을지도 모르지만, 그 자신의 비전은 진보한 것이다. 스티븐스는 시인의 정신력이 죽음의 우주 혹은 소외된 대상세계에서 승리할 수 있다는 전성기 낭만주의의 주장을 확고히 고수하지도 거부하지도 못한 채, 마지막 단계까지 거의 항상 망설였다. 그는 「아다지아Adagia」에서 세계가 매일같이 시 속에서 스스로를 배열하는 것은 아니라고 말한다. 그의 고결하게 필사적인 제자인 애슈베리는 과감하게도 오류의 변증법을 통해 세계가 매일 시 속으로 스스로를 배열하도록 호소했다.

> 그러나 내가 이를 어떻게 이해할 수 있을까?
> 심판과 같지만 여전히 보는 분위기인,
> 활동하는 손에서 빼앗은 많은 동일한
> 권리상실의 유약인가? 두 사람이
> 이 황혼 속에서 충돌할 수 있다는 것은
> 형태 없이 먹이를 찾는 시간이 끝났다는
> 것을 의미한다. 공간은
> 장엄하고 메말랐다. 향후 몇 달간
> 단조로운 저녁에, 그녀는 변칙이,
> 다가오는 공기의 징후 아래 탈구된
> 갈색 해안가들 같은 말들이 그녀에게 말했다는 것을
> 기억하게 될 것이다.

위의 「파편」의 마지막 연에서 애슈베리는 한 바퀴를 순환하여 초기 시 「책은 책상 위에 있다」로 돌아온다. "해변가에 충돌, 의사소통"이 있지만 이것들은 "이 황혼 속에서 충돌"한다. 초기 시에 등장하는 "땅이 다가왔는가?"라는 물음에 대해 갈색의 탈구된 해변가가 부분적으로는 부정적으로 답하지만, 또 부분적으로는 "다가오는 공기의 징후"가 답한다. 애슈베리는 「파편」의 다른 부분에서 "조상은 그렇게 생각했고, 모든 것은/그가 예언한 대로 일어났지만, 아주 우스꽝스런 방식으로 일어났다"고 쓴다. 긍정적인 **아포프라데스**의 힘은 이 탐구자에게 그가 「가장 빨리 개선된다」라고 적절히 부른 격언시의 견실한 지혜를 준다. 이 시는 다음과 같이 끝난다.

> ……어려운 순간들을 나누어줄 때
> 어려운 순간들의 자선을 받아들이기를 배운다,
> 왜냐하면 오래전 그날 이렇게 확신하지 못하는 것,
> 이 부주의한 준비, 이랑에 구불구불하게 씨를 뿌리는 것,
> 잊어버리려 준비하고, 출발하는 정박장으로
> 항상 돌아오는 것, 이것은 행동이기 때문이다.

 여기에서 애슈베리는 시적 문체의 신비 중 하나를 성취하지만 오류의 개성화를 통해서만 그렇게 한다.
 시적 문체의 신비, 모든 강한 시인에게서 아름다움인 풍부함은 성숙한 자아가 자신의 개성에 즐거워하는 것과 유사한데, 이 즐거움은 나르시시즘의 신비로 환원된다. 이 나르시시즘은 프로이트가 1차적이고 정상적이라고 부른 것, "자기보존 본능의 자기본위주의에 대한 리비도적 보충물"이다. 강한 시인이 자기 시를 그 자체로 사랑하는 것은 배제될 수 없는 것, 즉 선구자의 시와의 최초의 동일시를 제외하고는 다른 모든 시의 현실을 배제해야 한다. 프로이트에 따르면 최초의 나르시시즘에서 벗어나는 것은 자아의 발달로 이끌고, 우리 용어로 말하면 동일시에서 벗어나는 수정률을 행사하는 것은 모두 일반적으로 시적 발전이라고 불리는 과정이다. 만일 대상 리비도가 실제로 자아 리비도에 기원을 두고 있다면,[7] 우리는 또한 모든 이피브가 선구자에 의해 발견되는 최

---

7) 프로이트는 「나르시시즘에 관하여: 서론Zur Einführung des Narzissmus(On Narcissism: An Introduction)」(1914)에서 성적 에너지인 리비도를 자아 리비도와 대상 리비도로 구별하면서 리비도는 대상으로 향하기 이전 애초에 자아에 있었다고 지적했다.

초의 경험은 지나친 자기 사랑에 의해서만 가능해진다고 추정할 수 있다. 유능한 상상력의 소유자, 즉 자신의 힘을 유지한 강한 시인이 **아포프라데스**를 행할 때, 아포프라데스는 죽은 자의 귀환이 아니라 시를 처음에 가능하게 했던 초기 자기고양의 귀환에 대한 찬양이 된다.

강한 시인은 자신의 추락한 선구자의 거울을 응시하고 선구자도 자신도 아닌 그노시스적 분신, 자신도 선구자도 되고 싶어 했지만 되기를 두려워했던 어두운 타자 혹은 대조를 본다. 이 가장 심오한 회피에서 긍정적인 **아포프라데스**의 복잡한 속임수가 생겨나고—모두 노년에 대해 승리했던—브라우닝, 예이츠, 스티븐스의 최후의 단계가 가능해진다. 『아솔란도, 마지막 시와 희곡』,[8] 스티븐스의 『시 모음집 Collected Poems』의 "바위 The Rock" 부분은 모두 **아포프라데스**가 나타난 놀라운 예들인데, 그 의도와 효과는 우리가 다르게 읽게 만드는 것, 즉 워즈워스, 셸리, 블레이크, 키츠, 에머슨 그리고 휘트먼을 다르게 읽게 만드는 것이다. 그것은 마치 위대한 근대 시인들의 최후의 단계가 평생의 믿음을 마지막으로 긍정하기 위해서나 취소하는 시로서 존재한 것이 아니라, 오히려 조상들을 궁극적으로 배치하고 환원하는 것으로 존재한 것 같다. 그러나 이로 인해 우리는 **아포프라데스**의 핵심 문제로 돌아오게 되는데, 이는 영향에 대한 불안과 구별된 문체에 대한 불안이 여전히 존재하는가, 아니면 두 불안이 이제 동일한가의 문제이다. 만일 이 책의 주장이 맞다면, 지난 3세기 동안 대부분의 시의 은밀한 주제는 영향에 대한 불안, 자신이 행해야 할 어떤 고유의 작업도 없다는 것에 대한 각 시인의 두려움이었다. 분명히 문학적 표준이 있어왔던 만큼 오랫동안 문체에 대한 불안이 있어왔다. 그러나 우리는 영향의 개념(그리고 이에

---

[8] 『아솔란도, 마지막 시와 희곡 Asolando, Last Poems and Plays』은 브라우닝의 마지막 작품집이다.

수반되는 시인들의 풍기 개념)이 계몽주의 이후의 이원론과 함께 변하는 것을 보았다. 문체에 대한 불안도 영향에 대한 불안이 시작된 것처럼 변했는가? 지금은 모든 새 시인에게 견딜 수 없는 일이 된, 문체를 개성화해야 하는 부담이 영향에 대한 불안이 발달하기 전에 그렇게 막대한 부담이었는가? 우리는 요즈음 시집의 첫 권을 펼쳐볼 때, 할 수 있다면 독특한 목소리를 듣고, 만일 그 목소리가 선구자나 동료들과 어느 정도 이미 구별되지 않는다면, 그 목소리가 무엇을 말하려고 해도 더 이상 듣지 않으려고 한다. 새뮤얼 존슨 박사는 영향에 대한 불안을 예리하게 이해하고 있었지만, 새 시인을 읽을 때면 여전히 새로운 주제가 드러났는가의 여부를 묻는 시험을 했다. 존슨은 그레이를 혐오하면서도 독창적으로 보이는 개념들을 접할 때 그레이에게 최고의 찬사를 보내지 않을 수 없었다.

「시골 묘지에서 쓴 애가Elegy Written in a Country Church-yard」는 모든 사람의 마음과 거울같이 닮은 이미지들, 그리고 모든 사람의 심금을 울려 반향을 보내게 하는 감정들이 많다. 그러나 "이 뼈들조차"로 시작하는 네 연은 내게 독창적이다. 나는 이 개념들을 다른 어느 곳에서도 본 적이 없다. 그러나 여기에서 이를 읽는 사람은 그것들을 항상 느꼈다고 스스로 설득한다. 그레이가 이렇게 자주 썼더라면 그를 비난하는 것은 헛된 일이고, 그를 칭찬하는 것은 소용이 없는 일이었을 것이다.[9]

모든 독자가 느꼈던 혹은 자신이 느꼈다고 설득되는 독창적 개념들: 이는 존슨의 이 유명한 구절이 볼 수 있게 허락하는 것보다 더 알아보기

---

9) 새뮤얼 존슨의 『가장 출중한 영국 시인들의 생애The Lives of the Most Eminent English Poets; With Critical Observations on their Works』 중 그레이에 관한 부분.

어렵다. 존슨이 이 연들을 독창적인 것으로 발견한 것이 정확한 것일까?

> 그러나 이 뼈들조차 모욕으로부터 보호하기 위해
> 여전히 가까이에 세워진, 거친 운율을 지니고
> 무형의 조각으로 장식한 어느 연약한 기념비는
> 지나가며 한숨을 헌정할 것을 애원한다.
>
> 명성과 애가의 장소는, 무학無學의 뮤즈가 새긴
> 그들의 이름과 세월을 알려준다;
> 그리고 뮤즈는 시골 도덕가에게 죽는 것을
> 가르쳐주는 많은 거룩한 문서를 흩뿌린다.
>
> 왜냐하면 동경하며 머뭇거리는 눈으로 뒤를
> 돌아보지도 않고 기쁜 날의 따뜻한 지역을 떠난
> 이 즐겁고도 불안한 자를 누가
> 말없는 망각의 희생물이 되도록 체념했단 말인가?
>
> 이별하는 영혼은 어느 좋아하는 가슴에 기대고
> 감기는 눈은 몇몇 경건한 눈물을 요구한다;
> 자연의 목소리는 무덤에서도 울부짖고,
> 우리의 재에서조차 일상의 불은 살아남는다.

여기에서 스위프트, 포프의 『오디세이』, 밀턴의 벨리얼,[10] 루크레티우스, 오비디우스 그리고 페트라르카[11]는 모두 그레이의 선구자들에 포함되는데, 이는 매우 박학한 시인이었던 그레이가 거의 가능한 모든 문학적 조상과 자신을 의도적으로 관련시키지 않고 시를 쓴 적이 없기 때문이다. 존슨은 학식이 매우 높은 비평가였다. 그런 그가 왜 이 연들에 담겨 있지도 않은 독창성 때문에 이 연들을 칭찬했을까? 이에 대해 가능한 답은 존슨 자신이 마음속 가장 깊은 곳에서 가지고 있던 불안이 이 구절에서 공공연히 표현되었다는 것이고, 자신이 느끼지만 스스로 표현하는 것이 억제된 것을 자신보다 더 심오하게 말하는 동시대인을 발견하게 되면 원래 존재하는 것보다 더 큰 독창성이 있다고 설득된다는 것이다. 그레이의 연들은 영향에 대한 불안이 우리에게 거부하는 바로 그런 최소한의 비유적 불멸성을 소리 내어 요구한다. 존슨의 까다로운 감수성이 문학에서 참신한 주제를 발견할 때마다, 그런 발견에는 존슨 특유의 억압도 개입되어 있다고 가정하는 것이 안전하다. 그러나 존슨은 아주 보편적인 독자여서 다른 많은 독자가 지니는 경향도 예시하는데, 이 경향은 우리가 우리 자신의 마음속에서 회피하는 개념들에 의해 가장 확실히 발견할 수 있다. 그레이의 문체를 싫어했던 존슨은 그레이의 시에서 문체에 대한 불안과 영향에 대한 불안을 구별할 수 없게 되었다는 것을 이해했지만, 그레이가 자기보존에 대한 불안을 좀더 일반적인 비애감으로 보편화시킨 그 한 구절 때문에 그레이를 용서했다. 존슨은 불쌍한 친구 콜린스에 대해 쓰면서 이렇게 말할 때 그레이를 염두에 두고 있었다. 가령 "그는 구시대의 것이 재생될 가치가 없을 때 그것을 즐

---

10) 벨리얼Belial은 밀턴의 『실낙원』에 등장하는 타락한 천사인 악마의 이름이다.
11) 프란체스코 페트라르카Francesco Petrarca(1304~1374)는 이탈리아의 학자, 시인, 인문주의자였고 라우라Laura라는 이상적 여인에게 바치는 시를 쓴 것으로 유명하다. abbaabba의 각운을 지닌 8행과 다른 각운을 지닌 6행으로 이루어진 14행의 이탈리아 소네트 형식은 페트라르카에게서 절정에 달했고, 이 시 형식을 페트라르카 소네트라고 부르며, 이는 셰익스피어의 소네트 형식에 큰 영향을 미쳤다.

겨 사용했다. 그는 명성을 얻을 수 있는 후대 시인들처럼 산문을 쓰지 않는 것은 곧 시를 쓰는 것이라고 생각하는 듯 일상 질서에서 벗어난 말을 사용한다."[12] 존슨은 독창성의 부담과 문체의 문제를 너무 혼합한 나머지 나쁘다고 판단한 문체를 비난할 수 있었고, 그 비난은 어떤 참신한 주제도 제공되지 않았다는 것을 의미했다. 그래서 우리가 새 시인에게서 내용을 무시하고 개성 있는 어조를 찾을 때, 존슨은 우리와 반대되는 것처럼 보이지만 사실은 우리의 조상이다. 아무리 늦어도 1740년에 이르면 문체에 대한 불안과 비교적 최근의 영향에 대한 불안이 서로 통합되는 과정이 시작되고 이는 지난 수십 년 동안에 절정에 이르게 된 것 같다.

우리는 동일한 통합이 목가적 애가와 그 후예에서 점차적으로 드러나는 것을 볼 수 있는데, 이는 시인의 선구자를 애도할 때 혹은 더 흔히 자기 세대의 다른 시인을 애도할 때 시인 자신의 가장 깊은 불안이 발견되는 경향이 있기 때문이다. 모스코스는 비온을 애도하면서[13] "아름답게 노래하는 그가 죽었기" 때문에 시는 죽었다고 선언하며 시작한다.

> 울창한 나뭇잎들 사이에서 슬피 우는
> 나이팅게일들아, 목동 비온이 죽었고
> 비온과 함께 노래도 죽었으며 도리안의
> 시도 사라져버렸다는 소식을 아레투사의

---

12) 『영국 시인들의 생애』 중 콜린스 부분.
13) 모스코스Moschos는 기원전 150년에 활동한 시라큐스 출신의 고대 그리스 시인이며, 한때 그가 썼던 것으로 알려진 「비온을 위한 애가Lament for Bion」는 그의 친구이자 스승이었던 비온의 죽음을 애도한 시로서 이 시의 영향은 밀턴의 「리시다스」, 셸리의 「아도네이스Adonais」, 아널드의 「티르시스」에서 발견된다. 비온Bion 역시 기원전 100년경의 고대 그리스 스미르나 출신의 전원시인이고 아도니스Adonis에 대한 애가인 「아도니스에 대한 비문Epitaph on Adonis」을 남겼다.

시칠리아 바다에 말해 다오.
시작하라, 그대 시칠리아의 뮤즈들아, 만가를 시작하라.

「비온을 위한 애가」가 끝나기 훨씬 전에, 모스코스는 모든 노래가 비온과 함께 죽은 것은 아니라는 행복한 발견을 하게 된다.

……그러나 목가牧歌를 모르지 않고 그대가
제자들에게 가르친 도리스[14]의 뮤즈의 상속인인 나는
아우소네스[15]의 슬픔의 만가를 그대에게 노래한다.
이는 그대가 내게 준 선물이었다. 다른 이들에게 그대는
부를 남겼지만, 내게는 그대의 시를 남겼도다.
시작하라, 그대 시칠리아의 뮤즈들아, 만가를 시작하라.

위대한 목가적 애가들, 실제로 시인들을 위한 모든 주요 애가는 슬픔을 표현하지 않고 시인 자신의 창조적 불안에 집중한다. 따라서 그들은 자신들의 야망을 위안으로 제시하거나(「리시다스」「티르시스」), 야망을 넘어선다면(「아도네이스」, 휘트먼의 「앞뜰에 라일락꽃이 마지막으로 피었을 때」, 스윈번의 「아베 아트퀘 베일」[16]) 망각을 제시한다. 왜냐하면 **아포프라데스** 수정률의 가장 큰 아이러니는 후대 시인들이 임박한 죽음과 대면하면서, 마치 어느 한 시인의 내세가 다른 시인의 내세를 대가로 은

---

14) 도리스Doris는 고대 도리안족들이 살았던 그리스 중부 지역을 의미한다.
15) 아우소네스Ausones는 이탈리아 남부에 정착했던 고대 이탈리아 부족이다.
16) 「아도네이스」는 키츠의 죽음을 애도하면서 셸리가 쓴 애가이고, 「앞뜰에 라일락꽃이 마지막으로 피었을 때When Lilacs Last in the Door-yard Bloom'd」는 휘트먼이 1865년 링컨 대통령의 죽음을 애도하면서 쓴 애가이며, 「아베 아트퀘 베일Ave Atque Vale」은 '환영하노라 그리고 작별하노라Hail and Farewell'의 의미로 영국 시인 알제논 스윈번Algernon Charles Swinburne(1837~1909)이 보들레르를 기리며 쓴 애가이다.

유적으로 연장될 수 있는 것처럼, 선구자들의 불멸성을 전복하는 작업을 하기 때문이다. 심지어 셸리조차 단순히 사심 없는 상태라기보다 이를 무서울 정도로 초월하는 시, 즉 숭고하리만큼 자살적인 「아도네이스」에서 키츠만의 독특한 재능인 영웅적 자연주의를 키츠에게서 교묘히 빼앗는다. 아도네이스는 오르페우스교적인 셸리가 "무디고" "조야한" 것으로 여기는 자연을 변모시키는 힘의 일부가 된다. 키츠는 자연적인 지성들을 지각의 원자로 그리고 알고 볼 수 있는 능력을 갖춘 신神으로 여겨 즐거워하지만 셸리의 시에서 자연은 정신의 비상飛上을 방해하는 "비의욕적 찌꺼기"로서 참을 수 없는 것이 된다.17) 셸리는 계몽주의 이후 선구자들과 동시대인들에 대해 가장 관대한 태도를 지닌 강한 시인이었지만, 그 역시 오류의 변증법의 최종 단계를 거쳐야 했던 것이다.

적어도 밀턴 이후의 영미시는 심각하게 전치된 프로테스탄트주의였고, 따라서 지난 300년 동안의 명백히 경건한 시는 대부분 실패작이었

---

17) 키츠는 1819년 4월 12일 동생 조지 키츠George Keats와 그의 아내 조지아나Georgiana에게 보낸 편지에서 영혼이 원초적으로 존재한다고 보는 기독교나 플라톤 철학과는 달리 인간의 영혼은 형성되는 것이며, 세상은 셸리가 말한 것처럼 "눈물의 골짜기a vale of tears"가 아니라 "영혼생성의 골짜기vale of Soul-making"라고 보았다. 키츠에 따르면 인간에게 주어진 지성들Intelligences은 알기도 하고 보기도 하며 순수하기도 한, 따라서 신God인 지각의 원자들atoms of perception이지만, 이 지성들은 세 가지 질료에 의해서 개별적 정체성을 지닌 영혼Soul이 된다. 이 세 가지는 인간의 마음human heart, 세계 혹은 원소적 공간elemental space, 그리고 정체성을 갖게 될 운명을 지닌 지성 혹은 영혼이다. 즉 영혼이라는 아이는 세계라는 학교에서 마음이라는 책으로 배우는 과정을 통해서 고유의 정체성을 지닌 영혼을 갖게 된다. 키츠의 죽음을 애도한 셸리의 애가 「아도네이스」에서 아도네이스는 비온의 「아도니스에 대한 비문」에서 셸리가 빌려온 것이며 키츠를 의미한다. 이 시의 후반부에서 셸리는 키츠가 죽었지만 죽음을 통해 영원한 정신Spirit의 세계로 들어섰기에 더 이상 슬퍼하지 말 것을 호소한다. 셸리는 플라톤 철학의 영향을 받아 변하지 않는 영원한 정신과 가변적이며 일시적인 물질의 세계를 구분했고, 키츠는 영원한 정신의 세계에 합류했다고 말한다. 따라서 자연은 정신의 비상을 방해하는 물질로 나타난다. 이 시의 제42연에서 죽은 키츠, 즉 아도네이스는 플라톤의 『향연』에 나타나는 것과 같은 정신적 사랑의 힘Power의 일부가 되어 이 힘이 자연 속에서 움직일 때마다 자연 속에서 드러난다. 제43연에서 이 정신은 "무디고 조야한 세계dull dense world"를 지나면서 정신의 비상flight을 방해하는 "비의욕적 찌꺼기unwilling dross"를 정신의 모습과 같은 형태로 변모시킨다.

다. 프로테스탄트 신은, 인격신인 한, 시인들의 아버지라는 자신의 역할을 선구자라는 방해자에게 이양했다. 콜린스에게 아버지 하느님은 존 밀턴이고, 블레이크가 노보대디[18]에 대해 초기에 저항한 것은 「유리즌의 서書」[19]의 중심에 있고 「네 개의 조아」의 우주론 전체를 통해 좀더 불안하게 떠도는 『실낙원』에 대한 풍자적 공격으로 완성된다. 영향에 대한 불안을 숨은 주제로 가진 시는 당연히 프로테스탄트적인 성격을 지니는데, 이는 프로테스탄트 신이 항상 "나를 닮으라" 그리고 "나를 너무 닮으려고 하지 말라"는 두 위대한 명령의 끔찍한 딜레마 속에 자녀들을 소외시키는 것처럼 보이기 때문이다.

신성에 대한 두려움은 실제로 시적 힘에 대한 두려움이다. 왜냐하면 이피브가 시인으로 인생의 주기를 시작할 때 모든 점에서 예언의 과정에 들어서는 것이기 때문이다. 스티븐스는 젊은 시인이 신이라고 말했지만 늙은 시인은 방랑자라고 덧붙였다. 만일 신성이 단지 다음에 무슨 일이 일어날지를 정확히 아는 것에 불과하다면, 모든 동시대 슬러지[20]는 시인이 될 것이다. 그러나 강한 시인이 진정으로 아는 것은 다음에 일어날 사건은 바로 자신이며, 그가 자신의 광채가 드러날 시를 쓰게 될 것이라는 점이다. 그러나 시인이 자신의 종말을 볼 때, 그는 자신의

[18) 노보대디Nobodaddy는 'nobody's daddy'의 약자로서 블레이크가 현세의 거짓 신에게 붙인 이름이다.
19) 블레이크 신화에서 유리즌은 남쪽 조아로서 이성을 상징하지만 더 정확하게는 에너지를 제한하는 입법자이며 복수의 양심이다. 「유리즌의 서書The Book of Urizen」(1794)는 유리즌의 생성과 탄생 그리고 로스가 유리즌에서 분화되는 과정, 유리즌이 깊은 잠에 빠졌다가 깨어나 세상을 창조하는 이야기를 다룬다.
20) 1868년 35세의 영매 대니얼 흄Daniel Home은 런던의 애슐리 하우스Ashley House의 강령회에서 창문을 통해 날아가 옆방 창문으로 돌아왔다고 보도되었고 세 명의 목격자가 이를 증언했다. 이들은 흄의 머리에서 불의 혀가 나오는 것을 보았고 두 영혼이 흄을 통해 그중 한 명인 찰리 위니Charlie Wynne에게 말하는 것을 들었다고 말했다. 그러나 이들의 진술은 일관성이 없다는 비판을 받았다. 브라우닝은 흄의 강령회에 참석하고 희대의 사기꾼이라고 혹평했으며, 그를 풍자하는 시 「영매 슬러지 씨Mr. Sludge, 'The Medium'」를 썼다.

과거 시들이 해골들이 생각하는 바가 아니라는 더 확실한 증거를 필요로 하며, 근본적으로 자신의 선구자들의 예언을 확실한 자기 자신의 언어로 재창조함으로써 그 예언들을 실현하도록 신에 의해 선택받았다는 증거를 찾는다. 이것이 긍정적인 **아포프라데스**의 묘한 마법이다.

폭력을 위한 폭력에 대한 사심 없는 열의와 혼합된 유령같이 강렬한 말년에 예이츠는 자신의 언어에서 죽은 자가 귀환하게 만드는 데 훌륭하게 성공했다.

> 밑에서는, 헛되이 분노에 차 맹렬하게
> 투쟁하던 파도가, 용골의 빠르고 안정된
> 움직임을 느끼려 포효했다.
> ……
> 그러나 배는 분주히 넘실거리는 조수 밑
> 화창한 정자에서 불멸의 형태들이 거주하는
> 고요한 심해에서 항로를 찾을 수 있었다.
> ……
> 그리고 배는 두번째 유년기의
> 배내옷의 엮은 형상들을 풀었고,
> **벽감**壁龕에서 마지막 요람인 관을 들어 올려
> 경멸적으로 도랑에 던졌다.

우리는 「아틀라스의 마녀」[21]를 읽을 때 셸리가 예이츠를 너무 깊이 읽었고, 비잔티움 시들의 복잡한 음조를 마음에서 제거할 수 없을 운명에

---

21) 「아틀라스의 마녀 The Witch of Atlas」는 셸리가 1820년에 썼으나 사후 1824년에 출판된 장시이다.

처하게 되었다고 느낀다. 우리는 여기에서도 똑같은 현상을 만난다.

> 태양의 곤충 연인,
> 그대 통치의 즐거움이여!
> 대기의 선원;
> 공기의 파도를 헤엄치는 자;
> 빛과 정오의 항해자;
> 6월의 쾌락주의자여;
> 간청하노니 내가
> 그대의 콧노래가 들리는 곳 안으로
> 올 때까지 기다리라—
> 밖의 모든 것은 순교일지니.

"밖의 모든 것은 순교일지니"—이는 분명 디킨슨인 것 같지만 실은 에머슨의 「뒝벌 The Humble-Bee」(디킨슨이 조금 좋아했다고 인정한 시)이다. 예는 많다. 아주 독특한 밀턴은 곳곳에서 워즈워스의 영향을 보여 주고, 워즈워스와 키츠 둘 다 스티븐스의 색깔을 지니고 있으며, 「첸치 가家」[22]를 쓴 셸리는 브라우닝에게서 유래하고, 휘트먼은 때로 하트 크레인에 너무 도취된 것으로 보인다. 우리가 이 현상을 이와 미학적으로 반대되는 것, 즉 「학자 집시」와 「티르시스」를 읽고 키츠의 송시들이 불쌍한 아널드를 밀쳐내는 것을 발견하는 당혹감으로부터 구별하는 것을 배우는 것은 중요하다. 키츠는 테니슨과 라파엘전파 시인들, 심지어 페이터에 의해 약간 과도하게 영향을 받은 것처럼 보이지만, 결코 매슈

---

[22] 「첸치 가家: 5막 비극 The Cenci: A Tragedy, Five Acts」는 셸리가 1819년에 쓴 시극이다.

아널드의 후계자로 보이진 않는다.

"죽인 시인들이 다른 이들에게 길을 양보하게 하자. 그러면 우리는 우리를 놀라게 하는 것이 이미 창조된 것에 대한 우리의 존경심이라는 것을 알게 될지도 모른다." 미친 아르토[23]는 영향과 영향에 반대되는 움직임인 오류가 구별될 수 없는 영역으로 영향에 대한 불안을 가져갔다. 만일 후발자 시인들이 그곳까지 그를 따라가는 것을 피하려고 한다면, 그들은 죽은 시인들이 다른 이들에게 길을 양보하는 데 동의하려고 하지 않으리라는 것을 알 필요가 있다. 그러나 새 시인들이 더 풍부한 지식을 갖고 있다는 것은 더 중요하다. 선구자들은 우리에게 범람하여 쇄도하고, 우리의 상상력은 그 안에서 익사할 수 있지만, 그런 홍수를 전적으로 피한다면 어떤 상상적 삶도 가능하지 않다. 워즈워스가 아랍인에 대해 꾼 꿈에서 익사시키는 세상에 대한 비전은 처음에는 아무런 두려움을 가져오지 않지만, 메말라 고갈되는 것에 대한 이전의 비전이 곧 두려움을 가져온다. 페렌치[24]는 그의 묵시록 「탈라사: 성기편중 이론Thalassa: A Theory of Genitality」에서 모든 홍수 신화를 역전으로 설명한다.

원래 바다에 살던 유기체가 당면하는 최초의 위험은 홍수가 아니라 가뭄의 위험이었다. 따라서 홍수가 난 물에서 아라라트 산山을 건져 올린

---

23) 앙토냉 아르토Antonin Artaud(1896~1948)는 현대 프랑스 극작가, 시인 겸 무대연출가였다.
24) 산도르 페렌치Sandor Ferenczi(1873~1933)는 헝가리 출신 정신분석가이며 프로이트의 제자였다. 『탈라사』에서 페렌치는 인간의 탄생을 물에서 땅으로 진화하는 과정으로 설명하고, 성관계를 인간이 유래한 바다의 삶에 대한 동경, 자궁으로의 회귀와 연결시켰다. 탈라사는 상징적으로 대양, 자궁, 기원 등을 의미한다.

것은 성서에서 말하듯 구원일 뿐 아니라 동시에 나중에서야 육지인들의 관점에서 개정될 기원적인 재난일 것이다.

필사적으로 아라라트 산을 건져 올리려는 아르토는 적어도 예리한 인물이다. 그의 제자들의 소란은 단지 우리가, 예이츠가 말한 것처럼, 어릿광대 옷을 입는 곳에서 살 뿐이라는 점을 상기시킨다.[25] 여전히 힘 있게 펼칠 수 있는 우리 시인들은 그들의 선구자들이 이제 300년 동안 살아왔던 곳에서, 보호자 거룹의 그림자 밑에 살고 있다.

---

[25] 예이츠는 1916년 4월 24일 부활절에 아일랜드 공화국 형제단Irish Republican Brotherhood 주동으로 더블린에서 일어난 영국에 대한 아일랜드인들의 무장봉기에 대한 시 「1916년 부활절Easter 1916」에서 영국 정부에 의해 진압되어 처형된 아일랜드 지도자 15명을 기리는 시를 썼다. 이 시의 제1연에는 무장 봉기 전 평범한 아일랜드인들이 술집의 난롯가에서 농담을 주고받거나 거리에서 인사하는 일상의 모습이 그려지고, 이들이 "어릿광대의 옷을 입는 곳에서 살 뿐이었다But lived where motley is worn"고 묘사된다. 시인은 곧 부활절 봉기에서 이 모든 것이 변했다고 말한다.

맺음말
길에 대한 사색

3일 밤낮을 달려 그는 그 장소를 발견했지만 그 장소는 발견될 수 없는 것이라고 결론을 내렸다.

따라서 그는 생각하기 위해 멈췄다.

이것이 그 장소가 틀림없다. 내가 그 장소를 발견했다면, 나는 중요하지 않다.

혹은 이것이 그 장소일 수 없다. 그렇다면 결과가 없고 나 자신은 축소되지 않는다.

혹은 이곳이 그 장소일 수도 있다. 그러나 나는 그 장소를 발견하지 않았을 수 있다. 나는 항상 이곳에 있어왔던 것일지도 모른다.

혹은 어느 누구도 여기에 없고, 나는 그 장소에 속하며 그 장소에 있을 뿐이다. 그리고 어느 누구도 그 장소를 발견할 수 없다.

이곳이 그 장소가 아닐지도 모른다. 그렇다면 나는 목적이 있고, 중요하지만, 그 장소를 발견하지 않았다.

그러나 이곳은 그 장소임에 틀림없다. 그리고 내가 그 장소를 발견할 수 없으므로 나는 내가 아니고, 나는 여기에 없으며, 여기는 여기가 아니다.

  3일 밤낮을 달려 그는 그 장소에 도착하는 데 실패했고 다시 달려나갔다.

  그 장소가 그를 몰랐거나 아니면 그를 발견하는 데 실패한 것일까? 그는 그럴 능력이 없었던 것인가?

  이야기에서는 단지 그 장소를 발견할 필요가 있다고만 말한다.

  3일 밤낮을 달려 그는 그 장소를 발견했지만, 그 장소는 발견될 수 없다고 결론을 내렸다.

옮긴이 해설
투쟁의 미학―해럴드 블룸의 문학이론

해럴드 블룸Harold Bloom(1930~)은 유대계 미국인으로 20세기 후반 미국의 문학비평을 주도한 현존하는 최고의 서구 문학비평가 중 한 명이다. 그는 1951년 코넬 대학교를 졸업하고 1955년 예일 대학교에서 박사학위를 받은 후 예일 대학교 석좌교수로 영문학을 가르치고 있으며, 거의 40여 권에 이르는 방대한 저서와 수많은 논문을 집필했고, 첼시아 하우스 출판사Chelsea House Publications의 '현대비평해석Modern Critical Interpretations 시리즈'의 편집인으로서 호메로스의 『일리아드』에서부터 최근 문학에 이르기까지 고전 서구문학에 대한 대표적 비평들의 모음집을 편집하고 있다.[1]

블룸이 20세기 후반을 대표하는 문학비평가이긴 하지만 그의 비평은 이 시대를 지배한 주류 비평들과는 다를 뿐 아니라 그들과 갈등하고 대립했다. 그는 탈구조주의를 비판했고 신역사주의를 비롯해 문학을 사회

---

1) 해럴드 블룸의 이력과 비평에 대한 간단한 소개를 위해서는 도널드 피즈Donald Pease의 글을 참조.

역사적으로 해독하려는 모든 비평에 대해 적대적이었다. 블룸의 독특한 이론과 그의 적대적 비평 입장 때문에 현대비평이론의 역사에서 그를 평가하는 것은 쉽지 않다. 자크 데리다Jacques Derrida의 영향을 받은 예일 학파, 즉 예일 대학교의 동료 비평가들인 폴 드 만Paul de Man, 제프리 하트만Jeffrey Hartmann, 제임스 힐리스 밀러James Hillis Miller가 탈구조주의적 문학비평이라는 학파를 형성한 것과 대조적으로, 블룸은 어떤 이론적 학파도 양성하지 못했고 그의 전공 분야인 낭만주의 시 비평에서도 그의 이론에 기초한 실제비평이 양산되지도 않았으며, 심지어 그의 '수정주의'에 대한 학회 토론도 없었다(de Bolla, 6~8). 하지만 역으로 블룸의 이런 적대적이고 심지어 고립된 비평적 입장은 그가 비판하는 비평 경향들과 차별화되는 그의 독특한 문학관을 자리매김하는 데 중요한 맥락을 제공하기도 한다.

1950년대 말부터 50여 년에 걸친 블룸의 주요 비평 대상은 낭만주의 시인들 그리고 예이츠, 월리스 스티븐스, 존 애슈베리, 아치 랜돌프 애먼즈 등 낭만주의 전통을 잇는 현대 시인들이다. 1973년 『영향에 대한 불안』을 쓰기 전까지 블룸의 저서는 『예이츠Yeats』(1970)를 제외하면 모두 낭만주의 시인들에 관한 것이었다. 1959년 처녀작 『셸리의 신화 만들기Shelley's Mythmaking』에서부터 1971년 『탑 속의 종지기The Ringers in the Tower: Studies in Romantic Tradition』에 이르기까지 블룸의 낭만주의에 대한 관심의 핵심은 낭만적 상상력과 비전이었다. 1961년 비평서 『예시적 친구들The Visionary Company』에서 블룸은 여섯 명의 낭만주의 시인, 즉 윌리엄 워즈워스, 새뮤얼 콜리지, 조지 고든 바이런, 존 키츠, 윌리엄 블레이크 그리고 퍼시 셸리가 개인적인 차이에도 불구하고 "상상력이라는 공통 주제"를 갖고 있다고 말한다(3). 그러나 블룸의 낭만주의 해석은 단순히 낭만주의 시의 주제가 상상력이라고 주장하는 것을 넘어서서 낭만주의적 상상력과 비전의 자율성을 강조하여 기존의 낭만주의 해석을 수정하는 것이었다.

17세기의 형이상학파 시인들을 영국 시 전통의 적자嫡子로 삼은 엘리엇 T. S. Eliot 및 엘리엇과 유사한 견해를 가졌던 앨런 테이트Alan Tate, 존 랜섬John Crow Ransom, 클리언스 브룩스Cleanth Brooks, 로버트 워런 Robert Penn Warren이 주도한 신비평은 문학을 아이러니와 역설의 언어로 만들어진 긴장과 이 긴장이 해소되어 통일성을 이루는 형식적 미를 강조했고, 상상력과 비전의 표출로서의 낭만주의 전통을 폄하했다. 블룸의 낭만주의에 대한 관심과 재해석은 낭만주의를 평가절하한 신비평의 문학관에 대한 도전과 비판이었다.

블룸의 낭만주의 해석은 또한 그의 스승인 노스럽 프라이Northrop Frye와 메이어 에이브럼스Meyer H. Abrams의 낭만주의 해석을 계승하면서 비판하는 것이기도 했다. 블룸의 비평가인 데이비드 파이트David Fite는 블룸이 블레이크에 대한 기념비적 비평서인 『무서운 균형 Fearful Symmetry』(1947)에서 블레이크를 위대한 시인으로 평가했던 프라이에게서 신화를 만드는 예시적 상상력의 힘에 대해 큰 영감을 받았지만, 비극, 희극, 로맨스, 풍자를 망라한 문학 전체의 지도를 객관적으로 그리려는 원형비평가였던 프라이와 달리 낭만주의 시인들이 지닌 "자율적인 예시적 상상력의 불안하지만 구원적인 힘"에 유일한 관심을 기울였다고 평가한다(Fite, 17). 파이트는 블룸의 낭만적 상상력의 특성을 자연에 대한 상상력의 우위, 낭만적 추구, 순수한 비전의 일시성, 낭만적 숭고의 비대상적이고 순수한 욕망의 네 가지 특성으로 요약한다. 그중에서도 자연에 대한 예시적 상상력의 승리는 블룸의 코넬 대학교 재학 시절 스승인 에이브럼스가 낭만주의에 대한 위대한 비평서인 『거울과 램프 The Mirror and the Lamp』에서 낭만주의의 특징으로 꼽았던 램프로서의 낭만주의적 상상력에 대한 정의를 수정하는 것이다. 에이브럼스에 따르면 자연을 반영하는 거울로서의 상상력에 대한 고전적 개념과 달리 낭만주의적 상상력은 자연에 빛을 비추는 램프와 같다. 그러나 블룸에게 상상력은 자연에 빛을 비추는 램프보다 훨씬 창조적이고 강력한 힘을 지닌다. 에이브럼스는 낭만주의 문학에서 램프가 비추듯 마음이 자연을 만난다고 보았지만, 블룸에게 낭만주의적 상상력은 단지 자연을 비추는 것이 아니라 자연을 창조하고 변모시키는 비전이다(Fite, 16~19). 따라서 블룸은 자연을 찬미한 워즈워스보다 이런 예시적 상상력의 비전에 투철했던 블레이크와 셸리를 더 높이 평가한다.

 그레이엄 앨런Graham Allen은 상상력의 절대적 자율성을 주장한 블룸의 이론이 "낭만주의에서 마음과 자연의 변증법에 대한 주요 재평가"였다고 지적한다(Allen, 3). 폴 드 만 역시 블룸이 "자연 숭배" 혹은 "마음과 자연의 화해"로서의 낭만주의 문학관을 전복했으며, 이 시기에 블룸의 저서에 "내재화" "마음" "의식" "자아"라는 용어들이 "자연"을 대체했다고 말한다(de Man, 269). 이는 철학적 관점에서 마음/자연, 의식/대상의 이원론을 부정하는 것이며, 문학을 인간의식 혹은 상상적 비전 바깥의 모든 외적 구속으로부터 자유로운 것으로 보려는 문학관을 낳는다. 블룸의 1968년 글 「추구 로맨스의 내재화The Internalization of Quest Romance」는 낭만주의 시인들의 추구가 외적인 자연에 대한 추구가 아니라 시인 내면의 추구라는 점을 밝히는 글이다. 이 글의 결론에서 블룸은 "낭만주의자들이 예언한 인간은 항상 자신 스스로를 낳는 과정에 있는 중심적인 인간이다"라고 말하는데, 앨런은 이 중심적 인간이 "자기 기원의 이상을 나타내는 형상"이라고 지적한다("Internalization" 35, Allen, 10). 즉 낭만주의가 예시豫示하는 이상적인 인간은 스스로를 낳는 창조적 인간이다.

자연에서 상상력을 해방시킨 블룸은 시인이 스스로를 낳는 자기 창조의 원동력이 무엇인가의 문제에 천착하며 이로 인해 블룸의 비평은 새로운 지평을 열게 된다. 이후 블룸의 비평을 지배한 하나의 개념을 꼽자면 그것은 당연히 '영향'이며, 블룸의 비평이 1973년에 출판한 『영향에 대한 불안The Anxiety of Influence』을 전후로 구분된다고 해도 과언이 아니다. 앞서 논의했듯이 블룸의 비평의 전환은 낭만주의 상상력과 비전에 대한 관심에서 태동했다. 그의 최근 저서 『영향의 해부The Anatomy of Influence』에서 블룸은 열일곱 살 때 읽고 감탄한 프라이의 『무서운 균형』의 영향을 20년 넘게 받아오다가 1967년 6월 11일 악몽에서 깨어나 「보호자 거룹 혹은 시적 영향The Covering Cherub; or, Poetic Influence」이라는 한 편의 시를 쓰게 되었고, 이것이 6년 후에 『영향에 대한 불안』으로 발전했다고 회상한다(3). 보호자 거룹에 대한 블룸의 생각은 블레이크의 『밀턴Milton』을 해석하면서 발전했다. 블레이크는 『밀턴』에서 상태들states과 개인들individuals을 구분하면서 상태는 변하지만 개인 정체성은 변하지 않으며 상상력은 상태가 아니라 "인간존재 자체"라고 말한다. 블레이크에 따르면 27개의 교회 혹은 상태는 "보호자 거룹인 밀턴의 그림자"에서 발견할 수 있으며, 따라서 블레이크에게 "보호자 거룹" 혹은 "밀턴의 그림자"는 가변적이고 사멸적인 상태에 불과하다. 블룸은 예이츠가 블레이크를 오해해서 가변적이고 사멸적인 상태라는 블레이크의 개념에 기초해서 시와 상상력의 이론을 세우고자 했다고 비판하며 상상력은 모든 상태를 넘어선다고 주장한다. 블룸은 보호자 거룹을 "창조되지 않은 징신이 드러나는 창조된 형태의 마스크"로 여긴 예이츠를 비판하며, 보호자 거룹이 상상력의 조력자가 아니라 상상력의 발현을 가로막는 내재적인 방해자라고 주장한다. 그는 『블레이크의 묵시록Blake's Apocalypse』에서 보호자 거룹을 "창조적 욕망과 예술적 완성 사이의 장애물"로, 『예이츠』에서는 "시적 영향의 부정적 혹은 억압적인 측면"으로 묘사했다(Fite, 41~42).

『영향에 대한 불안』에서 낭만주의 시인의 상상력을 방해하는 영향의 장본인, 즉 보호자 거룹은 바로 후대 시인이 독창적인 상상력을 펼칠 권한을 선취한 위대한 독창적 선배 시인으로 나타난다. 『영향에 대한 불안』은 자신보다 앞선 위대했던 선배 시인의 영향이라는 방해자와의 투쟁을 통해서만 스스로 독창적인 시인으로 태어나는 위대한 시인의 탄생 과정을 극적으로 서술한 이론서이다.

블룸의 영향이론은 몇 가지 특징을 지닌다. 먼저 그는 자신의 이론이 기존의 원전 연구source study 및 원전 연구가 가정한 연속적 문학사관과 다르다는 점을 분명히 밝힌다. 원전 연구는 작품들의 문체 등의 유사성을 통해서 작품의 기원과 영향 관계를 파악하려는 것이다. 그러나 블룸의 관심은 유사성이 아니라 왜곡이고 차이이며 오역이다. 블룸 이전의 전통적인 영향 연구는 근본적으로 후배 작가가 선배 작가를 모방하는 것을 이상적인 것으로 여기고 문학 전통의 연속성을 당연한 것으로 가정하는 문학사관을 가지고 있었다. 제프리 하트만은 『영향에 대한 불안』에 대한 서평 「천국의 전쟁 War in Heaven」에서 블룸이 문학 전통의 연속성을 자연적인 질서로 가정한 프라이의 문학사관을 전복한다고 지적한다(28~29). 블룸은 『오독의 지도 A Map of Misreading』에서 프라이가 "관심의 신화"라고 부른 전통과 창조의 변증법은 "개인적 재능"이 거대한 "전통"에 흡수된다고 보며 개인과 전통의 연속성을 가정한 엘리엇의 문학관과 마찬가지로 이상화에 지나지 않으며, 이와 반대로 자신의 변증법은 "반복과 불연속의 상호작용"이라고 밝혔다(*Map*, 30). 블룸에게 중요한 것은 문학 전통의 연속성이 아니라 불연속성이며, 선배 작가의 모방이 아니라 선배 작가의 모방을 넘어서 능가하는 것이다. 블룸에게 전통은 선배의 "가르침에 대한 위반"이다(Map, 32). 블룸은 『오독의 지도』에서 언어의 "자유유희"를 강조하는 데리다의 해체론이 "반모방적 antimimetic"이라면 선배 시인의 모방을 넘어서 선배 시인의 우선권과 독창성을 찬탈하는 투쟁의 과정으로 시의 창작을 설명하는 자신의 이론은 "초모방적supermimetic"이라고 말했다(Map, 79~80). 하트만에 따르면 블룸의 이론은 바로 선배 작가의 "원초적 영향을 대면하고 극복하기 때문에 초모방적"이다(Map, 28~30).

블룸은 근대 시인을 "고대인들과 르네상스 대가들로부터 이중으로 물려받은 상상적 풍요에 대해 회의적인 계몽주의 정신에서 태어난 우울증의 상속자"라고 본 월터 베이트Walter Jackson Bate의 『과거의 짐과 영국 시인 The Burden of the Past and the English Poet』을 언급하는데, 이는 베이트가 과거와 현재의 문학 사이의 불연속성을 검토한 비평가이기 때문일 것이다. 루이스 렌자Louis Renza에 따르면 베이트는 18세기에 들어서 시인이 "과거의 짐"을 겪고 "자신이 할 수 있다고 느끼는 것과 과거 예술과 문학의 풍부한 유산을 비교할 때" 창작에 대한 "자신감의 상실"을 경험한다고 주장했다. 그러나 베이트는 이런 시인의 위기와 불안을 18세기적인 상황에 기인한 것으로 보는 반면 블룸은 영향에 대한 불안이 시대적인 상황에 기인한 것이 아니라 시인의 상상력에 불가피하게 내재한 것으로 본다(Renza, 187).

둘째로 블룸의 영향 연구는 키르케고르와 니체의 철학 그리고 특히 프로이트의 정신분석학에서 큰 영향을 받았다. 블룸은 젊은 시인이 위대한 선배 시인의 영향과 맞서 투쟁하는 과정에서 시인으로 태어나는 과정을 프로이트의 정신분석학적 개념들로 이해하고 설명했다. 블룸의 책에는 가족 로맨스, 방어기제, 양가감정, 억압, 승화, 신경증, 우울증, 자아, 이드, 초자아 등의 정신분석학적 용어들이 빈번히 동원된다. 무엇보다도 블룸은 불안이라는 개념을 프로이트에게서 빌려와 이를 자신의 이론에 창조적으로 적용했다. 블룸과 프로이트의 관계를 논할 때 주의할 점은 블룸이 아버지와 아들 간의 오이디푸스적 갈등과 투쟁만큼이나 혹은 이보다 더 불안이라는 개념을 중요시했다는 것이다. 블룸이 젊은 시인과 선배 시인의 관계를 오이디푸스적 경쟁 관계로 풀어내고 있다는 점에는 의심의 여지가 없다. 하지만 그가 1997년에 쓴 이 책의 새 서문에서 "'영향에 대한 불안'이란 말로 프로이트의 오이디푸스적 경쟁심을 의미한 것이 아니"라고 밝히고 있듯이, 그의 이론은 시인이 시인으로서 태어나는 과정, 즉 새로운 독창적 시가 창작되는 과정을 오이디푸스적 투쟁이라는 공식으로 환원하지 않는다.

블룸은 『영향에 대한 불안』을 시작으로 소위 이론 4부작으로 불리는 세 권의 저서, 『오독의 지도』(1975), 『카발라와 비평 Kaballah and Criticism』(1975), 『시와 억압 Poetry and Repression』(1976)을 출판했다. 이 4부작 그리고 그 이후의 저서에서 블룸이 프로이트 이론을 포함한 정신분석학을 어떻게 자신의 이론에 적용했으며 그의 이론과 정신분석학이 정확히 어떤 관계를 맺고 있는지는 별도의 연구를 필요로 한다.[2] 여기에서 옮긴이는 단지 블룸이 프라이, 에이브럼스, 베이트 및 자신의 선배 비평가들의 이론을 수정했듯이, 자신의 시론을 위해 프로이트의 이론도 수정했다는 점을 간단히 지적해야겠다. 블룸은 여러 차례 자신이 프로이트를 어떻게 수정했는가를 언급하는데 그중에서도 프로이트의 승화이론을 비판한 것에 주목해야 한다. 그는 프로이트의 승화이론이 성취할 수 없는 꿈과 욕망을 다른 것으로 대체하는 것이며, 자신이 논하는 강한 시인에게는 승화가 존재하지 않는다고 밝힌다. 즉 강한 시인은 자신

---

[2] 이 점에 대해서는 졸고 「텍스트와 주체: 해럴드 블룸의 문학이론과 정신분석」 참조.

의 위대한 선배 시인에 대한 오이디푸스적 욕망을 성취하지 못하는 것을 다른 것으로 대체하지 못해 끝까지 선배 시인과의 투쟁을 포기하지 않는다는 것이다.

승화에 대한 블룸의 비판은 그가 프로이트의 오이디푸스 콤플렉스 이론에서 아버지와의 갈등과 투쟁을 선택적으로 사용하고 이 콤플렉스가 어떻게 해소되는가에 대한 프로이트의 이론은 배격하는 것을 의미한다. 왜냐하면 오이디푸스 콤플렉스의 해소는 바로 아버지의 권위를 받아들여 초자아가 형성되어 사회도덕적 법을 내재화하는 과정이고, 블룸은 시인이 시인으로서 태어나는 과정은 선배 시인의 우선권을 쟁취하기 위한 투쟁에서 물러서지 않는 것으로 보기 때문이다. 따라서 블룸은 오이디푸스적 갈등보다 불안을 더 중요시 여기는 것으로 보인다. 『영향에 대한 불안』에서 오이디푸스적 투쟁에 관한 설명은 짧고 또 부정적 평가가 동반되기도 하지만 '불안'이란 단어는 160번이나 반복적으로 등장한다. 또한 블룸은 불안 자체의 중요성을 역설한다. 독창적인 시의 창조는 불안을 극복함으로써 이루어지는 것이 아니라 불안 그 자체라는 것이다.

블룸의 영향이론의 세번째 특징은 시를 관계의 산물로 파악하는 것이다. 블룸은 시를 다른 시와의 영향 관계 관점에서 파악함으로써 문학작품을 외적인 문맥에서 자유로운 자율적이고도 통일적인 대상으로 파악한 신비평적 문학관에서 벗어났다. 시는 독립적인 미적 대상이 아니라 불가피하게 앞선 선배 시와의 관계를 통해서 태어난다. 선배 시는 단순히 새로운 시의 배경이 아니라 그 시를 태동하게 하는 필수적인 촉매이다. 블룸은 4부작 중 두번째 책인 『오독의 지도』에서 "내가 생각하기에 영향은 텍스트들이 없고 오로지 텍스트들 사이의 관계들만 있을 뿐이라는 것을 의미한다"고 말하고, 세번째 책인 『카발라와 비평』에서 "나는 의미가 시들 안이나 시들에 의해서가 아니라 시들 사이에서 생산된다고 믿는다"고 말했다(*Map*, 3; *Kaballah*, 88). 시를 다른 시와의 관계에서 파악하는 것은 블룸의 이론이 생성되던 1970년대에 미국 문학비평계를 지배하기 시작한 탈구조주의적 문학관의 영향이라고 볼 수 있다. 책book 시대의 종말과 텍스트text 시대의 시작을 선언한 데리다, 마찬가지로 작품work이 아닌 텍스트로서의 문학을 주장한 롤랑 바르트Roland Barthes의 탈구조주의적 문학관은 문학을 독립적인 개체의 집합이 아닌 텍스트의 네트워크의 일부로 파악하며 상호텍스트성intertextuality이라는 개념을 만들어내었다. 시를 텍스트의 상호작용으로 파악한다는 점에서 블룸의 이론은 상호텍스트성 이론과 무관하지 않다.

그러나 블룸의 이론을 탈구조주의 이론과 동일시하는 데에는 한계가 있다. 아마도 블룸의 이론과 탈구조주의의 관계를 가장 잘 보여주는 것은 예일 대학교 동료였던 폴 드 만과의 논쟁일 것이다. 앞서 언급했듯이 폴 드 만은 『영향에 대한 불안』에 대한 서평에서 이 책 이전의 블룸의 시도는 상상력을 "자연이라는 범주가 더 이상 작동하지 않는 영역으로 자신의 법을 따라 발전하는 자율적 힘"으로 파악하려는 것이었지만 이 책에서 블룸은 "시어를 자연에 대한 지시의 구속에서 해방시키려는" 시도에서 후퇴하여 젊은 시인과 선배 시인 사이의 갈등으로 파악함으로써 "심리적 자연주의"에 빠진다고 비판했다. 폴 드 만이 보기에 젊은 시인과 선배 시인의 갈등을 시적 창조의 중요한 동기로 파악함으로써 블룸은 "단어와 사물" 혹은 "단어와 단어" 사이의 관계에서 "주체들 사이의 관계"로 돌아간다. 소위 언어학적 전회linguistic turn로 불리는 탈구조주의의 입장은 텍스트, 데리다의 용어로 말하면, 글writing을 주체에서 해방시켜 비지시적인 언어작용의 자율적 장으로 파악하는 것이다. 이런 관점에서 폴 드 만은 블룸의 이론이 "주체에 다시 중심을 둔 상징적 서사"로서 "문학 텍스트를 그 텍스트의 진리와 거짓의 관점에서 고려하는 참된 인식론적 계기"를 결여하고 문학을 "사랑과 증오의 관점"에서 파악한다고 비판했다. 폴 드 만의 관점에서 인식론적 계기는 시론에 필수 불가결한 것이며 모든 시론은 "자아가 아니라 언어에 뿌리를 두어야" 한다(de Man, 270~72).

이런 비판에도 불구하고 폴 드 만은 블룸의 책에서 탈구조주의적인 요소를 찾아내는데, 이는 블룸과 탈구조주의의 복잡한 관계를 이해하는 데 매우 중요하다. 폴 드 만은 시적 창조의 계기를 어떤 전기적 혹은 역사적 사건이 아니라 후배 시인이 선배 시인과의 만남에서 찾았다는 점에 블룸의 통찰력이 있다고 주장하며 이 만남은 독자와 텍스트의 만남이 전치된 것이라고 해석한다. 이런 관점에서 젊은 시인과 선배 시인의 조우는 텍스트 내적인intratextual 것이며, 따라서 블룸이 주장하는 의도적인 오역을 무시하고 텍스트 사이의 오역과 오독의 언어적이고 "구조적인 패턴"에 주목해야 한다는 것이다(de Man, 273~74). 폴 드 만은 블룸의 여섯 개 수정률을 여섯 개의 수사학적 장치(비유, 제유, 환유, 과장법, 은유, 대체 용법)로 설명한다.

그러나 폴 드 만의 해석은 블룸 이론의 진실보다는 오히려 폴 드 만 자신의 이론을 더 잘 보여주는 측면이 있다(Barzilai, 139). 블룸은 다음 저서인 『오독의 지도』를 폴 드 만에게 헌정하고 폴 드 만이 제시한 여섯 개 중 첫번째 일반적 범주인 비유를 아이러니로 대체하는 것을 제외하면 다섯 개를 차용할 만큼 폴 드 만의 탈구조주의적 수사학적 해석의 영향을 받는다. 이 책의 내용 자체가 『영향에 대한 불안』에서 자신이 제시한 여섯 개의 수정률을 수사학적으로 설명하는 데 초점을 맞추고 있다. 하지만 그는 이 책에서 자신이 언어의 범주에서 주체의 범주로 후퇴했다는 폴 드 만의 비판에 대해서 자신의 입장을 변호한다. 그는 후대 시인이 선배 시인의 힘을 탈취하여 역전을 만들어내는 투쟁을 심리학적인 것이 아니라 언어학적인 것으로 보려는 폴 드 만의 시도는 영향을 여러 비유 중의 하나, 즉 "언어 구조 사이의 조우를 통시적 서사로 탈바꿈하는 은유"로만 해석하여 영향을 궁극적으로 "의미론적 긴장" "직설적 의미와 비유적 의미 사이의 상호작용"으로 환원시킨다고 비판한다. 여섯 개의 복합적인 비유로서의 "영향은 언어의 문제로 환원될 것이 아니라 주체 중심적인, 사람과 사람의 관계로 남는다"(*Map*, 76~77). 블룸은 시가 "언어적 양식"이 아닌 "담론적 양식"이며 담론의 구조는 이를 구속하는 언어를 벗어난다고 말하며 담론과 언어를 구별한다(*Map*, 68).

블룸이 담론과 언어를 구분하는 기준에는 주체가 개입되어 있다고 볼 수 있다. 즉 담론의 양식은 언어의 자유유희가 이루어지는 공간이 아니라 하나의 비유가 앞선 다른 비유와 갈등하는 공간이며, 이 갈등은 정신분석학적으로 방어 메커니즘이기 때문이다. 따라서 "언어로 무엇을 창작하기 위해 우리는 비유에 의존해야 하며 그 비유는 앞선 비유에 맞서 우리를 방어한다"(*Map*, 69). 블룸이 "비유 혹은 방어"라고 말하며 비유와 방어를 동일시하는 것은 시 창작의 과정에 주체가 불가피하게 개입되어 있음을 인식하고 이를 "언어의 감옥"에서 구원하고자 하기 때문이다(*Map*, 68). 그가 방어라는 정신분석 용어를 동원하는 것은 문학을 언어의 유희로 이루어진 텍스트의 구조로 인식하는 탈구조주의로부터 주체의 범주를 포기하지 않는 자신의 시론을 변호하기 위해서이다.

블룸은 1980년에 쓴 『윌리스 스티븐스*Wallace Stevens*』에서 데리다와 폴 드 만의 해체론에 대해 더 예리한 비판을 가하면서 자신의 이론을 발전시킨다. 그는 폴 드 만의 수사학 이론이 설득으로서의 수사와 비유 체계로서의 수사 사이에서 항상 아포리아aporia를 발견하며, 해체론적 시 읽기는 항상 "설득이 비유들의 춤 혹은 상호작용에 굴복하는 한계점"을 인식하는 것이라고 말한다. 즉 폴 드 만의 해체론은 순수한 수사학적 비평이며, 이 비평은 "시를 개념적 수사로 볼 뿐 그 이상으로 보지 않는다." 블룸이 보기에 해체론적 독해는 근본적으로 인식론적일 뿐 시적인 독해가 아니다. 해체론적 비평가에게 "비유는 지식의 비유일 뿐 의지의 비유가 아니기" 때문에 "그 자체로 포기와 대조되는 에너지, 모든 형식을 거부하는 힘," 즉 욕망의 차원을 고려하지 못하고 시를 비유의 언어적 체계로만 인식한다. 블룸은 해체론의 한계를 벗어나기 위해서는 "수사학을 비유의 인식론을 넘어서 설득의 의지의 공간으로 다시 들어서는 것"으로 보아야 하고 "해체론이 허용하는 것보다 더 포괄적인 수사학의 비전"이 필요하다고 말하며 이 새로운 수사학을 "통시적 수사학diachronic rhetoric"이라고 부른다. 통시적 수사학은 "모든 공시적 비유 개념이 그 자체로 필연적으로 또 다른 비유라는 점"을 인식하는 것이다(*Wallace Stevens*, 386~88). 해체론의 수사학이 시를 공시적인 비유들의 언어적 체계로 본다면, 블룸의 통시적 수사학은 시를 앞선 시의 비유에 대한 방어적 비유로 파악하는 것이다.

블룸이 보기에 폴 드 만의 개념적 수사학conceptual rhetoric은 시 텍스트 안에서 아포리아를 찾아내어 "텍스트가 텍스로서의 자신의 한계, 수사성으로서의 자신의 위치를 인식론적으로 알고 있음"을 지적하며 그 텍스트를 해체하지만, 폴 드 만의 비유trope는 근본적으로 인식론적이고 언어학적이며 시적인 것이 아니다. 블룸은 오독으로서의 비유라는 자신의 비유 개념이 더 심층적이라고 주장한다. 왜냐하면 비유는 "지식의 비유적 표현figure이라기보다 의지의 비유적 표현"이기 때문이다. 폴 드 만은 시를 텍스트로 환원하기 때문에 텍스트의 표면만을 보고 텍스트가 표면 밑의 의도intentions와 어떤 갈등과 투쟁을 벌이는지를 보지 못한다. 왜냐하면 그는 "정신psyche을 단지 또 다른 텍스트로 간주하는 순수한 수사학자"이기 때문이다(*Wallace Stevens*, 393~96). 블룸은 따라서 텍스트로 환원되지 않는 의도, 의지, 에너지, 정신의 차원을 심층적인 것으로 보고 있다. 흔히 표면과 심층의 이분법을 가정하는 구조주의를 해체한 탈구조주의 입장에서 보면 블룸의 이론은 퇴행적으로 보일 것이다. 그러나 블룸의 시론이 갖는 장점은 바로 텍스트에서 주체를 추방하지 않고, 시도의 성공 여부를 떠나서 텍스트와 주체의 관계를 더 철저히 탐구하려고 했다는 데 있다.

그러나 탈구조주의와 자신의 시론 사이에 선을 그으려는 블룸의 시도가 항상 성공하지는 않는다. 왜냐하면 블룸은 영향을 때로는 후배 시인과 선배 시인 사이의 관계로, 때로는 새로운 시와 앞선 시 사이의 관계로 설명하기 때문이다. 예를 들어 블룸은 불안이 "비의도적이고 거의 무의식적인 경향"을 지니기도 한다고 말하는데, 이는 그가 시와 시 사이의 영향의 관계를 주체의 관점에서보다는 텍스트적인 관점에서 파악하는 것을 보여준다. 그가 1997년 「서문」에서 『영향에 대한 불안』이 독자들에 의해 오독되어왔으며 "영향에 대한 불안이 선구자에 대한 것이라기보다는 이야기, 소설, 희곡, 시 혹은 수필에서 성취되는 불안"이라고 말하는 것은 이 불안이 근본적으로 주체들 사이에 발생하는 것이라기보다는 시적 텍스트에서 실현된다는 점을 강조하기 위한 것이다. 따라서 블룸은 영향에 대한 불안이 "후대 작가들에 의해 내재화될 수도 되지 않을 수도" 있다고 말한다.

그렇지만 블룸의 설명은 모순적이고 불명확하다. 블룸은 폴 드 만의 영향으로 영향과 불안을 수사학의 관점에서 다시 보완하는 작업을 하기 이전에도 『영향에 대한 불안』에서 모순되는 발언을 한다. 예컨대 그는 "우리는 대조적 의미를 지닌 원초적 말들을 다루는 것이며, 이피브의 최고의 오역은 자신이 결코 읽지 않은 시에 관한 것일 수도 있다"고 말하는데, 이는 영향과 불안이 시인이라는 주체의 차원이 아닌 시 텍스트의 문제라는 점을 시사한다. 피터 드 볼라는 블룸이 말하는 불안은 "결코 개인에게 내재적인 것이 아니라 항상 시 자체의 영역"이며 "블룸의 이론은 때때로 어떻게 보일지라도, 개인에 관한 것이 아니라 텍스트와 시에 관한 것"이라고 주장한다(de Bolla, 20). 그러나 블룸은 동시에 "키츠가 셰익스피어, 밀턴, 워즈워스를 읽지 않았다면 우리에게 키츠의 송시나 소네트 그리고 그의 『히페리온』 2부작은 없었을 것이다. 테니슨이 키츠를 읽지 않았다면 테니슨의 시는 거의 전무했을 것이다"라고도 말한다. 블룸이 시인이라는 개인이 아니라 읽는 독서행위를 염두에 두고 이런 발언을 했다고 하더라도 시와 시인, 텍스트와 주체, 수사학과 심리학의 문제는 블룸의 이론에서 결코 명료하게 해소되지 않는다.

  이제 블룸의 영향이론의 특징을 염두에 두고 그가 이 책에서 설명하는 영향에 대한 불안이 시적 창작으로 나타나는 과정을 살펴보자. 블룸은 새로운 시가 선배 시와 맺는 관계에서 창조되는 과정에 주목하는 비평을 대조비평antithetical criticism이라고 불렀다. 여기에서 'antithetical'의 의미는 단순하지 않다. 왜냐하면 앞서 지적했듯이 블룸의 이론에는 텍스트와 수사학에 주목하는 탈구조주의적 사유와 주체, 의지, 욕망을 중요시하는 니체적, 프로이트적, 혹은 인본주의적 사유가 복잡하게 균형을 이루며 혼재하기 때문이다. 예컨대 블룸은 이 단어를 설명하면서 "나는 '대조적'이라는 용어를 균형 잡힌 혹은 병렬 구조, 구절, 단어 속에서 대조적 관념들의 병치라는 수사학적 의미로 사용한다"고 말한다. 이때 블룸은 분명히 상반되는 두 항목의 병치로 발생하는 수사학적 효과에 관심을 갖고 있다. 이 효과는 텍스트로서의 시의 병치와 대조에 의해 발생한다. 그러나 블룸은 "니체는 대조적인 것의 예언자이며, 그의 『도덕의 계보』는 미학적 기질에서의 수정적이고 금욕주의적인 경향들에 대해 내가 얻을 수 있는 가장 심오한 연구"라고 말하면서 이 단어를 니체에게서 빌려왔음을 암시한다. 블룸이 인용하고 있는 부분은 『도덕의 계보』의 세번째 에세이에서 니체가 서구 세계를 지배해온 금욕적 이상 ascetic ideal을 비판하면서 이 이상에 반대되는 이상을 언급하고 있는 부분이다. 여기에서 antithetical의 독일어 원어는 'gegenerisch'이며 주로 opposing으로 영역된다.[3] 즉 니체에게 이 단어의 의미는 단순히 수사학적인 대조가 아니라 반대되거나 대항적이라는 의미를 지닌다. 블룸은 『시와 억압』에서 "니체는 『도덕의 계보』에서 그가 "'금욕적 이상'이라고 공격했던 것에 대한 반대적antithetical 대항자로서 예술을 보았다"고 말한다(Poetry and Repression, 221). 여기에서 블룸은 니체가 예술이 "과학보다 더 근본적으로 금욕적 이상에 반대될 수 있다"는 발언을 염두에 둔 것이다(On the Genealogy of Morals, 153~54). 이런 의미에서 antithetical의 의미는 수사학적으로는 대조적, 철학적 이론적으로는 대항적, 반대적이라는 의미를 지닌다. 후자의 의미는 젊은 시인이 선배 시인에 대해 대항한다는 점을 분명히 함축하고 있다.

이런 이중적 의미를 지닌 대조 혹은 대항 비평은 젊은 시인이 선배 시인의 시의 영향에 대한 불안을 통해서 새로운 시를 창조하는 과정을 수사학적 대조 및 심리적 갈등과 투쟁에 주목하여 밝혀내는 작업이다. 블룸은 이 과정을 오류misprison 혹은 오독misreading으로도 부르며 이 과정을 여섯 개의 수정률revisionary ratio로 설명한다. "오류" "오독" "수

---

3) Fite, 206 참조. 파이트는 발터 카우프만Walter Kaufmann이 이 용어를 opposing으로 영역했다고 밝힌다. 카우프만뿐 아니라 클라크Maudemarie Clark와 스웬슨Alan J. Swensen도 opposing으로 영역한다.

정"은 모두 새로운 시가 선배 시와의 영향을 통해 창조되는 과정에 필연적으로 동반되는 탈구의 메커니즘을 잘 설명해주는 용어들이다. 비율 ratio은 블레이크가 사용한 용어로서 알려진 사실들에 기초해서 이성 Reason이 조직한 제한된 체계를 뜻한다. 블레이크는 "이성 혹은 우리가 이미 알고 있는 모든 것의 비율은 우리가 더 알게 될 때와 같지 않을 것"이며, "시적 혹은 예언적 인물이 없다면 철학적이고 실험적인 것은 만물의 비율에 있게 되어 동일하고 지루한 순환을 반복하는 것밖에 다른 능력이 없이 정체될 것"이라고 말하는데 이는 곧 비율이 창조성을 가로막는 이데올로기적 체계임을 암시한다.[4] 하트만에 따르면 블레이크에게 비율은 "두 개 혹은 그 이상의 동일한 크기의 항들 사이의 비율적, 환원적 혹은 비창조적 관계"를 뜻한다. 그러나 "블룸에게 두 항은 항상 원천인 선구자와 후대 시인, 혹은 문학적 '아버지'와 '아들'이기 때문에, 수정주의적 관계는 기본적으로 불균등한 것들 사이에 균등을 만들어내려는 교묘한 시도이다"(Hartman, 31). 선배 시와 후배 시, 아버지와 아들의 불균등한 힘 사이에 등식을 만들어내는 과정은 필연적으로 강한 자의 힘을 찬탈하는 과정이며 또한 블레이크의 신화에서와 달리 창조적인 과정이 될 수 있다.

  블룸은 『오독의 지도』에서 『영향에 대한 불안』에 소개한 여섯 개의 수정률을 수사학적 비유들과 정신분석학적 방어기제들로 설명했다. 앞서 지적했듯이 이는 수정률을 텍스트적이면서도 동시에 심리적인 것으로 파악하고 있음을 뜻하며, 이 설명들을 복합적으로 고려하면 블룸의 수정률을 보다 정확히 이해할 수 있다. 첫번째 수정률은 **클리나맨**clinamen이다. 클리나맨은 선배 시에서 이탈하여 오독하는 과정의 시작이다. 블

---

[4] 데이먼Damon의 *Blake Dictionary* 중 "A Ratio" 참조.

룸은 이 용어를 루크레티우스가 설명한 원자의 이탈적 추락이라는 의미에서 빌려왔는데 이는 창조의 과정에 동반되는 선배 시로부터의 이탈, 타락, 오독을 의미한다. 블룸에게 이런 창조적 타락의 대표적인 예는 밀턴의 『실낙원』에 등장하는 사탄이다. 사탄은 신에 반역하여 지옥으로 추락하는데 블룸은 사탄의 이런 반역과 타락이 바로 강한 시인의 창조적 반역을 가장 잘 예시한다고 본다. 블룸은 클리나맨에 대한 설명을 마치면서 타락한 사탄의 심리를 "내가 추락할 때 나는 이탈했고 그 결과 나는 내 스스로의 창조에 의해 개선된 이곳 지옥에 있다"고 표현한다.

수사학적으로 클리나맨은 아이러니에 해당하며 이는 "시의 내적 상황에 대해 하나를 의미하면서 또 다른 것을 말하는 관계"이고 선배 "시의 의미가 이미 방랑을 시작했기 때문에 오독되어야 한다는 것"에 대한 최초의 인식을 의미한다. 블룸은 이 과정을 현존과 부재의 관계로도 설명한다. 젊은 시인은 선배 시인의 시를 "견딜 수 없는 현존"으로 여기고, 새로운 시는 이 현존을 비워서 발생한 "부재가 새로운 현존을 수용하는 것으로 우리를 속일 수 있다는 환상"과 더불어 시작한다(*Map*, 71) 이는 또한 선배 시 속에 포함되어 있으나 선배 시가 미처 알지 못하는 부정적 계기를 인식하는 것을 뜻한다고도 볼 수 있다(Renza, 189). 정신분석학적으로 이는 반동 형성reaction formation에 해당한다. 블룸이 클리나맨을 반동 형성으로 설명한 것을 이해하기 위해서는 그가 여섯 개의 수정률을 제한limitation 혹은 수축contraction과 재현representation 혹은 확장expansion의 반복운동으로도 설명했다는 점을 먼저 이해해야 한다. 여섯 개의 수정률은 시가 창조되는 과정에서 수축 혹은 제한되는 과정 그리고 확장 혹은 재현되는 과정을 세 번 반복하게 된다. 클리나맨은 첫번째 제한과 수축의 단계이다. 그러므로 반동 형성은 선배 시로부터 이탈을 통해서 새로운 시의 반역이 시작되지만 이 반역의 충동에 대한 반동 형성으로 제한되는 현상에 해당한다고 볼 수 있다. 블룸은 이를 "반 카섹시스를 아주 명백히 드러내면서도 반대되는 충동들의 표현을 방해하는 데 기여하는 경련 혹은 경직의 제한"이라고 표현한다(*Map*, 71).

그다음 수정률인 테세라tessera는 원래 고대 신비 숭배에서 인식의 표지로 활용되던 도자기의 파편을 의미한다. 따라서 테세라는 도자기의 파편들이 맞추어져 전체가 되듯이 새로운 시가 선배 시를 대조적으로 완성시킨다는 것을 의미한다. 새로운 시는 "절단된" 상태로 남았을 선배 시를 완성한다. 이에 해당하는 수사학적 비유는 제유synecdoche이다. 제유는 부분과 전체의 관계를 나타내며 이는 미완성의 부분인 선배 시가 전체인 새로운 시에 의해 완성되는 것을 뜻한다. 따라서 선배 시의 "영향은 부분이 되고" 새로운 시의 "자기 수정주의, 자기 재잉태"는 선배 시의 전체가 된다(*Map*, 72). 이에 해당하는 방어기제는 "자기 자신으로의 선회turning against oneself"와 반전reversal이다. 프로이트는 자기 자신으로의 선회를 욕동의 대상이 타자에게서 자신으로 바뀌는 것으로, 반전을 욕동의 목표가 능동적인 것에서 수동적인 것으로 바뀌는 것으로 설명하면서 가학성이 피학성으로 바뀌는 경우처럼 이 둘은 밀접히 연관되어 분리될 수 없다고 보았다.[5] 블룸의 이론에서 이는 선배 시에 대한 "공격적 충동"을 자신에게로 향하게 하는 것으로 볼 수 있다. 클리나멘이 수축이고 제한이라면 테세라는 복원restitution이고 재현이다.

블룸에 따르면 이런 복원과 재현은 새로운 불안과 수축을 야기하는데 그것이 바로 케노시스kenosis이다. 블룸은 "그리스도가 신으로부터 인간

---

5) Laplanche and Pontalis 399 참조.

으로 자신을 '겸허히 낮춘' 것에 대한 성 바오로의 설명에서 케노시스를 가져왔다"고 말하면서 이것이 "비우기"의 뜻을 지닌다고 설명한다. 클리나맨에 해당하는 "영향의 아이러니가 (선배 시의) 현존의 무효화 혹은 부재화였던 것처럼 (케노시스는) 앞선 언어의 충만함을 비우는 것"이다. 케노시스는 이렇게 선배 시를 비우는 과정은 수사학적으로 환유 metonymy에 해당한다. 테세라에서 선배 시와 새로운 시가 부분과 전체의 관계를 가져 후자가 전자를 완성하는 것이었다면, 선배 시를 비운 상태에서 선배 시와 새로운 시의 관계는 "마치 선구자가 존재하지 않았던 것처럼 단지 우연적이고, 인접적이고, 환유적이 된다. 케노시스는 따라서 이피브가 전오이푸스적 비경쟁적 유아적 관점에서 글을 쓸 수 있는 능력을 갖는다는 환상을 만들어낸다"(Renza, 190). 케노시스에 해당하는 방어기제는 "격리isolation"와 "취소undoing" 그리고 "퇴행 regression"이다. "자신 속에서 선구자의 힘을 '취소하는 것'은 자아를 선구자의 입장으로부터 '격리'시키는 것"이며, "시적 경험이 좀더 순수한 쾌락으로 보였던 창조의 가정된 초기로"의 '퇴행'인 것이다(*Anxiety*, 88; *Map*, 72).

케노시스 다음의 수정률은 악마화demonization이다. 블룸에게 사탄이 반역적 창조를 대변하는 인물이듯이 여기에서 악마는 선악의 기준으로 악을 뜻하는 것이 아니다. 블룸은 고대인들에게 악마는 "신에게 근접한 위대한 마음을 지닌 자들"을 뜻하기도 했으며 "사람을 시인으로 만드는 힘은 악마적"이라고 말한다. 악마화는 특히 선배 시인의 시에 나타난 숭고에 맞서는 반-숭고의 미를 자신의 시에서 드러내는 상상력의 분출을 의미한다. 블룸은 "선구자의 숭고에 반대하며 새로 강해진 시인은 악마화, 선구자가 상대적으로 약하다는 것을 암시하는 기능을 지닌 반-숭고를 겪는다"고 말한다. 비유적으로 악마화는 과장법hyperbole에 해당하는데 이는 선구자의 숭고에 맞서기 위한 반-숭고를 표현하기 위해 더 많은 말이 필요하기 때문이다. 블룸은 여섯 개의 수정률 중에서 과장법이 "상상력의 비전에서 과장적이었던" 전성기 낭만주의에 가장 중요한 비율이라고 말한다(*Map*, 73).

과장법에 상응하는 방어기제는 프로이트 정신분석의 방어기제 중 가장 중요한 억압repression이다. 과장법이 억압인 이유는 선배 시의 숭고에 맞선 반-숭고를 표출하는 과장법이 결국 선배 시의 숭고를 억압하기 때문이다. 파이트가 주장하듯이 블룸에게 새로운 시 전체가 "선구자에 대한 원억압primal repression"에서 발생하는 것이라면, 악마화에서는 선구자에 대한 특수한 억압이 일어난다고 볼 수 있다(Fite, 81). 블룸은 이 억압이 "무의식적으로 고의적인 망각을 은폐한다"고 말한다(*Map*, 73). 그는 "강한 시의 특권은 목소리를 목소리로 억압하려고 투쟁하는 것"이라고 말하는데, 이는 바로 선배 시를 고의적으로 망각하는 것이다(*Agon*, 239). 새로운 강한 시의 위기는 "다른 시나 시들의 인용 혹은 인용들이 억압되는" 계기에서 발생하는데 이 "위기의 극복은…… 경쟁 시의 참된 극복은 아니지만 경쟁 시보다 항상 더 말하는 것이다. 이렇게 과장법적으로 더 말하기 혹은 더 많이 말하기는 롱기누스가 고양 혹은 숭고라고 불렀던 것을 성취한다." 선배 시보다 더 말하기는 "인용을 향한 자신의 성향, 동어반복의 위상을 지닐 반복을 향한 자신의 성향을 비우고 피하는 것," 즉 선배 시를 인용하고 반복하려는 욕망을 억압하는 것이다(*Agon*, 239~40).

다섯번째 수정률은 아스케시스askesis로서 블룸은 이 말을 "고독의 상태에 도달하려고 의도하는 자기정화 움직임"으로 정의하고 이 용어를 소크라테스 이전의 샤먼의 수행에서 빌려왔다고 말한다. 악마화로 인해 "반-숭고의 새로운 억압력에 도취한 강한 시인은 악마적으로 고양되어" 선구자와의 투쟁에서 승리하지만, 그는 선구자에 대한 공격 본능을 자신에게로 향하게 하여 "내면화된 공격성을 형성"하고 자기정죄적이 되어 고독의 상태에 도달한다. 블룸은 아스케시스에 해당하는 비유가 은유metaphor라고 말하는데, 그 이유는 이에 상응하는 방어기제인 승화sublimation의 특성을 통해 이해할 수 있다. 블룸은 프로이트가 승화와 동일시가 밀접히 연관된다고 추정한 것을 토대로 아스케시스에서 후배 시인은 선배 시인과 동일시한다는 점을 암시한다. 그는 승화를 "아스케시스의 한 형태, 선구자와 이피브 둘 다의 창조의 원주를 좁히는 대가를 치르면서도 변형을 추구하는 자기축소"라고 말하는데 이는 선구자에 대한 공격성을 내면화해서 자신에게로 향하게 하여 자기정죄적인 상상력의 축소를 겪음으로써 동시에 동일시를 통해 선구자의 상상력을 축소하는 것으로 이해할 수 있다. 젊은 시인은 "선구자를 포함한 타자들로부터 자신을 분리하기 위해 자기 자신의 인간적 상상적 재능의 일부를 포기하는데, 선친의 시도 아스케시스를 겪게끔 자신의 시를 선친의 시와 관계를 갖게 함으로써 자신의 시 속에서 이 작업을 수행"하고 이 과정에서 "선구자의 재능 또한 잘려나간다."

"은유가 유사성을 통해 압축하듯이 승화 역시 하나의 이름을 적용할 수 없는 대상에게 전이하거나 이행시킨다." 블룸에 따르면 프로이트 이론에서 "승화는 성sexuality이라는 이름을 사고와 예술로 이행시킨다. 왜냐하면 프로이트적 승화는 성과 시를 포함한 지적 사유 사이에 있다고 가정되는 유사성에 기초한 압축이기 때문이다"(*Map*, 101). 즉 은유와 승화는 유사성에 기초해서 두 항목을 하나로 압축하는 과정이다. 젊은 시인은 아스케시스에서 선배 시인과 승화를 통한 동일시에 이르지만, 이 동일시는 실패하고 만다. 블룸은 삶에서 승화는 지혜로운 것일 수 있지만 문학에서 승화는 패배할 수밖에 없다고 말한다. 왜냐하면 승화에서 이루어지는 동일시는 "불가피한 타자의 형태로서, 결코 다시 추방될 수 없는 이원론으로서 선구자의 생존"을 수용하는 것이기 때문이다(Map, 73). 블룸은 "주체와 대상의 대립은 이들을 통합하려는 모든 은유를 패배시키며, 은유를 정의하고 제한하는 것은 바로 이런 특징적인 패배"라고 말한다(Map, 101). 아스케시스에서 젊은 시인은 공격성의 승화를 통해서 선배 시인과 동일시를 이루려고 하지만 유사성에 기초한 은유적 압축의 시도는 주체와 타자, 젊은 시인과 선배 시인 사이의 이원론에 의해 좌절된다. 은유는 "시를 밖과 반대되는 안의 가망 없는 이원론적 이미지로 몰고 간다"(Map, 100).

  마지막 수정률은 아포프라데스apophrades이다. 블룸은 이 말을 고대 그리스 아테네에서 "죽은 자들이 살던 집에 다시 거주하기 위해 돌아오는 음울하고 불행한 날"에서 빌려왔다고 말한다. 아스케시스가 자기정죄적인 고독의 상태에 침잠하는 것이라면 아포프라데스에서 젊은 시인은 다시 선배 시인에게로 자신을 개방하고, 죽은 선배 시인은 다시 귀환한다. 이 마지막 수정률에서 블룸의 수정률은 순환을 마치고 마치 처음으로 돌아가 "후대 시인이 영향의 홍수에 빠졌던 도제 시기로 다시 돌아왔다고 믿게 된다." 그러나 이 순환은 원점으로의 회귀가 아니며 젊은 시인은 죽은 시인의 영향의 홍수에 매몰되지 않는다. 블룸은 죽은 선배 시인의 회귀에서 반전이 일어나 새로운 시가 죽은 선배 시인의 시를 모방하는 것이 아니라 오히려 죽은 선배 시인의 시가 후대 시인의 시를 모방한 것 같게 만드는 효과를 낳는다. 죽은 선배 시인의 시에서 후대 시인의 도래를 예언했다는 인상을 받는 것이 아니라, 오히려 후대 시인은 선배 시인이 "자신의 작품에 빚진 것이고 심지어는 자신의 더 큰 영광에 의해 (필연적으로) 왜소해지도록 선구자를 자기 자신의 작품 속에 배치하여 승리하"게 된다. 이 마지막 수정률에서 후대 시인은 선구자에 대한 승리를 통해 "마치 자신의 아버지의 아버지가 되었다는 환영"을 갖게 된다(*Poetry*, 20). 이는 죽은 시인이 후대 시인을 모방했다는 인상을 주기 때문에 "시간의 횡포를 전복시키는" 효과를 낳는다.

수사학적으로 아포프라데스는 고대 수사학에서 대체 용법metalepsis, transumption이라고 부른 것에 해당한다.[6] 대체 용법은 "이전의 비유에서 하나의 단어를 다른 단어로 대체하는 것"이다(*Poetry*, 20). 대체 용법에 의해서 앞선 것과 늦은 것의 대체가 발생하며 새로운 시는 선배 시를 대체하는 효과를 갖는다. 블룸은 대체 용법이 "늦은 것을 앞선 것으로 만든다는 원래의 의미"를 지닌다고 말한다(*Map*, 103). 이 때문에 블룸은 이 마지막 비유를 "진정한 수정주의적 비유이며 뒤늦음의 궁극적인 자원"이라고 부른다(*Map*, 101). 그러나 블룸의 설명은 복잡하고 모호하다. 왜냐하면 블룸에 따르면 대체 용법은 단순히 과거의 시를 현재의 시로 대체하는 것이 아니기 때문이다. 블룸은 이 용법을 설명하면서 "대체하다"는 "가로질러 건너다take across"의 의미를 지니며 "용어의 전이로서의 대체를 시의 건너편 물가로 가로질러 건너는 것이라고 정의할 수 있다"고 말하고, 시간에 여행하는 이런 대체가 "이상화된 과거 혹은 희망하는 미래에 현재를 희생하는" 것이라고 말한다. 파이트는 이에 대해 블룸의 관점이 "미래 속으로 추구할 권리를 확보하기 위해 과거와 싸우는 것에만 관심이 있기 때문에 **현재 시제를 갖지 않는다**"고 평한 바 있다(Fite, 89).

대체 용법에 해당하는 방어기제는 내입introjection과 투사projection이다. 내입은 하나의 대상이나 타자를 극복하기 위해 자신에게로 내화시켜 동일시하는 것이고, 투사는 금지된 본능을 자신에게서 타자에게로

---

[6] 블룸은 퀸틸리아누스Quintilianus가 metalepsis라는 고대 수사학 용법에 라틴어 이름인 transumption을 부여했다고 말한다(*Map*, 102).

추방하는 것이다. 블룸은 『시와 억압』에서 강한 시는 "앞섬earliness을 내입하고 뒤늦음belatedness의 고통을 투사하면서 끝난다"고 말한다(20). 즉 아포프라데스는 앞선 시의 우선권을 내입을 통해 취하고 자신의 뒤늦음을 투사하여 밖으로 추방함으로써 시간을 전복하는 것이다.

클리나맨에서 시작한 수정률은 아포프라데스에서 끝난다. 아포프라데스에서 젊은 시인이 마침내 "시간의 횡포를 전복시키는" 효과를 낳고 죽은 시인이 오히려 젊은 시인을 모방하게 된 듯한 인상을 주는 것은 블룸이 기원과 목적을 중요시하는 것을 보여준다. 폴 보베Paul Bové는 아포프라데스에 대한 블룸의 설명과 관련해 "블룸에게 시적 가치는 목적에 도달하는 과정이나 그 과정에서 발생하는 사건들에 있는 것이 아니라…… 기원으로의 성취된 회귀 그리고 시간과 세상에 대한 승리에만 있다"고 평한 바 있다(Bové, 13). 블룸은 실제로 시인은 시간과 투쟁하며 궁극적으로 불멸을 추구한다고 여러 차례 주장했다. 블룸에게 시인의 여정은 시간과 역사를 넘어선 "신성과 무시간의 목적지"를 향하는 것일 수 있다(Bové, 13). 하지만 젊은 시인이 테세라에서보다 아포프라데스에서 더 선배 시를 완성하며 목적지에 도달하는 것처럼 보일지라도 그것은 결코 완성이나 목적지의 도달이 아니다. 블룸은 "시적 오류의 기본 원칙"을 "어떤 후대 시인도 이전 시인의 완성일 수 없다. 그는 선구자의 역전 혹은 선구자의 변형일 수 있지만 무엇이 되든 수정하는 것은 완성하는 것이 아니다"라는 명제로 정의한다(*Poetry*, 88).

아포프라데스는 또한 목적지가 아니라 새로운 순환의 시작으로 보아야 한다. "전체 순환은 첫번째 [비율]과 함께 다시 시작한다"(Renza, 191). 여섯 개의 수정률은 제한/수축과 재현/확장의 반복운동을 하면서 그 자체로 순환하는 구조를 지닌다. 또한 브루스Elizabeth Bruss가 지적하듯이 『영향에 대한 불안』에서 블룸의 수정률은 영광, 타락, 회복의 구조를 지닌다고도 볼 수 있다. 이 순환은 시인에게서 발생하는 것으로도 새로운 시가 선배 시에 대해 가하는 수정 작업으로도 볼 수 있다(Bruss, 310). 하지만 『오독의 지도』에서 추가된 수사학적 설명을 통해서 이 수정률은 하나의 시 내에서 발생하는 것으로 더 잘 이해된다. 블룸은 『오독의 지도』 「서문」에서 여섯 개의 수정률을 순서대로 적용해 밀턴의 「리시다스」를 해석한다. 그러나 이 수정률이 블룸이 설명한 순서대로 진행되는 것으로 보기도 어렵다. 블룸 스스로도 "중요한 것은 비율들의 정확한 순서가 아니라 재현과 제한이 영구히 서로에게 답하는 대체의 원칙"이라고 말한다(Map, 105).

이제 『영향에 대한 불안』에서 시작된 블룸의 문학이론의 의의를 간략히 비판적으로 검토하는 것으로 결론을 대신하고자 한다. 앞서 지적했듯이 우선 블룸의 이론은 문학 텍스트 외적인 모든 요소를 배제하고 텍스트 자체에만 관심을 기울인 신비평의 형식주의와 달리 시를 다른 시와의 관계에서 고려했다는 점에서 탈형식주의적 미덕을 지닌다. 이런 점에서 블룸의 이론은 탈구조주의적 상호텍스트성과 공통되는 점이 있다. 둘째로 블룸의 시론은 선배 시와 후배 시의 관계를 논한다는 점에서 탈구조주의적 공시성의 이론을 넘어서 통시적인 이론을 지향하는 미덕도 지닌다. 셋째로 블룸의 이론은 갈등과 투쟁을 강조하고 있기 때문에 통시적 영향 관계를 연속성이 아닌 불연속성의 관점에서 보고 있다는 장점도 지닌다.

그러나 이런 미덕과 장점에도 불구하고 블룸의 이론은 몇 가지 한계를 지닌다. 블룸이 신비평적 텍스트 중심주의에서 벗어나 시와 시의 관계를 통시적 투쟁 관계로 본다고 하더라도 블룸의 관심은 고집스럽게 문학의 범주를 벗어나지 않는다. 블룸은 자신의 이론이 시 내적인 intrapoetic 관계에 한정되어 있다는 것을 누누이 강조한다. 이런 의미에서 블룸이 문학 텍스트가 외적인 문맥으로부터 독립된 자율적 대상임을 강조한 "신비평을 포기하기보다는 자율성의 개념을 하나의 시적 텍스트에서 시인의 상상력의 심리학으로 재배치한 것"이라는 프랭크 렌트리키아Frank Lentricchia의 지적은 타당하다(322).[7] 블룸은 "시인으로서의 시인"을 누차 강조하는데, 이는 그가 말하는 영향의 범위를 시 혹은 문학의 전통으로 한정하려고 하기 때문이다. 렌트리키아가 묻듯이 "시적이 아닌 영향"에 대해서는 어떻게 해야 한단 말인가?(Lentricchia, 326). 에드워드 사이드도 블룸은 시인들 사이의 투쟁에 대해서만 관심을 가지며 "시적 창조에서 마찬가지로 역할을 할 수 있는 다른 투쟁들"에도 무관심하고 "시가 문화 혹은 역사에 지는 빚을 어디에서도 고려하지 않는다"고 비판했다(Said, 33~34).[8]

블룸 이론의 근본적인 탈역사성과 탈정치성은 문학 전통에 대한 그의 견해에서 가장 잘 나타난다. 블룸이 연속성이 아니라 불연속성에 관심을 가진다고 해도 그것은 여전히 문학 전통의 영역을 벗어나지 못한다. 왜냐하면 그는 전통을 불가피하게 주어진 것으로 보기 때문이다. 읽고 쓰고 가르치는 모든 문학적 행위는 전통 내에서 이루어진다. 영향 자체가 전통을 배경으로만 가능하다. "전통은 한 세대를 넘어서 미치는 영향, 영향의 이전移轉이기 때문이다(Map, 32). 블룸이 보기에 전통은 이상적인 것이 아니라 때로 질식시킬 정도로 억압적이나 그럼에도 불구하고 필수불가결한 것이다. "서구에서 지금 읽고 쓰는 모든 사람이 인종

---

[7] 피터 드 볼라 역시 블룸의 이론이 탈역사적이고 탈정치적이며 신비평에서 유래했음을 지적한다(de Bolla, 31~32). 보베는 보다 긍정적인 관점에서 아이러니와 역설 등의 장치들의 패턴으로 시를 파악하는 신비평과 여러 수사법의 패턴으로 시를 파악하는 블룸 사이에 유사성이 있다는 점을 논한다(Bové, 23~26).
[8] 사이드는 또한 블룸이 영향을 오로지 적대적인 관계로만 파악하며 영향에는 좋은 것에서 불안에 이르기까지 다양한 종류가 존재할 수 있음을 간과한다고 말한다.

적 배경, 성이나 이데올로기적 진영과 무관하게 여전히 호메로스의 아들 혹은 딸"이며, 호메로스는 그들에게 "미학적으로 주어진 것"이기 때문에 전통은 서구인이 거부할 수 없는 보편적인 유산이다(*Map*, 33).

따라서 블룸의 문학관은 보수적이고 미학적이며 그가 정전에 대해 관심을 갖는 것도 이런 문학관을 고수하기 위한 것이다. 그는 1994년에 출판한 『서구 정전*The Western Canon*』에서 신역사주의, 신마르크스주의, 페미니즘 등 셰익스피어를 이념적이거나 역사적으로 읽으려는 모든 시도들이 그의 "미학적 우수성"을 회피하는 것이라고 보았다(5). 아이러니하게도 수정주의를 주장하는 그는 정전의 수정에 대해 극히 비판적이다. 그에게 여성 작가, 흑인 또는 다른 소수민족 작가들을 정전에 편입하려는 시도는 "정전의 확대"가 아니라 "정전의 파괴"이다(7). 왜냐하면 그것은 미학적인 판단을 위반하기 때문이다. 정전은 여타의 문학 외적 기준이 아니라 미학적 독창성이라는 유일한 기준에 의해서 이루어져야 한다. 그리고 이 미학적 독창성의 정점은 바로 셰익스피어이고, 따라서 셰익스피어는 "세속적 정전 혹은 심지어 세속적 성서"가 된다(24). 정전을 읽는 것은 정치적 이데올로기적 목적은 물론 도덕적 함양이나 종교적 비전을 얻기 위한 것이 아니다. 정전 속에서 독자는 오로지 "진정한 미학적 힘" "미학적 위엄"을 얻을 뿐이다(36). 블룸이 강조하는 시인들의 투쟁과 갈등도 궁극적으로 미학적인 것으로 환원된다. 정전에 포함되는 텍스트들은 "사회적 관계에서 막대한 투쟁을 겪고 생존"하지만 이 "텍스트들의 투쟁에서는 미학적 가치가 발산되어나온다"(38). 블룸은 이 번역에 수록된 새 「서문」에서도 이런 문학관을 명료하게 피력하고 있다.

이런 보수적 문학관으로 인해 블룸의 영향이론은 페미니즘 비평가들에게서도 비판을 받았다. 아네트 콜로드니Annette Kolodny는 블룸이 정의하는 영향의 이전으로서의 전통 개념에서 여성은 제외되었다고 비판하며 전통의 부재가 여성 작가에게 미친 영향에 대한 버지니아 울프의 통렬한 고백을 인용한다. 그녀는 또한 샬럿 길만Charlotte Perkins Gilman이 단편소설「노란 벽지The Yellow Wallpaper」를 출판하는 데 어려움을 겪었던 이유가 이 작품이 "이전의 여성 소설 전통에서 이탈"했기 때문이 아니라 에드거 앨런 포Edgar Allan Poe라는 남성 작가가 유행시킨 고딕 소설이란 장르의 연속으로 여겨졌기 때문, 즉 여성 작가가 남성 문학 전통의 일부로 여겨질 수 없었기 때문이라고 지적한다. 그녀는 블룸이 "자신의 문학적 영향의 정신적 드라마에서 시인/어머니의 가능성을 배제함으로써 또 다른 전통—여성들이 자신들 고유의 (때로 소외된) 상황에서 그리고 이 상황에 대해 어떻게 읽고 쓰는가에 대해 서로 가르쳤던 전통의 사실을 효과적으로 은폐한다"고 비판한다(Kolodny, 465). 길버트Sandra Gilbert와 구바Susan Gubar 역시 후배 시인과 선배 시인 사이의 오이디푸스적 투쟁에 기초한 블룸의 문학이론은 가부장적이라고 지적하며 이 전통에서 배제된 여성 작가들처럼 오이디푸스적 투쟁의 대상인 "선구자"가 없는 경우는 어떤가라고 묻는다. 길버트와 구바는 여성 작가들이 영향에 대한 불안이 아니라 글을 쓰는 것 자체에 대한 더 근본적인 불안인 "작가성의 불안anxiety of authorship"을 겪었다고 지적한다(49). 페미니즘적 입장에서 블룸의 이론은 여성 작가의 전통을 포괄할 수 있도록 수정되어야 한다.

『서구 정전』이후에 블룸은 이 정전을 옹호하는 책들을 편집했다. 예를 들어『어떻게 왜 읽을 것인가 How to Read and Why』(2001) 같은 책은 그가 정전이라고 여기는 작품들을 독자에게 소개하려는 교육의 입장에서 편집한 책이다. 테리 이글턴Terry Eagleton은 이 책의 서평에서 블룸이 텔레비전에 등장하는 복음전도사처럼 문학을 어떻게 감상할 것인가에 대한 "도덕적 수사학"을 늘어놓으며 이 책이 위대한 문학을 읽어야 할 이유는 제시하지만 블룸의 책을 읽어야 할 이유는 제시하지 못한다고 혹평했다(Eagleton, 170). 하지만 블룸의 보수적 정전 수호와 미학주의는 여전히 진행형이다. 그는 자신의 백조의 노래라고 부른 최근 저서 『영향의 해부』에서 신역사주의와 탈구조주의 등 프랑스 이론에 경도된 현대 문학비평을 신新냉소주의New Cynicism라고 칭하면서 문학을 정치, 사회, 도덕 등 문학 외적인 것으로 환원하려는 비평 경향에 대한 자신의 비판을 재천명했다. 오래전부터 자신이 가르친 제자들마저 이 지배적인 비평적 입장들로 전향하는 것을 목도하면서 이제 소수의 학생들을 제외하면 자신이 가르치는 대학에서마저 소외되었다고 토로하는 블룸의 백조의 노래는 연민마저 느끼게 한다.

여러 문제점과 비판에도 불구하고 블룸의 문학이론이 현대비평이론에 미친 영향력은 적지 않으며 그이 이론이 비판적으로 응용될 여지도 없지 않다. 길버트와 구바는 블룸을 비판하지만 그가 가부장제를 옹호한 것이 아니라고 분석했으며, 그의 이론이 서구 문학의 가부장적인 배경을 확인하게 해줄 뿐 아니라 "남성 작가들의 불안과 성취로부터 여성 작가들의 불안과 성취를 구별할 수 있도록 도와줄 수 있기 때문에" 유용할 수 있다고 말하며 자신들의 "작가성의 불안" 이론에 그가 긍정적인 영향을 미쳤음을 인정한다(48). 블룸의 형식주의와 탈역사성을 비판한 렌트리키아는 여러 비판에도 불구하고 블룸의 "영향이론에는 그런 비판들을 고려할 수 있도록 수정되고 확대되지 못하게 방해하는 것은 없다"고 평가한다(344). 최근에 탈식민주의적 관점에서 블룸의 이론을 사이드의 이론과 비교 연구한 아샤 바라드하라잔Asha Varadharajan도 블룸의 탈역사성을 비판하면서도 그의 수정주의가 서구 전통과 역사에서 배제된 탈식민주의적 후계자들에 의해 응용될 수 있음을 지적한다. 블룸이 "이피브들을 묘사하는 실패, 결여, 부적합의 주제들이 '식민지 과거의 말하는 주체'를…… 특징짓고 있기 때문에" 그의 이론은 "탈식민주의적 상황에 안성맞춤"일 수 있다는 것이다(479~80). 이런 연구들이 예증하듯이 앞으로 블룸의 이론에서 생생하게 펼쳐지는 갈등과 투쟁의 미학을 정전적인 문학 전통을 넘어선 역사와 문화의 장으로 비판적으로 수정하고 확대한다면 그의 이론의 잠재력이 실현될지도 모른다.

블룸의 책을 번역하면서 가장 어려웠던 점은 그가 인용하는 글에 대한 아무런 정보도 제공하지 않는다는 점이었다. 『영향에 대한 불안』을 포함한 이론 4부작에는 어떤 주석도 색인도 없다. 이는 아마 그가 "여러 영향에 대한 불안에서 자신을 해방시키고…… 무에서 자신의 비평적 자아를 창조해 현대 시학의 풍경에서 가장 무서운 타이탄으로 홀로 서려는 시도"이며 "독창적인 이론가가 되려는…… 그의 욕망" 때문인지도 모른다(Lentricchia, 341, 346). 많은 비평가가 지적하듯이 이런 각주의 부재, 문맥을 배제한 인용, 블룸의 난해하고 복잡한 용어들, 그리고 그의 모호한 표현 때문에 옮긴이는 이 책을 번역하며 블룸이 말한 창조적 오역이 아니라 옮긴이의 오해와 지식의 빈곤에 의한 오역이 되지 않을까 불안하기도 했다. 이 책의 번역에 오역이 있다면 그것은 온전히 옮긴이의 몫이다. 블룸의 책에서 원어가 영어가 아닌 작품의 경우 대부분 영어로 표기되어 있지만, 원어로만 표기된 경우도 있다. 이런 경우에는 독자의 이해를 돕기 위해 영어를 병기했고, 옮긴이 주에 소개된 비영어권 작품에도 모두 원어와 영어를 병기했다.

이 짧은 책을 번역하는 일은 적잖이 힘든 지적 노동이었지만 동료 교수들과 제자들의 도움으로 그 부담을 덜 수 있었다. 모호한 영문 표현들의 해석을 도와주신 연세대학교 영문과 로렌 굿맨 교수, 블레이크에 대한 참고자료 및 조언을 주신 신경숙 교수, 영미 작가와 작품들에 대한 참고자료를 제시해주신 김준환 교수, 철학 용어의 의미와 번역에 대해 조언해주신 철학과 이승종 교수께, 그리고 바쁜 학업 중에도 이 책의 인용문들의 출처를 찾고 윤문을 도와준 홍신실, 조수현 대학원생에게 고마움을 전한다.

인용 문헌

양석원, 「텍스트와 주체: 해럴드 블룸의 문학이론과 정신분석」, 『비평과이론』, 제16권 제2호, pp. 77~108.

Allen, Graham, *Harold Bloom: A Poetics of Conflict*, New York: Harvester, 1994.

Barzilai, Shuli, "A Review of Paul de Man's 'Review of Harold Bloom's *Anxiety of Influence*," *Yale French Studies*, 69(1985), pp. 134~41.

Bloom, Harold, *Agon: Towards a Theory of Revisionism*, New York: Oxford UP, 1982.

─────, *The Anatomy of Influence: Literature as a Way of Life*, New Haven: Yale UP, 2011.

─────, *The Anxiety of Influence: A Theory of Poetry*, Second Ed., 1973, New York: Oxford UP, 1997.

─────, "The Internalization of Quest Romance," *The Ringers in the Tower: Studies in Romantic Tradition*, Chicago: U of Chicago P, 1971, pp. 13~35.

─────, *Kaballah and Criticism*, New York: Seabury, 1975.

———, *A Map of Misreading*, 1975, Oxford: Oxford UP, 2003.

———, *Poetry and Repression: Revisionism from Blake to Stevens*, New Haven: Yale UP, 1976.

———, *Visionary Company: A Reading of English Romantic Poetry*, Ithaca: Cornell UP, 1971.

———, *Wallace Stevens: The Poems of Our Climate*, Ithaca: Cornell UP, 1980.

———, *The Western Canon: The Books and School of the Ages*, New York: Harcourt Brace, 1994.

Bové, Paul A., *Destructive Poetics: Heidegger and Modern American Poetry*, New York: Columbia UP, 1980.

Bruss, Elizabeth W., *Beautiful Theories: The Spectacle of Discourse in Contemporary Criticism*, Baltimore: Johns Hopkins UP, 1982.

Damon, S. Foster, *A Blake Dictionary: The Ideas and Symbols of William Blake*, Shambhala: Boulder, Colorado, 1979.

de Bolla, Peter, *Harold Bloom: Towards Historical Rhetorics*, London: Routledge, 1988.

de Man, Paul, *Blindness and Insight: Essays in the Rhetoric of Contemporary Criticism*, Minneapolis: U of Minnesota P, 1983.

Eagleton, Terry, *Figures of Dissent: Critical Essays on Fish, Spivak, Žižek and Others*, London: Verso, 2003.

Fite, David, *Harold Bloom: The Rhetoric of Romantic Vision*, Amherst: U of Massachusetts P, 1985.

Gilbert, Sandra M. & Susan Gubar, *The Madwoman in the Attic: The Woman Writer and the Nineteenth-Century Literary Imagination*,

1979, New Haven: Yale UP, 2000.

Hartman, Geoffrey H., "War in Heaven," *Diacritics*, 3.1(1973), pp. 26~32.

Kolodny, Annette, "A Map for Rereading: Or, Gender and the Interpretation of Literary Texts," *New Literary History*, 11.3(1980), pp. 451~67.

Lentricchia, Frank, *After the New Criticism*, Chicago: U of Chicago, 1980.

Nietzsche, Friedrich, *On the Genealogy of Morals and Ecco Homo*, Walter Kaufmann & R. J. Hollingdale(Trans.), Vintage: New York, 1969.

──────, *On the Genealogy of Morality*, Maudemarie Clark & Alan J. Swensen (Trans.), Indianapolis: Hackett, 1998.

Pease, Donald, "Harold Bloom," *The Johns Hopkins Guide to Literary Theory and Criticism*, Michael Groden, Martin Kreiswirth & Imre Szeman(eds.), 2nd edition, Baltimore: Johns Hopkins UP, 2004, pp. 94~96.

Renza, Louis A., "Influence," *Critical Terms for Literary Study*, Frank Lentricchia & Thomas McLaughlin(eds.), Chicago: U of Chicago P, 1995, pp. 186~202.

Said, Edward, "Interview: Edward W. Said," *Diacritics*, 6.3(1976), pp. 30~47.

출처

「도시의 한계The City Limits」의 출처는 다음과 같다. *Briefings: Poems Small and Easy* by A. R. Ammons, Copyright ⓒ 1971 by A. R. Ammons, published by W. W. Norton & Co., Inc., New York, 1971.

「책은 책상 위에 있다Le livre est sur la table」의 출처는 다음과 같다. *Some Trees* by John Ashberry, Copyright ⓒ 1956 by Yale University Press, and published by Yale University Press, New Haven, 1956.

시 「파편Fragment」의 출처는 다음과 같다. *Fragment: Poem* by John Ashberry, Copyright ⓒ 1966 by John Ashberry, and published by Black Sparrow Press, Los Angeles, 1969.

존 애슈베리의 「가장 빨리 개선된다Soonest Mended」의 출처는 다음과 같다. *The Double Dream of Spring*, Copyright ⓒ 1970 by John Ashberry, and published by E. P. Dutton & Co., Inc., New York, 1970.

에세이 「프로이트와 미래 Freud and the Future」의 출처는 다음과 같다. *Essays of Three Decades* by Thomas Mann, translated by H. T. Lowe-Porter, Copyright ⓒ 1947 by Alfred A. Knopf, Inc., and published by Alfred A. Knopf, Inc., New York, 1968.

월리스 스티븐스 시의 출처는 다음과 같다. *The Palm at the End of the Mind*, edited by Holly Stevens, Copyright ⓒ 1971 by Holly Stevens, and published by Alfred A. Knopf, Inc., New York, 1971.

월리스 스티븐스 편지의 출처는 다음과 같다. *Letters of Wallace Stevens*, edited by Holly Stevens, Copyright ⓒ 1966 by Holly Stevens, and published by Alfred A. Knopf, Inc., New York, 1966.

시어도어 뢰트커 시의 출처는 다음과 같다. *The Collected Poems of Theodore Roethke*, Copyright ⓒ 1966 by Beatrice Roethke, and published by Doubleday and Company, Inc., Garden City, N. Y., 1966.

찾아보기(인명과 작품명)

ㄱ

괴테 J. W. Goethe 28, 120~25, 127~28, 133, 147, 156, 170
그레이 Thomas Gray 82, 243~45
    「시골 묘지에서 쓴 애가」 243
글랜빌 Joseph Glanvill 115

ㄴ

내시 Thomas Nashe 39, 41
니체 Friedrich Nietzsche 18, 31, 67~68, 119~22, 124, 127~29, 135, 139, 155, 174, 182, 188, 190~91, 199~204, 262, 270~71
    『도덕의 계보』 67, 202, 271
    『비극의 탄생』 188, 191
    「삶에 대한 역사의 공과」 119
    『우상의 황혼』 120
    『인간적인 너무도 인간적인』 183

ㄷ

단테 Dante 58, 133, 147, 170, 208~10
데리다 Jacques Derrida 15, 257, 262, 265, 267

데카르트René Descartes 91, 107~12, 135, 147, 162
돈 John Donne 115
드라이든 John Dryden 36, 91, 101
드 만 Paul de Man 21~22, 73, 185, 257, 259, 265~69
드레이턴 Michael Drayton 180
디킨슨 Emily Dickinson 66, 222, 225, 233, 251

ㄹ

라시 Rashi 105
라캉 Jacques Lacan 15, 130, 141, 158~59, 165
랑크 Otto Rank 68, 130, 179
랭보 Arthur Rimbaud 37
로렌스 D. H. Lawrence 128, 144
로렌츠 Konrad Lorenz 203
로세티 Dane Rosetti 72
롱기누스 Longinus 92, 276
뢰트커 Theodore Roethke 94, 234~35
 「늙은 여인의 명상」 235
 「죽어가는 사람: 예이츠를 기리며」 234
루소 Jean-Jacques Rousseau 106, 128, 144, 185
루이스 C. S. Lewis 87, 100
루크레티우스 Lucretius 75, 112, 115~16, 147, 244, 273
 『사물의 본성』 116
리히텐베르크 Georg Lichtenberg 98, 128
릴케 R. M. Rilke 170, 179~80, 185, 204

ㅁ

마르쿠제 Herbert Marcuse 187
만 Thomas Mann 123~28
 「프로이트와 미래」 124
 『요셉과 그 형제들』 126
말라르메 Stephane Mallarmé 141, 163
말로 André Malraux 90, 145
말로 Christopher Marlowe 18, 22~25, 31, 36~49, 51~60, 71
 「몰타의 유대인」 24~25, 39, 46
메일러 Norman Mailer 94

모스코스Moschus 246~47
몽테뉴Michel de Montaigne 44, 128~29
밀턴John Milton 26, 58, 69, 71, 75, 81~88, 93, 95, 99~103, 106, 108, 110~11, 115, 120, 122, 133, 147, 156, 169~70, 189, 192~94, 210, 212~13, 215, 221~22, 244, 248~49, 251, 260, 270, 273, 281
  『실낙원』 82, 99, 249, 273
  「투사 삼손Samson Agonistes」 85

ㅂ

반 덴 베르크J. H. van den Berg 109, 186
발레리Paul Valéry 138, 163~64
발렌티누스Valentinus 74~75, 162
버제스Anthony Burgess 32, 39
버크Edmund Burke 181
베르길리우스Vergilius 93, 208~209
베이컨Francis Bacon 44
베케트Samuel Beckett 109
보들레르Charles Baudelaire 163, 170
보르헤스Jorge Borges 29, 58, 114~15, 234
볼스William Bowles 71
볼테르F. A. Voltaire 106
브라우닝Robert Browning 73, 100, 144, 210, 216, 219~21, 233~34, 242, 251
  「롤랜드 공자 암흑의 탑에 이르다」 219
브라운Norman Brown 187
브레히트Bertolt Brecht 29
브루노Giordano Bruno 115
블레이크William Blake 66, 87~88, 95~96, 100, 102~103, 105~108, 110~13, 116, 128, 134, 136, 144, 155, 170~71, 182, 189, 194, 242, 249, 257~60, 272, 286
  「디르사에게」 136
  『밀턴』 106
블룸Harold Bloom 256~86
  『오독의 지도』 29, 261~64, 266, 272, 281
비트겐슈타인Ludwig Wittgenstein 33
비코Giambattista Vico 68, 74, 131~34, 202
빈스방거Ludwig Binswanger 156, 185~86

ㅅ

샤흐텔 Ernest Schachtel 161
셰익스피어 William Shakespeare 9~20, 22~26, 28, 30~49, 51~60, 71, 93, 147, 208, 215, 270, 283
    「뜻대로 하세요」 23, 38, 56
    「리처드 2세」 23, 38, 45, 53
    「리처드 3세」 23, 38~39, 46~47
    「불사조와 산비둘기」 36
    「존 왕」 25, 38, 51, 53
    「줄리어스 시저」 10, 45
    「타이터스 앤드로니커스」 23~25, 39, 48
    「햄릿」 9, 23, 58~59
셸리 Percy Shelley 73, 81, 86~87, 89, 100, 109, 144, 169, 184~85, 187, 189, 210, 216, 219~21, 232~33, 242, 248, 250~51, 257, 259
    『시의 변호』 109
    「아틀라스의 마녀」 250
    「인생 승리」 233
    『프로메테우스의 해방』 73
소로 Henry Thoreau 128
쇼펜하우어 Arthur Schopenhauer 120~21, 188, 202
스마트 Christopher Smart 82, 195
스타티우스 Statius 208
스티븐스 Wallace Stevens 27, 62, 65~66, 72, 85, 94, 99~100, 102, 110, 141~42, 144, 156, 164, 169~70, 206, 210, 222, 224~26, 233, 235~37, 239, 242, 249, 251, 257
    「그것은 기쁨을 준다」 86
    「들판을 가로질러 새들이 날아가는 것을 보며」 227
    「로마의 노老철학자에게」 102
    「삼촌의 외알박이 안경」 236~37
    「석관의 올빼미」 142
    「악의 미학」 231
    「어느 검둥이 묘지의 장식처럼」 27
    「유령들의 왕으로서의 토끼」 206
    「특성 없는 세계」 225
    「푸른 기타를 든 사람」 238~39
스펜서 Edmund Spenser 71, 100~102, 140, 170

ㅇ
아널드Matthew Arnold 72, 81, 98, 129, 251~52
아르토Antonin Artaud 252~53
아우어바흐Eric Auerbach 132
안드레아스-잘로메Lous Andreas-Salomé 204
애먼즈Archie Ammons 73, 80, 169, 257
　　「도시의 한계」 80
애슈베리John Ashberry 73, 235~37, 239~41, 257
　　「가장 빨리 개선된다」 73, 240
　　「책은 책상 위에 있다」 238, 240
　　「파편」 73, 235~37, 239~40
에머슨Ralph Emerson 12, 14, 16~17, 31, 73, 92, 97, 104, 118, 120, 122, 128, 132, 143, 156, 163, 166, 169~70, 176, 178, 180, 183~84, 189, 210, 221~27, 230, 242, 251
　　「셰익스피어 혹은 시인」 13
　　「시인」 222
　　「역사」 31
　　「자립」 92, 178
「에제키엘Ezekiel서」 88, 103, 105, 107
에크하르트Johannes Eckhart 156
엘리엇T. S. Eliot 66, 81, 86, 88, 94, 97, 235, 258, 261
엠페도클레스Empedocles 31, 77, 133, 231
엠프슨William Empson 86, 175
영Edward Young 92
예이츠William Yeats 68, 94, 99~100, 103, 109~10, 139, 144, 156, 162, 170, 203, 210, 216, 219~21, 233, 235, 242, 250, 253, 257, 260
오비디우스Ovidius 22, 36, 38, 56, 59, 244
와일드Oscar Wilde 21, 59, 64~65
　　『도리언 그레이의 초상』 64
요나스Hans Jonas 162
워즈워스William Wordsworth 26, 58, 65, 69, 71~72, 83, 85, 88, 99~100, 102, 108, 110~11, 113, 120, 169~70, 185, 189, 194, 210, 212~15, 220~22, 225, 232~33, 242, 251~52, 257, 259, 270
　　「그래스미어의 집」 210, 212
월러Edmund Waller 93~94
위고Victor Hugo 128, 147, 156, 170
입센Henrik Ibsen 28, 186

ㅈ

자리 Alfred Jarry 112~13, 116
조이스 James Joyce 15, 32, 59
지라르 René Girard 55
존슨 Ben Jonson 23, 35, 38~41, 57~58, 91~92
존슨 Samuel Johnson 24, 35~36, 91~94, 101, 120, 128, 194, 243~46
　　『시인들의 생애』 101

ㅊ

채프먼 George Chapman 39
초서 Geoffrey Chaucer 24, 36, 38, 59, 170
촘스키 Noam Chomsky 89

ㅋ

칸트 Immanuel Kant 34, 122
카뮈 Albert Camus 165
콘퍼드 Francis Cornford 204~205
콜리지 Samuel Coleridge 19, 65, 71, 88, 92, 114, 120, 128, 144, 198, 207, 257
콜린스 William Collins 82, 103, 192~94, 245, 249
　　「두려움에 대한 송시」 193
쿠르티우스 Ernst Curtius 133
쿠슈너 Tony Kushner 29
쿠퍼 William Cowper 71, 82, 103, 194
크레인 Hart Crane 37, 222, 251
키드 Thomas Kyd 25, 39, 42, 44, 49
키르케고르 Søren Kierkegaard 91, 98, 129, 147~49, 152, 159~60, 200, 262
　　『공포와 전율』 129
　　『반복』 91
키츠 John Keats 26~27, 72~73, 92, 99~101, 129, 135, 162~63, 169, 189, 210, 213~16, 220, 225, 242, 248, 251, 257, 270
　　「히페리온의 타락」 214, 216

ㅌ

타우스크 Viktor Tausk 204

테니슨Alfred Tennyson 27, 72, 235, 251, 270

ㅍ
파스칼Blaise Pascal 114~15, 128~29, 162, 219
파운드Ezra Pound 66, 73
프로스트Robert Frost 163, 222
페니헬Otto Fenichel 157, 166, 168, 200, 203
페렌치Sandor Ferenczi 252
페이터Walter Pater 65, 84, 114, 236, 251
　　　『감상』 65
페트라르카Francesco Petrarca 244, 245
포Edgar Poe 163, 284
포프Alexander Pope 82, 91, 244
푸코Michel Foucault 15, 29
프라이Northrop Frye 86, 98, 258, 260~61, 263
프레체로John Freccero 208
프로이트Sigmund Freud 15, 20, 25~26, 67~69, 92, 95, 108, 124, 128~30, 135~37, 139~41, 153, 157~59, 161, 165~68, 183, 187~89, 191~92, 199~200, 203~204, 220, 225~26, 241, 262~64, 270, 274, 276~77
　　　「끝 있는 분석과 끝없는 분석」 167
　　　『쾌락원칙을 넘어서』 158, 165
플레처Angus Fletcher 140, 181, 193
피치노Marcilio Ficino 180
핀다로스Pindaros 201, 203
필George Peele 41, 48

ㅎ
하디Thomas Hardy 144, 156
하이데거Martin Heidegger 9, 33, 159, 162
해즐릿William Hazlitt 34~35, 101~102
　　　「시 일반에 관하여」 34~35
헤겔G. W. F. Hegel 127~28, 136
헤세Hermann Hesse 124
헤시오도스Hesiodos 204
호라티우스Horatius 93~94
홉킨스Gerald Hopkins 72, 88

휘트먼 Walt Whitman 27, 52, 66, 73, 94, 100, 142, 144, 169, 182, 190, 210, 222~25, 235, 242, 247, 251
「내가 생명의 바다와 함께 썰물처럼 빠져나갈 때」 169
「내 자신의 노래」, 223
「잠자는 자들」 142

찾아보기(용어)

ㄱ

가족 로맨스 family romance 67, 92, 129, 135~38, 155, 174~75, 262
갔다-저기 놀이 game of fort-da 158, 165
격리 isolation 82, 158~60, 166, 168~70, 213, 216, 237, 275
과도함 Verstiegenheit, extravagance 156, 185, 193
그노시스교 gnosticism 74, 162~63, 242
꿈 작업 dream-work 139~40, 146

ㄷ

대조비평 antithetical criticism 140, 144~45, 173~74, 270
대타자 the Other 146
동일시 identification 31, 59, 69, 105, 124~25, 142, 181, 203~204, 241, 265, 267, 277~79

ㅂ

반동 형성 reaction formation 25, 157, 273~74
반복 repetition 43, 59, 68~69, 113, 121, 152, 154, 156~61, 164~66, 170, 261, 264, 272~73, 276
반복강박 repetition compulsion 158, 163, 165, 201

반-숭고counter-sublime 76, 156, 181~82, 184, 187, 194, 199, 205, 275~76
보호자 거룹Covering Cherub 88, 93, 95, 103, 105~108, 112, 195, 213, 253, 260~61
불안anxiety 19, 25~26, 29~30, 37, 39, 42, 47, 51, 63~64, 69, 71~72, 89~90, 92, 94~95, 97, 101, 103~104, 108, 114, 120, 122~25, 128~31, 133~34, 136, 139, 144, 147, 149, 153~54, 167, 174~76, 182, 184, 194, 199, 206, 208, 224, 226, 236, 242~47, 249, 252, 258, 262~64, 269~71, 274, 284~86

ㅅ

성적 본능sexual instinct 199
소극적 수용 능력negative capability 101
소네트 11~12
수정률revisionary ratio 67, 74~75, 78, 141, 166~67, 175, 180~82, 189, 191, 194, 210, 216, 220, 224, 234, 237, 241, 247, 266, 271~76, 278, 280~81
숭고sublime 21, 24, 76, 92, 114~15, 135, 166, 170, 181, 184, 186~87, 191, 194, 201, 215, 222, 224, 248, 258, 275
승화sublimation 68~70, 168, 199~200, 203~204, 207, 212~13, 215~16, 220~21, 223~25, 262~64, 277~78
시적 오류poetic misprison 26, 67, 75, 140, 147, 154, 159, 199, 205, 280

ㅇ

아스케시스askesis 77, 199~200, 204~208, 210, 212~13, 215~16, 219~26, 276~78
아포프라데스apophrades 77, 233, 235~37, 240, 242, 247, 250, 278~80
악마화demonization 76, 180~83, 185, 187, 189, 191~94, 207, 275~76
억압repression 17, 88, 153~54, 179, 183~84, 187~91, 194~95, 207, 226, 245, 261~62, 276
영향influence 9~12, 14, 17~20, 22, 25~26, 28~30, 33~38, 57, 60, 63~69, 71~73, 78, 83, 89~102, 107~108, 110, 112~16, 119~21, 123~25, 128~31, 133, 136, 139~40, 144, 146, 149, 154, 167, 175, 180, 184~85, 194, 198~99, 206, 208, 213, 216, 221, 224, 235, 237, 242~43, 245~46, 249, 251~52, 257, 260~67, 269~72, 274~75, 278, 281~86
오이디푸스 콤플렉스Oedipus Complex 26, 192, 264
우선권priority 63, 68~69, 74, 126, 134, 138~39, 147, 155, 164~65, 169, 176, 200, 226, 234, 262, 264, 280

찾아보기(용어) 301

운하임리히Unheimlich, Uncanny 153
원초적 장면primal scene 105, 147
원한학파School of Resentment 17~18, 20, 29
위대한 독창자Great Original 98, 101~102, 138, 181, 215, 221, 261
유아론solipsism 75, 77, 85~86, 88, 90, 170, 176, 186, 207, 210, 222~23
이피브ephebe 70~71, 75, 98, 102~103, 125, 129~30, 135, 139~41, 144~46, 155~57, 161~62, 165, 167~68, 170, 181~83, 186~87, 189, 191, 201, 204, 208, 219, 231, 239, 241, 249, 269, 275, 277, 286

ㅈ
정화purgation 30, 35, 57, 83, 110, 199, 201, 205, 214~15, 221~22, 225, 232~33
죽음욕동death drive 20

ㅊ
초형이상학pataphysics 112~13
취소Undoing 157, 159~61, 166, 168~70, 183, 242, 275

ㅋ
케노시스kenosis 76~77, 166~71, 185, 206~207, 274~75
클리나맨clinamen 75, 112~16, 146, 164, 167~69, 173, 207, 237, 272~75, 280

ㅌ
타나토스Thanatos 165~66
테세라tessera 76, 141~42, 146, 167~69, 207, 274~75, 280
퇴행regression 124, 140, 146, 157~58, 194, 269, 275

ㅍ
패러베이시스parabasis 22

ㅎ
햄릿 콤플렉스Hamlet Complex 26